国家社会科学基金西部项目最终成果（11XZZ009）

| 光明学术文库 | 法律与社会书系 |

# 乡村治理结构及运行机制研究

## ——以广西民族地区为视角

陈文琼　韦　伟 | 著

光明日报出版社

**图书在版编目（CIP）数据**

乡村治理结构及运行机制研究：以广西民族地区为视角 / 陈文琼，韦伟著. -- 北京：光明日报出版社，2022.3

ISBN 978-7-5194-6539-1

Ⅰ.①乡… Ⅱ.①陈… ②韦… Ⅲ.①农村—群众自治—研究—广西 Ⅳ.①D638

中国版本图书馆 CIP 数据核字（2022）第 057477 号

**乡村治理结构及运行机制研究：以广西民族地区为视角**

**XIANGCUN ZHILI JIEGOU JI YUNXING JIZHI YANJIU：YI GUANGXI MINZU DIQU WEI SHIJIAO**

著　　者：陈文琼　韦　伟

责任编辑：李　倩　　责任校对：崔瑞雪

封面设计：中联华文　　责任印制：曹　净

出版发行：光明日报出版社

地　　址：北京市西城区永安路 106 号，100050

电　　话：010-63169890（咨询），010-63131930（邮购）

传　　真：010-63131930

网　　址：http://book.gmw.cn

E - mail：gmrbcbs@gmw.cn

法律顾问：北京市兰台律师事务所龚柳方律师

印　　刷：三河市华东印刷有限公司

装　　订：三河市华东印刷有限公司

本书如有破损、缺页、装订错误，请与本社联系调换，电话：010-63131930

开　　本：170mm×240mm

字　　数：323 千字　　印　　张：18

版　　次：2022 年 3 月第 1 版　　印　　次：2022 年 3 月第 1 次印刷

书　　号：ISBN 978-7-5194-6539-1

定　　价：95.00 元

# 目 录
# CONTENTS

# 导　论

随着中国现代化进程的加快，出现“工业反哺农业”的全新格局，“三农”问题随之成为政界和学界共同关注的热点问题，工业与农业、城市与农村、非农人口与农民之间进入新的利益调整阶段。从“以农哺工”到“工业反哺农业”，不仅是中国政治经济发展的一次转折，也是学术研究史的一个推进，国家因此自上而下地进行了多次农村制度发展改革，从1988年的《中华人民共和国村民委员会组织法（试行）》到1998年的修订实施再到2018年的修改完善，从农村税费制改革到取消农业税，农村土地管理法等法律法规的实施及政策方针的适时转变，都为乡村治理构建了一个良性发展的环境。

从乡村治理学术研究层面来看，乡村治理制度环境的改变不仅给农村社会发展带来了新的发展机遇，也给学术研究开拓了新的研究视角。从对村民自治制度存在的合理性争议到对村民自治制度价值定位、结构内容等问题的探讨，从村民自治制度的狭义研究到乡村治理的广义探索，从微观研究到宏观研究的演变及结合，以及从学理研究到实证研究的多元研究方法应用，不仅拓宽了乡村问题研究的学术视野，也为乡村治理提供了实践指导。

本书在关注乡村治理外部环境转变的基础上，注重从乡村治理的内部结构分析乡村治理机制的运行逻辑，超越对现代乡村治理结构模式的整体性理想预设，立足中国多元化发展的乡村背景，以民族自治地区乡村治理结构及运行机制为研究视角，拟从历史和现实两个维度，兼顾宏观和微观两个视角来考察民族自治地区乡村治理结构在历史变迁过程中的制度建构和运行机制，并以广西乡村治理主体和治理实践为研究变量，建构传统历史资源与现代资源统一整合语境中的民族自治地区乡村治理结构及运行机制。

### 一、研究缘由

本书是国家社会科学基金项目“民族自治地区乡村治理结构及运行机制研究”的最终研究成果。

笔者对于乡村治理问题的关注源于出生、生活、工作的地方是中国村民自治制度的发源地。广西河池市宜州区合寨村作为村民自治第一村，为国家基层治理策略的转型和理论研究的深化提供了原初的自治实践案例，笔者作为广西的本土科研工作者，本身即具有便利的研究条件和生于斯、长于斯所赋予的对研究对象的内在情感和敏锐、自觉。这是笔者选择这一选题的原初动力。如果说这一动力带有纯粹个人情感的选择导向，20 世纪 90 年代以来学术界对村民自治和乡村治理问题的高度关注；国家在村民自治制度实施近三十年对《中华人民共和国村民委员会组织法》的试行、正式实施和修订完善；国家重大方针政策中对乡村治理问题的指导性决策；各级地方政府以地方立法的方式确立村民自治在地方治理中的重要性，并结合地方发展实际在乡村社会进行创新管理模式和治理法治化探索，为村民自治的发展建构了自上而下、自下而上协调发展的制度体系，这些都为笔者选择这一选题提供了自觉理论探索的诱因。

1978 年冬天，贫困饥饿的安徽凤阳小岗村农民为改变背井离乡外出唱凤阳花鼓讨食的贫困境况，冒着被戴上破坏集体经济的“现行反革命”帽子的风险，18 位农民在土地家庭承包经营合同书上按下了自己血红的手印，中国农村经济体制改革的序幕由此拉开，中国掀起了从人民公社的集体经济向包产到户的家庭联产承包责任制转变的风潮。家庭联产承包责任制让农民获得了经济自主权，随之而来的是人民公社体制瓦解带来的农村社会“权力真空”的混乱状态，集体的事没人管了，大家各干各的，这让处于偏远、贫困、闭塞、三县交界、自然环境恶劣的少数民族山区的合寨大队出现了“六多一少”的社会治安问题，即赌博多、盗窃多、砍伐树林多、唱痞山歌多、放浪荡马牛多、搞封建迷信活动多，管事的人少。① 于是，在 1980 年的春天，20 多位壮族农民为保卫集体和个人财产，组织村民选举产生了中国第一个村民委员会。

中国农村发生的这两次历史性变革都是中国农民为改变自我生存境遇的创举，是立足于中国农村社会转型期实际自发生成的具有中国特色的制度创新。而后，国家才通过法律法规予以认可，并在全国范围内普遍推行，村民自治制度就是在自下而上的基础上，通过村民自发性的民主要求与国家有意识的推动与介入，完成了自上而下的制度建构。从制度发生学角度来看，以广西为研究对象，具有研究村民自治制度的“寻根意义”。

“村民自治”的“天然属性是民治而不是官治，是各村村民因地制宜和内在

---

① 王布衣. 震惊世界的广西农民——广西农民的创举与中国村民自治 [M]. 南宁：广西人民出版社，2008：33.

需求的多样化治理，而不是依据统一的国家意志的单一的行政化治理"①。随着村民自治制度在全国农村范围内的普遍推行与实践，多样化的农村区域格局使得乡村治理呈现非均衡发展状态，政治、经济、文化等发展的地域性，使得乡村治理带有浓厚的地方色彩，国家对村民自治制度采取的是以立法和国家政策确立的形式进行原则性的一体化制度设计，立法同时赋予地方因地制宜的制度设计授权，地方成为村民自治制度的实际践行者。因此，对村民自治制度的地域性探索是研究村民自治制度发展现状的研究策略。本书选择广西作为研究的地域性范畴设定，除前述的制度发生学意义外，中国乡村治理结构及运行机制呈现多元化非均衡发展趋势，广西作为民族自治地区有其特殊制度文化背景下自成一体的乡村治理结构及运行机制，明确民族自治地区乡村社会的历史发展和制度变迁，有助于避免理论模式以偏概全的设计缺陷，有利于深化对中国乡村治理独特性的理解。"民族自治"的自治传统会为"村民自治"的自治发展赋予何种"自治"支撑？实证考察"民族自治"与"村民自治"在广西民族自治地区乡村结合发展的历史脉络和现实运作，注重乡村治理产生和发展的多元化背景，对其进行地方性分析和制度建构。

本书研究的核心概念不是"村民自治"而是"乡村治理"，运用"治理"理论作为分析框架，是从国家治理策略和理论研究趋向两个层面做出的选择。

首先，从国家治理策略层面看，党的十八届三中全会将"完善和发展中国特色社会主义制度，推进国家治理体系和治理能力现代化"作为全面深化改革的总目标。中国的乡村治理始于传统社会时期，在中国传统社会，由于地域辽阔、信息技术落后、交通不便，使得国家权力很难向乡村社会渗透，费孝通先生精辟地论述了中国传统社会的乡村治理模式为"皇权止于县，县下行自治"，而传统专制政权基于利益最大化的考虑，策略性地选择了基层精英作为乡村自治主体，"乡绅自治"与国家权威两者互相协作形成传统中国社会的二元权力结构。民国时期，由于帝国主义列强的侵略威胁，中国社会逐渐向现代社会转型，国家政权开始下沉到乡村，从晚清政府到国民政府，先后实行乡镇自治和保甲制，试图控制乡村基层社会，却始终未能改变乡绅控制地方的局面。新中国成立后，中国共产党开始对乡村社会进行整合，起初将土地改革与国家建设结合起来，通过土地改革将国家政权延伸到乡村社会。1954 年的《中华人民共和国宪法》明确了乡镇政府作为农村基层政权的法律地位，但随着"人民公社化运

① 徐勇. 论 21 世纪以来中国村民自治发展的走向［M］//黄卫平，汪永成. 当代中国政治研究报告Ⅳ. 北京：社会科学文献出版社，2005：194.

动”的兴起，“政社合一”的高度集权在乡村社会建立，抑制了乡村的积极性和自主性。1978年，党的十一届三中全会确立的改革开放路线，在促进农村经济发展的同时影响了乡村社会的治理。1981年6月，党的十一届六中全会通过的《关于建国以来党的若干历史问题的决议》中确定了“在基层政权和基层社会生活中逐步实现人民的直接民主”的发展目标，“乡政村治”的乡村治理模式基本确立。1982年，《中华人民共和国宪法》确立了村委会的合法地位，《中华人民共和国村民委员会组织法》的试行和修订，进一步明确了中国农村的“乡镇政权与村民自治”并存的“乡政村治”模式，乡村社会正在秉持“自我管理、自我教育、自我服务”的治理理念实现“民主选举、民主决策、民主管理、民主监督”的自治运行机制。2000年3月2日，中共中央、国务院正式发布了《关于进行农村税费改革试点工作的通知》，以安徽为农村税费改革的试点省份，探索建立规范的农村税费制度。2003年3月27日，国务院发布了《关于全面推进农村税费改革试点的意见》，旨在减轻农村负担的农村税费改革在全国范围内展开。2005年12月29日，第十届全国人民代表大会常务委员会第十九次会议决定《中华人民共和国农业税条例》自2006年1月1日起废止。农村经济制度的变迁对农村政治制度的变革提出了新的要求，取消农业税后，农民负担减轻，乡镇财政收入减少，再加之分税制的县乡财政体制，乡镇财政的制度内收入有限，无法提供乡村社会发展所需的乡村公共品，农村公共服务的要求成为农村政治制度发展的新课题，乡村治理陷入新的困境。十八届三中全会确立的“国家治理体系和治理能力现代化”政治目标，以及十八届四中全会提出的“推进多层次多领域依法治理”和“推进基层治理法治化”，旨在将国家治理的工作重心下移至基层，乡村社会无疑成为其中最为重要的治理环节。本书将研究对象定位于“乡村治理”，是适应国家治理策略的理论研究选择。

其次，在理论研究趋向上，中国农村问题研究是学术界自20世纪80年代以来以村民自治为契机兴起的一个热门研究领域，其受到来自国内外学者、政界、媒体的共同高度关注。20世纪70年代后期，广大中国农村由人民公社体制下的集体经济向家庭联产承包责任制转变，由此导致乡村基层管理体制和管理模式由人民公社体制向“乡政村治”模式转变。随着1987年全国人大通过的《中华人民共和国村民委员会组织法（试行）》，村民自治制度开始在全国推行，开始了长达十年的试行阶段。随着西方对选举和中国农村基层民主的关注、民政部门的村民自治示范活动推动、中国政治学界学者对乡村基层问题的研究转向，学术界对村民自治的研究从开始的边缘化逐渐成为一门“显学”。但最初兴盛的乡村政治学研究内容主要围绕村民自治民主价值的宏观思考、村民自治的合法性论证、农村自治的制度建设和组织建设、村庄选举等问题展开，出现了一大批对村民自治制度民主价值给予高度评价的研究成果。进入21世纪前后，随着村民自治制度在实践中不断出现的缺失以及“三农”问题带来的农村发展困境，理论界开始对村民自治发出了质疑之声，原有的对村民自治进行宏观外在关注的研究视角开始发生转变，研究者们认识到过去研究的“悬浮于上”的问题，将研究视角转向乡村社会自身来展开乡村政治的研究，乡村政治研究由此进入多元化研究视角的全面发展时期，学术研究开始从“村民自治”转向“乡村治理”。

中国农村问题研究的研究范畴经历了不断适应乡村社会发展实际的调整过程。1996年，张厚安提出“乡政村治”概念，概括了村民自治实施以来我国乡村社会的基本治理模式，“乡政指乡一级政权（包括镇政权），是国家依法设在农村最基层一级的政权组织；村治指村民委员会是农村最基层的群众性自治组织。乡镇政权和村民委员会的结合，就形成了当今有中国特色的农村政治模式”。① 由于“乡政村治”通过自上而下的制度设计被推行到乡村社会，在实施过程中给农村社会带来了一些新矛盾、新问题，“村民自治”的理想制度化民主诉求在乡村社会面临困境。于是，学术界试图突破村民自治制度的桎梏，赋予“村民自治”以“乡村治理”的新意。最早将“治理”引入中国并对政治学界产生影响的是徐勇，他在1997年第1期《政治学研究》上发表了《Covernance：治理的阐释》。而将“治理”作为农村政治研究分析基点的是以徐勇、贺雪峰等为代表的“华中乡土派”，他们于1998年7月在庐山脚下召开“村治研究与实验”的小型学术会议，就“村治”的含义、研究方法、研究层面以及研究风格等进行了讨论，形成了初步的“庐山共识”，又于2001年9月5日至9月8日在北京西山再次就村治研究进行了激烈而有成效的讨论，形成了关于村治研究的“西山共识”，确认“村治”即“乡村治理”的理论研究定位。② 这两次“共识”将“村治”的含义由“村民自治”扩大到“村级治理”或“乡村治理”③。然而，对于“村级治理”和“乡村治理”何者为“村治”研究的理论定位，抑或两者内涵相同同属“村治”的含义定位，吴毅、贺雪峰对此做出过专门界定：“若对‘村治’做一定义，就其字面含义，可以读作‘村级治理’或‘乡村治理’。联系到21世纪初以来的村治历史，‘村治’一词中的‘村’并非‘自然

① 张厚安. 乡政村治——中国特色的农村政治模式［J］. 政策，1996（8）：26.
② 徐勇，吴毅，董磊明. 村治研究的共识与策略［J］. 浙江学刊，2002（1）：26.
③ 王习明. 城乡统筹进程中的乡村治理变革研究［M］. 北京：人民出版社，2012：5-6.

村'和'行政村'这样的确指，而是泛指'农村'或'乡村'。就当前农村研究本身而言，虽然村一级的治理研究也具有独立的价值，但村级治理更是整个农村研究中的一个环节，若将'村治'限定为'村级治理'，不利于整个乡村研究的推进。同样，因为村民自治制度本身的组织特征及其与治理的关联，将'村民自治'简作'村治'虽无不妥，但村民自治并不能够涵盖乡村治理的全部内容，而且很大程度上正是基于对作为一种研究理念和研究视角的村民自治之局限性的认识，'村治'一词才得以重新凸现，所以这种简称不很全面。我们以为，'村治'即'乡村治理'，以体现当前农村研究环环相关的整体特征，并能充分关照到'村治'一词的历史资源。"① 这一时期中国农村问题的研究范畴转向从农村社会内在视角研究乡村社会的治理变化及特征，通过制度和法律在乡村内部的实际运行状况来理解中国农村。本书以"乡村治理"作为主体理论框架，是顺应国家治理策略和农村问题理论研究趋向的理论定位。

从"村民自治"到"乡村治理"，中国农村问题研究始终顺应国家在农村社会的治理策略方向进行研究范畴的调整，2003 年党的十六届三中全会决定在农村社会开展农村社区建设，全国开始开展大规模的农村社区建设实践，"农村社区治理"研究由此产生。此政策转向的时代背景是城乡二元结构的被打破，城乡统筹发展和农村城镇化建设的展开，为中国农村问题研究提出了新的课题，城乡新型关系背景下的农村社区建设问题成为新的研究范畴。

本书以"乡村治理"为研究视角，以乡村治理结构及运行机制为研究要素，旨在研究村民自治制度、法律规定、国家和地方政府各项农村决策在乡村社会的实际运行状况，具有典型的上述中国农村问题研究"乡村治理"阶段的特征。但本书也对广西村民自治制度的发展脉络进行理论梳理，因而也具有"村民自治"阶段的理论研究特征。同时，研究以当下广西乡村发展实际为背景，无法跨越"农村社会治理"阶段的城乡维度。因此，本书的"乡村治理"定位实际包括了"村民自治""乡村治理""农村社区治理"三大研究范畴②的内容，体现了"历史追忆—实证研究—理性设计"的理论分析脉络。

"乡政村治"除了有张厚安在组织层面对"乡政"和"村治"所做的区分，还有从对乡村社会的管理和调控层面来看，"乡政村治"内在地包含以下两个方面："一是以乡镇政权为代表的国家行政管理，即'乡政'；二是以村民为主体

① 吴毅，贺雪峰. 村治研究论纲——对村治作为一种研究范式的尝试性揭示 [J]. 华中师范大学学报（人文社会科学版），2000（5）：40.

② 陈明. 村治研究的三大范畴及其进展评析 [J]. 内蒙古社会科学（汉文版），2014（6）：25-30.

的群众自治，即‘村治’。”① 本书中的“乡村治理”是指在乡镇的地理环境和行政范畴内，研究以乡村权力结构和村民为主体开展的群众自治，通过乡村治理结构及运行机制等要素研究乡村治理绩效。然而，乡村治理结构及运行机制在不同的地域会呈现特殊性，在某一特定乡村社会，乡村治理结构呈现何种关系图景？乡村运行机制包括哪些内容？相互之间的逻辑关系如何？产生何种治理绩效？这是地域化乡村治理研究必须思考和解决的问题。

如上所述，本书将研究对象定位于“乡村治理”，以村民自治为制度发展背景，分析和描述民族自治地区乡村治理结构的历史演变，以广西少数民族自治地区村落为研究单位，考察广西少数民族地区乡村治理的历史发展脉络和独特的自然地理、经济形态、社会环境、文化传统等要素，实证分析广西少数民族自治地区乡村治理的创新性实践经验，从理论和实践两方面探讨民族自治地区乡村治理结构及运行机制的现代转型逻辑，提出民族自治地区乡村治理结构及运行机制的制度化建构和未来村政建设的具体设想，建构因地制宜的民族自治地区乡村治理模式。本研究既体现以村民自治制度为理论分析框架的宏观研究基础，又选择若干村庄为调查样本，进行多村落的微观考察，同时又以省（广西壮族自治区）为考察的区域范围，将村民自治与民族区域自治作为理论比较背景，考察广西河池市宜州合寨村作为村民自治第一村在广西乡村治理历史进程中的作用，探讨民族区域自治为广西村民自治发展带来的独特区域特色表现，以及广西各市县在探索民族地区乡村治理中的先进经验，如《广西壮族自治区村民委员会选举办法》中对村务监督委员会的选举办法规定和《广西壮族自治区实施〈中华人民共和国村民委员会组织法〉办法》中对村务监督委员会职责的确定，百色市的“农事村办”“农情乡解”“屯事联理”等创新社会管理经验，都体现了广西作为民族自治地区在乡村治理中的区域特色，为村民自治和民族区域自治研究都提供了可资借鉴的地方经验，同时可为广西民族自治地区的乡村治理实践提供理论指导，进一步推进广西乡村治理的群众自治和民族区域自治相结合的特色路径和治理模式建构，实现广西乡村治理的“善治”。

## 二、研究综述

古往今来，在中国社会发展过程中，乡村关系始终是国家和社会稳定的根本，乡村问题始终是国家和社会各界关注的焦点。从晚清的乡镇自治到民国时期的乡村建设运动，从土地革命到家庭联产承包责任制，乡村问题一直是中国

① 卢福营. 当代浙江乡村治理研究［M］. 北京：科学出版社，2009：10.

历史发展的主流线索。随着20世纪80年代村民自治制度在我国的确立，以村民自治和乡村治理为研究重点的村治研究成为当代中国社会科学理论研究中的热门领域，其学科范围涉及政治学、法学、人类学、社会学、历史学、文化学、经济学等诸多学科，各学科领域的学者分别从不同视角对不同时期的中国农村治理中各个领域的问题都进行了深入探讨，研究成果颇丰。本书以与本研究相关的理论问题为基础，从以下五个方面进行研究综述。

### （一）对中国乡村治理结构的研究

#### 1. 有关乡村治理结构定义的研究

贺雪峰、董磊明指出乡村治理结构包括三方面要素，即村庄基本秩序状况及其维系机制、村干部的角色与动力机制、乡村关系状况①。马宝成指出，乡村治理结构是指各治理主体在各自权力、职责范围基础上的行为模式以及相互之间的关系②。刘晔指出，乡村治理结构作为治理权力运作、变更的组织架构，直接决定着乡村公共事务的组织与管理、社区公共资源的动员与调控③。吕云涛指出，乡村治理结构是指为管理乡村社会或实现乡村社会自主管理而建构或形成的一整套机构设置（治理主体安排）、权力运作与资源配置的机制及方式④。徐晓全指出，乡村治理结构是指乡村社会在一定时期内较为稳定的治理模式，包括治理主体的产生方式、组织结构、治理资源的整合以及存在于乡村社会的纵向和横向的权力关系⑤。陈晓莉指出，乡村治理结构是指治理主体在各自权力、职责范围基础上的行为模式以及相互之间的关系等⑥。

学术界对乡村治理结构的概念界定基本包括治理主体、治理权力运作、治理资源以及相互之间在乡村治理过程中形成的较为稳定的治理模式等要素，从静态和动态两方面对乡村治理结构进行了立体建构。然而，现有研究多将乡村治理结构等同于乡村治理模式，侧重于围绕国家基层组织政权建设和国家与社会关系展开，而乡村结构还包括乡村社会内部结构以及内在社会基础和社会条件等资源。因此，乡村治理模式是乡村治理结构的宏观表现形式，是内在乡村

---

① 贺雪峰，董磊明. 中国乡村治理：结构与类型［J］. 经济社会体制比较，2005（3）：42.

② 马宝成. 乡村治理结构与治理绩效研究［J］. 马克思主义与现实，2005（2）：41-47.

③ 刘晔. 治理结构现代化：中国乡村发展的政治要求［J］. 复旦学报（社会科学版），2001（6）：56-79.

④ 吕云涛. 中国乡村治理结构的历史变迁与未来走向［J］. 山东省农业管理干部学院学报，2010（2）：30-32.

⑤ 徐晓全. 当代中国乡村治理结构研究：现状与评析［J］. 领导科学，2014（3）：4-7.

⑥ 陈晓莉. 新时期乡村治理主体及其行为关系研究［M］. 北京：中国社会科学出版社，2012：34-35.

治理结构在国家政权建设上的制度延伸。从研究内容而言，乡村治理结构包括乡村治理模式以及构成其内在基础的乡村治理主体。

2. 有关乡村治理模式的研究

首先是对乡村治理模式的历史沿革分析。张西道将中国乡村社会治理按照历史沿革的特点分为以下三种模式①：一为传统乡村治理的“礼”治模式，其存续时间为自秦始到清末之前。二为当代乡村治理的“管”治模式，其存续时间主要经历了三个时期，即清末到民国初期、国民政府时期和新中国成立到十一届三中全会的召开。三为现代乡村治理的“法”治模式，其存续时间为十一届三中全会召开后至今，其主要标志为 1982 年《中华人民共和国宪法》的修改和 1987 年颁布试行的《中华人民共和国村民委员会组织法》。

陈晓莉将乡村治理结构的历史演变分为以下五个阶段：一是中国传统社会的“县政绅治”模式；二是晚清民初时期的“地方精英自治”模式；三是新中国成立初期的“乡（村）政权”并存模式；四是人民公社时期的“政社合一”模式；五是改革开放后的“乡政村治”模式。②

此类研究以历史发展沿革及每一时期的社会控制模式为脉络界分乡村治理模式，有助于理清中国乡村治理的历史发展图景，以及每一时期乡村治理模式的内在发展逻辑，从而挖掘中国乡村治理的内在机理。然而，此研究只是对中国乡村治理模式的历史性梳理研究，概括性地分析乡村治理的历史性格，仅为现实的乡村治理提供研究基础，未对具体乡村治理模式提出具体设计内容。

其次是蔺雪春对当代中国村民自治以来的乡村治理模式从肯定和否定村民自治两个方面进行了研究评述③：第一，从肯定村民自治方面建构“理想村民自治”的乡村治理模式，主要有以下三种模式：一是以徐勇为代表提出的“县政・乡派・村治模式”，即以县作为国家在农村的基层政权，乡成为县的派出机构，接受县政府的委派，专门从事县政府委派的工作，而村委会的主要任务是搞好村民自治，由乡镇支付报酬，从事乡镇委托的工作；二是以徐勇为代表提出的“乡派镇治模式”，即把乡级政权改为县政府的派出机构，同时扩大镇的自主权，将镇改为市以下的基层地方自治单位；三是以徐增阳为代表提出的“乡

① 张西道. 法治视域下的乡村治理之路［J］. 青岛大学学报（社会科学版），2012（3）：57-62.

② 陈晓莉. 新时期乡村治理主体及其行为关系研究［M］. 北京：中国社会科学出版社，2012：37-50.

③ 蔺雪春. 当代中国村民自治以来的乡村治理模式研究评述［J］. 中国农村观察，2006（1）：74-79.

派镇政模式”，即在乡设立县级政府的派出机构，在镇设立一级政府，同时应提高现行的建制镇标准。第二，从否定村民自治方面建构“批判村民自治”的乡村自治模式，主要有以下两种模式：一是以郑法为代表提出的“乡镇自治模式”，即在实行村自治基础上实行乡（镇）民自治；二是以沈延生为代表基于对中国现代化与政治发展的总体设想，参照日本、中国台湾的治理模式，借鉴西方的自治理念提出的“乡治·村政·社有模式”，即乡镇自治，将政府组织延伸至行政村，在村一级设立乡镇政府的派出机构——村公所，并通过立法明确规定农村土地属于村社所有。

以上各类乡村治理模式构想，以村民自治为模型建构参照系来设计理想的乡村治理模型，是一个复杂的制度化建构过程，具有其合理科学性，但模式的整体性无法适应中国乡村社会非均衡性发展的历史环境，难免具有以一概全的缺陷，无法为中国多元化发展的乡村社会提供一个促进村民自治良性运作的科学合理的制度模型。

最后是对于现代乡村治理的“法治”模式时代，尤其是进入农村取消农业税的后税费时代，学术界也分别提出了多种乡村治理模式构想。一是甘信奎提出的“县政乡社模式”，即县级政府是国家政权的最基层单位，担负农村的各种行政职责，乡级大社区只设一些县级政府的派出机构，由专职部门处理日常的行政工作，村级小社区完全自治，一些法定任务可以通过雇佣的方式加以解决①；二是阳信生提出的“农村社区模式”，即实行乡镇的“行政权”与村的“自治权”分开，并将村级组织行政化，下移村民自治的重心，将村民小组重组为新型的农村社区，实行农村社区自治②；三是江国华提出的“法治模式”，即政府整体推进完善农村治理的相关立法，发挥村民创造性，完善农村组织建设，加强农村新文化建设为法治培育必要的文化环境，全面推进法治乡村的建设③；四是马宝成提出的“互强型国家与社会关系乡村治理模式”，即要以制度来规范国家进入乡村社会的方式、权限，培育具有自主性的乡村社会组织，加强乡村社会对国家权力的制约和监督，形成“强国家—强社会”的乡村关系④；五是

① 甘信奎. 改革开放三十年中国乡村治理模式变迁回顾与展望［J］. 前沿，2008（10）：108-111.

② 阳信生. 农村社区自治体制的建构——乡村治理模式创新与现实选择［J］. 湖南工业大学学报（社会科学版），2011（6）：86-90.

③ 江国华，项坤. 从人治到法治——乡村治理模式之变革［J］. 江汉大学学报（社会科学版），2007（4）：5-9.

④ 马宝成. 互强型国家与社会关系：村级治理的模式选择［J］. 天津社会科学，2004（6）：62-65.

于水提出的“有限主导—合作共治”农村社会治理模式，即政府在宏观上掌控未来农村社会治理的总体方向，积极进行农村社会多元主体的自身建设，努力构建政府与社会的协同治理关系，实现农村社会的善治①；六是司武林提出的“多层竞争—合作”乡村治理体制，即在村级组织、基层乡镇、多个团体、村民个体间围绕村级公共服务展开竞争合作，在此过程中实现国家秩序、团体利益、乡村发展与个体价值②；七是饶义军以贵州凯佐乡“参与式”治理实践为研究对象提出的“参与式”乡村共治模式，即村民参与村庄治理，形成地方政府、村民组织、村民、其他组织等多个主体“共治”的乡村治理模式③。

这些研究大多从“乡政村治”模式在实践中出现的问题出发，分析现行乡村治理模式存在的弊端，试图从变革基层政权设置、完善农村法治环境、调整国家与农村社会主体结构等方面建构理想的乡村治理模式。然而，这些模式仅关注地方基层政权的权力结构调整，未对权力运行等细节问题进行详细设计；仅从宏观角度提出完善农村治理立法等问题，未针对农村法治体系提出完整建构设想；仅提出扩大村民等自治主体的自治权利范畴，却忽略村民的自治能力建设等现实困境，对合作治理格局预期过高。同时，这些模式均忽视中国乡村治理的地域差异、民族差异等多元化特性，对乡村治理模式的统一性关照有余，而多元差异性估计不足。

3. 有关乡村治理结构的研究

（1）乡村治理主体的历史变迁研究

此类研究以中国乡村社会发展的历史时期为分界点，从不同发展时期国家对乡村社会采取的不同治理手段而形成的不同乡村治理结构出发，分析不同时期所采取的治理模式所对应的不同治理主体。

尤琳、陈世伟从国家治理能力视角出发，认为传统时期的“双轨政治”治理模式所对应的乡村治理主体结构是自上而下的皇权与自下而上的绅权和族权；近代时期的“营利性经纪人”治理模式所对应的乡村治理主体结构是国家、土豪劣绅；人民公社时期的“全能主义”治理模式所对应的乡村治理主体结构是全能的国家；改革开放以来的“乡政村治”模式所对应的乡村治理主体结构是

---

① 于水，杨萍.“有限主导—合作共治”：未来农村社会治理模式的构想［J］. 江海学刊，2013（3）：133 137.

② 司武林. 从分化到分治：“分层竞争—合作”乡村治理体制的形成——以陕西乡村治理实践为例［J］. 华南农业大学学报（社会科学版），2012（1）：117-123.

③ 饶义军. 乡村治理模式研究综述——兼论贵州民族地区乡村治理模式转变取向［J］. 凯里学院学报，2014（2）：51-55.

国家、乡镇政府、乡村自治权力组织、民间组织、村民等多元治理主体①。

夏菁、姚望以利益表达为分析视角分析乡村治理结构变迁，认为土地改革时期（1950—1952）农会等成为农民利益表达组织；合作化运动时期（1953—1956）各种集体化的经济组织成为农民利益表达组织；人民公社化运动时期（1958—1978）人民公社成为乡村治理绝对主体，农民利益表达行为较少；改革开放时期（1979—1994）村党支部、村委会、村民成为乡村治理主体；改革开放中期（1995—2003）分税制改革使得基层政权加强对农村的索取，农民大量外流，农民利益表达缺失；后税费时代（2004 年至今）政府成为乡村治理的主导、"村两委" 功能提升、农民主体性提高②。

赵晓锋等对近代以来中国乡村治理结构经历的几个历史阶段进行了梳理：传统小农家庭经营下乡绅治理的 "乡规绅治"；军阀割据无政府状态下军阀割据形成的 "匪进绅退"；人民公社国家工业化战略目标下的 "政社合一"；改革开放时期村民个人能力提升下的 "村民自治"③。

陈晓莉对乡村治理主体进行历史性的反思，认为中国传统社会的乡村治理主体为代表皇权的乡里组织领袖、代表族权的宗族长老和代表绅权的乡绅阶层共同治理；近代中国社会乡村治理主体发生演变（清末—1949），各种暴力和强权威力成为地方新权威、宗族组织兴起、农会成为乡村治理新主体；新中国成立后乡村治理主体几经变迁，1949 年至 1958 年基层政权与农民是村治主体、1958 年到 1978 年人民公社是村治主体、1978 年以来农民是村治主体④。

以上有关乡村治理主体的历史变迁研究以大一统的中国乡村社会为历史背景，以乡村治理的制度发展特点为时间点概括不同时期的乡村治理主体结构，梳理了各时期的主体特点及治理现实，但此类研究关注的是普适的中国乡村治理主体的变迁过程，对地域性的乡村治理主体变迁未做考察。王丽华在此基础上关注乡村政治体系变迁的民族特性，以云南沧源佤族乡村为例考察少数民族乡村政治体系的变迁与发展。此研究通过对沧源佤族传统政治体系的现代性初始嬗变，近代以来民族国家建构与建设进程中的佤族乡村政治权力、政治角色、

---

① 尤琳，陈世伟. 国家治理能力视角下中国乡村治理结构的历史变迁［J］. 社会主义研究，2014（6）：111-118.

② 夏菁，姚望. 后税费时代乡村治理结构新探——以利益表达为分析视角［J］. 理论学刊，2010（1）：80-83.

③ 赵晓锋，马欣荣，霍学喜. 中国乡村治理结构的转变［J］. 重庆大学学报（社会科学版），2013（2）：151-155.

④ 陈晓莉. 新时期乡村治理主体及其行为关系研究［M］. 北京：中国社会科学出版社，2012：50-64.

政治关系和政治文化的变迁与发展的描述分析，探讨民族乡村社会中治理权威与传统非治理权威的政治权力架构对佤族乡村治理的作用①。学术界认为，关注民族地域，以民族村落为例的个案研究不能全面概括中国少数民族乡村治理主体结构的全貌，这是此类研究的缺陷，但其贡献在于通过对民族区域个案的研究探索某些乡村治理的共性因素，同时为乡村治理提供民族地方性研究材料。

（2）乡村治理主体的研究

此类研究与上述对乡村治理主体的历史变迁研究不同，主要侧重于从乡村社会实际出发，分析当下实际进行乡村治理的主体，以及多元主体间在村务治理中构建的多元治理体系，而乡村治理主体的历史变迁研究侧重于对乡村治理主体的历史变迁考察，主要在于对历史发展脉络的全面梳理。王云飞、高源对乡村治理主体研究进行了专门的文献回顾②。在乡村治理主体分类上，张继兰认为在乡村治理中除去政府以外，还需要比较独立的乡村社会、具有公民意识的村民以及发达的农村组织，更需要各个主体的互动合作机制③；曾芳芳认为农村治理的主体主要有乡村政府、基层党组织、广大村民，村民又分为村组干部、农村精英、普通民众以及三者之间存在的结构关系④；吴光芸认为农村治理主体主要有农村基层党组织、政府、市场、民间组织、农民⑤；张艳娥认为乡村治理主体从宏观视角可以分为制度性主体和非制度性主体，从微观视角可以分为村干部、乡村各种精英和普通村民⑥。在构建多元治理主体模式方面，闫建认为应建立多元治理主体互动合作机制⑦；李国棠认为需要发挥农村组织在变革和完善农村治理机制中的作用，提高农民的组织化水平⑧；张继兰认为需要建立农村民间组织和完善村组织和政府的互动协商机制⑨。从经济学视角

---

① 王丽华. 少数民族乡村政治体系的变迁与发展——以云南沧源佤族乡村为例［M］. 北京：人民出版社，2012

② 王云飞，高源. 乡村治理主体系统化的建构及其策略［J］. 长白学刊，2015（1）：119-124.

③ 张继兰. 乡村治理：新农村建设的路径选择［J］. 新农村建设，2009（4）：55 57.

④ 曾芳芳. 农村治理主体多元化的制度构建与实践理路［J］. 理论研究，2008（5）：36-39.

⑤ 吴光芸. 多中心治理：新农村的治理模式［J］. 调研世界，2007（10）：3-5.

⑥ 张艳娥. 关于乡村治理主体几个相关问题的分析［J］. 农村经济，2010（1）：14-19.

⑦ 闫建. 多元合作视角下的西部新农村建设——基于西部八省（市）的调查研究［J］. 陕西行政学院学报，2009（2）：17-20.

⑧ 李国棠. 新农村建设背景下的农村治理问题研究——以实现农民的再组织化为主导［J］. 知识经济，2009（8）：61.

⑨ 张继兰. 乡村治理：新农村建设的路径选择［J］. 新农村建设，2009（4）：55-57.

分析乡村治理主体多元化，胡火明认为应引入多中心治理模式，这有助于解决基层公共产品供给的资金来源问题①。

陈晓莉对乡村治理主体进行了类型举要，分为乡村治理中的组织性主体：政党性组织——乡镇党委、村党组织，政府性组织——乡镇人民政府，乡村政治性组织——村民委员会、村民监事会、村民小组、村民会议、村民代表会议、专门委员会，乡村社会组织——政治性的农民组织、经济性的农民组织、社会性的农民组织；乡村治理中的群体性主体：家庭与宗族、乡村治理中的潜在群体；乡村治理中的个体性主体：乡村治理中的精英——政治精英、经济精英、社会精英，普通民众②。

此类研究成果的不足在于，对治理主体结构的构建都不具有普遍性，村庄会因实际治理情况的不同主体构成会有差异，主体间互动产生的行为关系也会呈现不同的情况。但任何的理论研究都不可能囊括所有的现实问题，基于具体语境的理论探讨可以折射出某种具有共性的理论问题。

（3）村庄权力结构的研究

此类研究的研究对象是乡村治理主体中占据优势资源者，他们具有在乡村治理过程中支配他人的能力，而村庄各权力主体在村庄治理中的互动则形成村庄权力结构。研究者对村庄权力结构的研究也不具有普遍性，都是对个案村庄及区域地方治理环境下村庄权力结构的研究、特定视角下村庄权力结构的研究、不同历史时段和地域差异中村庄权力结构的研究等，对村庄权力主体界定的不同，会因为互动差异而产生权力结构的不同。因此，现有的研究因中国农村多元化发展特性具有特殊性，无法界定统一的村庄权力结构，不能描述和解释当前村庄治理权力结构的实际状况。

金太军从政治社会学的分析视角研究村庄治理中的三重权力互动，认为国家—村庄精英—普通村民是村庄场域的三重权力架构。同时，梳理了学术界对中国农村村庄权力结构研究的两次高潮：第一次是在20世纪中叶前后，费孝通在研究传统乡土中国的权力结构时，区分了村庄中同意权力、横暴权力和教化权力三种基本的权力类型，特别强调教化权力在传统乡村基层治理过程中的突出作用；杜赞奇考察了20世纪上半叶华北农村村庄权力结构的变化，区分了赢利型经纪与保护型经纪；黄宗智分析了华北和长江三角洲不同的土地占有形态、

① 胡火明. 论治理视野下的地方公共产品的供给［J］. 理论与改革，2004（6）：39-41.

② 陈晓莉. 新时期乡村治理主体及其行为关系研究. 北京：中国社会科学出版社，2012：68-94.

不同的家族力量和结构对于村庄权力结构类型的影响。第二次高潮是20世纪80年代末以来，学术界分别从两种不同的视角展开研究：一是村庄权力结构的内部研究，仝志辉、贺雪峰从村庄内部权力运行状况出发，构建了村庄权力结构的"体制精英—非体制精英—普通村民"三层分析工具，实际上金太军本人对村庄权力结构的三重权力认定也是采用内部研究的视角；二是村庄权力结构的外部研究，其主要的分析工具是国家—社会关系分析框架或市民社会理论，如崔之元在"国家—社会"的两层分析法的基础上，提出了三层分析法，即"上层"（中央政府）、"中层"（地方政府和新兴资本大户）、"下层"（广大挣工资谋生的老百姓），他认为，从中央政府与普通民众的"上下联盟"来制约"中间层"地方精英的离心倾向，只是"上中下"三者良性互动的一个环节，另一个环节是"中间层"对"上层"过度集权的制约①。

金太军对村庄权力结构的两次研究高潮的梳理，较全面地概括了现有研究成果。有关村庄权力结构的研究成果一般都从这两个视角出发，根据不同的村庄实际和分析标准来加以界定。然而，此类研究不能解释和囊括所有特定村庄个案中的权力结构构成，中国的村庄治理不均衡现象也表现在权力结构的地方特色或村庄特色上，因此此类研究成果一般以个案为基础建构权力结构大致就是注意到这个问题的缘故。

（4）乡村精英治理研究

此类研究关注乡村社会随着经济发展出现的社会阶层分化，基层治理主体呈现多元化趋势，乡村精英作为在某领域拥有优势的主体在村民自治制度中扮演着重要角色。虽然村民自治制度确定村民平等地享有村庄治理的权利，但在村民自治的实际运行过程中，乡村精英才是乡村治理的主体，是乡村治理的实际掌权者。该类研究从各个不同的视角对乡村精英的界定、能力、作用等进行了分析，但无法形成统一的乡村精英界定标准和量化指标，同时也无法将村民自治制度和乡村精英进行治理融合，非制度精英的体制内权力正当性缺乏制度衡量标准，乡村精英治理研究停留于理论研究层面，无法建构可操作的制度认可体系。

仝志辉、贺雪峰通过四种理想类型村庄的村庄权力结构进行"体制精英—非体制精英—普通村民"的三层分析来理解当前村庄权力运行的状况②；金太

---

① 金太军. 村庄治理中三重权力互动的政治社会学分析［J］. 战略与管理，2002（2）：105-114.

② 仝志辉，贺雪峰. 村庄权力结构的三层分析——兼论选举后村级权力的合法性［J］. 中国社会科学，2002（1）：158-167.

军则对村庄治理进行了“国家—村庄精英—普通村民”三重权力互动的政治社会学分析，并将村庄精英分为体制内精英和体制外精英①；陈潭、刘祖华运用博弈分析框架，分析村庄治理精英和非治理精英在村庄治理过程中的博弈竞争状态②；顾金喜对国内乡村精英治理的主要研究进行了梳理、分析，分别从乡村精英及精英治理的内涵、乡村精英治理的创新模式、乡村精英治理的功能分析、乡村精英治理模式的转型与完善等方面结合已有研究进行评述，是有关乡村精英治理研究的较完整文献综述③。

对乡村精英治理的研究与乡村权力结构研究一样，面临着我国作为“非均质国家”的研究困境，东西南北的地域形态、经济水平会导致政治形态的地域性发展特色，加之乡村社会文化百态多样，精英结构及精英在乡村治理中的角色定位会表现各异，研究应当注重地域特性下的精英表现。

（5）乡村治理单个主体的研究

此类研究主要对单个乡村治理主体进行专门研究，大多采取个案研究、地域研究、类型研究等方式对单个治理主体的相关内容及在乡村治理中的地位和作用进行深入研究，由于是对单一治理主体的研究，有的研究内容缺乏对单一治理主体在治理互动中的研究，无法全面展现乡村治理互动关系模式，同时单个治理主体研究也面临普适化的难题。

肖唐镖等学者注重宗族在乡村治理中的作用变迁研究④，谭同学以赣中农村地区为研究对象，分析宗族、国家与社会三重认同下的村治逻辑⑤。

此外，村党支部、村委会、村民组长、村民代表、民间组织等也成为乡村治理结构研究的单个主体研究对象，有关乡村治理的相关研究几乎涵盖乡村治理的各个主体领域。

（6）乡村治理结构研究

赵光勇认为，在当下村民自治制度的实践中，乡村治理结构以村委会为中心、农村党组织和乡镇政府为支持，治理主体为村民大会、村民委员会和村党

---

① 金太军. 村庄治理中三重权力互动的政治社会学分析［J］. 战略与管理，2002（2）：105-114.

② 陈潭，刘祖华. 精英博弈、亚瘫痪状态与村庄公共治理［J］. 管理世界，2004（10）：57-67.

③ 顾金喜. 乡村精英治理研究综述［J］. 中共杭州市委党校学报，2013（2）：91-96.

④ 肖唐镖. 当代中国农村宗族与乡村治理——跨学科的研究与对话（第二辑）［M］. 北京：中国社会科学出版社，2008.

⑤ 谭同学. 宗族、国家与社会三重认同下的村治逻辑——兼论乡村治理研究的经验本位性［J］. 学习与实践，2006（6）：94-99.

支部小组，还包括一些村民合作组织或协会等①。

马宝成等从村级治理的法制基础与现实运行两个视角将村级治理结构分为理想结构和现实结构。此研究对村民治理结构进行了广泛意义上的界定，其理想结构是指在现有制度体系下形成的村级治理运行机制，主要包括由制度体系规定的各村级组织的法律地位、相互之间关系以及它们各自对村庄的行为模式；现实结构则是村庄目前的实际运行机制，即在外部环境因素的作用下形成的各村级组织运作的实际状况②。

此类研究都注意到了乡村治理结构的特殊性，由于乡村治理现实的地域性、个体化表现，对乡村治理结构的界定无法做统一绝对的界定，但马宝成从村民自治制度的法制基础出发界定村级治理的理想结构，具有标准化的参考意义，有利于以此为标准，分析特殊语境中村级治理的现实结构表现。

（二）对中国乡村治理运行机制的研究

本书认为，中国乡村治理运行机制的构成要素是“四大民主”——民主选举、民主决策、民主管理、民主监督在中国乡村社会的实际运行及运行绩效，是衡量村民自治制度绩效的动态指标。目前学术界有对村民自治制度的实际运行进行研究的成果，也有专门对“四大民主”进行专项研究的成果。

程瑞山、贾建友以村民自治制度的动态运行为研究对象，以村民自治实践的制度化程度为研究支点，运用从上往下看和从下往上看相结合的视角对村民自治制度的运行质量问题进行逻辑的与实证的研究③。此研究注重的是对村民自治制度运行的质量考察，其中也包含对运行机制状况的分析，以及如何从制度层面对每一阶段的机制运行问题进行进一步的制度调适，从制度层面为本书的研究提供了乡村治理运行机制发展脉络的启示，同时在个案观察调查部分，具体分析了“四大民主”在个案村的实际运转情况，运用问卷调查、访谈座谈、个案跟踪观察等方式对村民自治制度设计中“四大民主”的运行状况进行了综合考察，为本书研究提供了实证研究方法、研究要素、研究思路的参考。

由于现实村级治理实践中，相较于民主决策、民主管理、民主监督而言，民主选举作为村民自治制度中较为关键的一环和村民参与村务活动成本较低的形式，是“四大民主”中制度设计最完整、政府指导最有力、实践运行最规律

① 赵光勇. 经济嵌入与乡村治理——来自浙江农村的思考［J］. 浙江学刊，2014（3）：214-219.

② 马宝成. 村级治理：制度与绩效［M］. 北京：中国社会出版社，2010.

③ 程瑞山，贾建友. 村民自治制度运行研究［M］. 北京：中国社会科学出版社，2013.

的运行机制，对此的研究成果较其他三大民主丰硕。

仝志辉有关村委会选举与乡村政治的系列论文集，从学理分析、实地研究、政策研究三个方面对乡村民主选举进行了全方位研究①。

唐晓腾采用个案调查的实证研究方法对个案村的民主选举情况进行了概述，并从学理上分析了农村宗族、政府等要素对农村民主选举的影响②。

肖立辉对村民委员会选举进行了全面的研究，该研究首先对中国农村基层选举进行了历史回顾，并在国家与社会关系视角下对村委会选举进行了制度梳理，进而对影响村委会选举的因素、村委会选举的过程与结果、村委会选举的后果等逐步展开分析，而后采取个案调查的方法对村委会选举进行实证个案分析，最后分析村委会选举的主要问题并提出改进建议，是对村委会选举制度的完整研究成果③。

此外，负责选举事务的政府职能部门等也对如何合法地组织选举、如何保持选举的公正性、如何应对选举过程中出现的问题和应采取怎样的应对举措等选举操作层面的问题进行了研究，还有对全国村民委员会选举工作进展情况的总结报告等④。

对民主决策、民主管理、民主监督等的研究也散见于对村民自治或乡村治理的有关研究当中，大多是对此三大民主在制度设计、实践运行中存在问题的分析以及如何进一步改进的建议，有学理分析，也有个案研究成果。

### （三）对民族地区乡村治理问题的研究

民族地区乡村治理问题研究在整个乡村治理研究领域属于薄弱环节，其研究以乡村治理宏观理论为基础，结合民族地区乡村社会治理的个案实践，分析个案的乡村治理现状、面临的问题，建构符合民族地区乡村治理语境的乡村治理策略。此类研究的一个共同点在于大多采用个案研究的方法，以某个民族区域、民族村落为个案研究对象，在普适化的乡村治理理论模型中关注民族地域差异和民族差异等带来的乡村治理理论差异。既有研究成果主要有以下四方面内容。

#### 1. 对民族地区乡村治理问题的综合理论分析

目前学者对民族地区乡村治理问题的理论研究主要是将一般的乡村治理理

---

① 仝志辉. 村委会选举与乡村政治［M］. 北京：中国农业出版社，2006.

② 唐晓腾. 基层民主选举与农村社会重构——转型期中国乡村治理的实证研究［M］. 北京社会科学文献出版社，2007.

③ 肖立辉. 村民委员会选举研究［M］. 北京：中国社会出版社，2009.

④ 詹成付. 全国村民委员会选举工作进展报告［M］. 北京：中国社会出版社，2008.

论运用于民族地区的特殊区域，将普适的乡村治理理论对应地运用于特殊的民族地域考察民族地区乡村治理的现状、存在的问题及对策。徐健对西部少数民族地区的乡村治理进行了整体概述，并从村民参与渠道、政府角色定位、村干部、农民参与形式等方面考察西部少数民族地区乡村治理存在的问题、问题原因、完善对策①；康耀坤在分析民族地区实施村民自治的政治基础、经济基础的基础上，论述民族地区实行村民自治的意义以及在经济层面、意识层面、制度层面发展少数民族村民自治的道路设计②；王丽华以村民自治为视角，研究少数民族政治社会化的主要成效、存在问题、途径建构③；饶义军以乡村治理模式研究综述为基础，以凯佐乡乡村治理模式创新实践为个案，分析贵州民族地区乡村治理模式的转变取向，认为应当是介于"统治"与"自治"之间的一种模式选择④；谢治菊结合风险社会背景，实证分析西部民族地区乡村有效治理的现状和问题、特殊性及一般性，并对实证分析结果进行理论抽象，探究产生问题的根源并提出解决问题的对策⑤。此外，一些学者以具体的民族地域、民族村落为例研究此类理论问题，如李若清对云南民族地区村民自治问题的探析⑥；瞿州莲对湖南西部永顺司城村村民自治问题的研究⑦；杨刚以双江拉祜族佤族布朗族傣族自治县为例对民族欠发达地区村民自治存在的问题及对策研究⑧；潘科任以钦州市T镇N村为例展开的对民族地区村民自治组织运行难题及对策的研究⑨；郑茂刚通过贵州省锦屏县基层群众自治制度的创新与启示研

① 徐健．西部少数民族地区乡村治理问题研究［J］．贵州民族研究，2015（3）：45-48.

② 康耀坤．论我国民族地区的村民自治与基层民主建设［J］．西北民族大学学报（哲学社会科学版），2008（3）：83-87.

③ 王丽华．村民自治的视角：少数民族政治社会化分析［J］．贵州民族研究，2006（5）：21-27.

④ 饶义军．乡村治理模式研究综述——兼论贵州民族地区乡村治理模式转变取向［J］．凯里学院学报，2014（2）：51-55.

⑤ 谢治菊．西部民族地区乡村治理的逻辑与实践［M］．北京：社会科学文献出版社，2014.

⑥ 李若青．云南民族地区村民自治问题探析［J］．中共云南省委党校学报，2005（5）：125-126.

⑦ 瞿州莲．民族地区的村民自治存在的问题及对策——以湖南西部永顺司城村为例［J］．贵州民族研究，2004（3）：26-30.

⑧ 杨刚．民族欠发达地区村民自治存在的问题及对策研究——以双江拉祜族佤族布朗族傣族自治县为例［J］．临沧师范高等专科学校学报，2008（2）：1-3.

⑨ 潘科任．民族地区村民自治组织运行难题及对策——以钦州市T镇N村为例［J］．边疆经济与文化，2009（9）：13-14.

究少数民族地区乡村治理的善治实践①。

2. 对民族地区乡村治理法治化的研究

学者对民族地区乡村治理法治化的探索主要从以下三个方面展开：

一是对民族地区乡村治理法治生态的探索，如黄灵谋、张融、黄兴忠以广西那坡县为例，在全面推进依法治国的时代背景下，分析边疆民族地区乡村治理法治化建设现阶段存在的问题、分析问题、建构法治化建设的路径②。

二是通过对村规民约的完善实现民族村寨村民自治的善治，如黄艳萍以村规民约的完善为视角，从村民自治权的解读出发，分析在制定村规民约时，如何根据善治的标准明确乡村管理者的权力边界并作为形式和对权力的制衡，而法治作为善治的基本要素，乡村治理的善治实践即是法治化过程③。

三是对民族地区村民自治法律保障的研究，如周晓涛通过健全村民自治制度的法律体系、完备制度建设、营造法制环境等寻求解决问题的法律手段，为少数民族地区的村民自治提供法律保障④。

3. 通过实证路径对少数民族传统要素在民族地区乡村治理中的作用的研究

此类研究主要通过个案实证研究的方法探讨少数民族乡村的权力结构、传统民族力量、社会资本、传统文化空间、女性政治参与、宗族势力等方面的问题。

一是对少数民族乡村社会基层权力结构的研究。如孙秋云、钟年以湖北西南部少数民族地区农村为例探讨民族地区乡村社会以乡镇政府为主的国家主导型基层权力结构，同时探讨聚居村落中家族宗族意识的复苏和民间精英的影响，认为宗族间倡导的团结、互助精神是对传统亲情、伦理回归的一种自发表达，有利于乡村社会的和谐治理⑤。

二是分析传统民族力量在村民自治制度背景中的乡村治理作用。如陈洁莲对壮族传统都老制的民主自治传统分析，考察其为村民自治运行提供了“原生

---

① 郑茂刚. 少数民族地区乡村治理的善治实践——贵州省锦屏县基层群众自治制度的创新与启示［J］. 黑龙江民族丛刊，2008（5）：53-56.

② 黄灵谋，张融，黄兴忠. 试论边疆民族地区乡村治理与法治生态——以广西那坡县为例［J］. 百色学院学报，2015（1）：102-107.

③ 黄艳萍. 民族村寨村民自治实现善治的进路——以村规民约的完善为视角［J］. 法学杂志，2009（6）：139-141.

④ 周晓涛. 西北少数民族地区新农村建设中村民自治的法律保障——以甘肃省天祝藏族自治县为例［J］. 甘肃政法学院学报，2009（9）：115-118.

⑤ 孙秋云，钟年. 村民自治与乡村社会的基层权力结构——以湖北西南部少数民族地区农村为例［J］. 云南社会科学，2003（1）：70-75.

态”民主自治的土壤①；李琴以平地瑶的瑶长制在长期历史发展过程中的乡村治理效用为基础，考察平地瑶瑶长制作为一种传统内生秩序对民族区域自治和村民自治在民族乡村运行的有效性②；陈锋则展开对京族传统翁村制村民自治的现代考察③；彭庆军通过对湖南省通道侗族自治县的调查发现，在国家介入的推动下，传统的“寨老”“侗款”在经过结构功能的创造性转化后，变成了与现代乡村治理相契合的“老年人协会”，揭示民族地区现代化建设过程中传统社会组织的创造性转化及其价值，④ 同时分析重启后的寨老组织在乡村治理现代化中的积极功能与消极影响的并存状态⑤；闫丽娟、王丽霞则以甘青保安族、撒拉族人口较少民族聚居地区为例考察村域视野中清真寺的社会功能，分析如何实现清真寺与乡村治理的兼合⑥。

三是分析民族传统社会资本对民族地区乡村治理的作用。谢治菊以贵州苗族为例，考察西部少数民族农村社区中四种传统社会资本（传统权威：寨老；传统规范：习俗及习惯法；传统节日：赶年场、祭鼓节；传统交往基础：血缘与信任）在转型期的变化，注入新元素的传统社会资本对构建和谐农村社区的推动作用⑦。

四是关注传统公共文化空间与民族地区乡村治理的关系。李志农、乔文红通过以云南迪庆藏区德钦县奔子栏村公共文化空间——“拉斯节”的个案研究，阐释传统公共文化空间在乡村秩序建构中的重要意义，实现内源性公共文化空间与外源性嵌入式政治公共空间的交融互构⑧。

五是对少数民族农村女性的村民自治参与情况和角色分析。袁涓文以黔南

---

① 陈洁莲. 壮族传统都老制的村民民主自治特征［J］. 学术论坛，2009（10）：55-58.

② 李琴. 瑶长制与瑶族乡村治理——以平地瑶为例［J］. 贵州民族研究，2007（1）：26-32.

③ 陈锋. 京族传统翁村制村民自治的现代考察［J］. 广西社会科学，2013（9）：137-141.

④ 彭庆军. 论民族地区传统社会组织的创造性转化——以湖南省通道侗族自治县为例［J］. 华中科技大学学报（社会科学版），2013（5）：83-89.

⑤ 彭庆军. 乡村治理现代化视域下民族地区少数民族传统社会组织的功能——以黔东南 L 村侗族“寨老”组织为例［J］. 西南民族大学学报（人文社会科学版），2015（6）：55-59.

⑥ 闫丽娟，王丽霞. 村域视野中清真寺社会功能及乡村治理——以甘青保安族、撒拉族人口较少民族聚居地区为例［J］. 科学经济社会，2011（1）：8-13.

⑦ 谢治菊. 社会资本视角下西部少数民族农村社区治理模式创新［J］. 农村经济，2008（9）：55-58.

⑧ 李志农，乔文红. 传统村落公共文化空间与民族地区乡村治理——以云南迪庆藏族自治州德钦县奔子栏村“拉斯节”为例［J］. 学术探索，2011（8）：61-65.

地区凯佐乡少数民族农村妇女为研究对象，通过问卷调查等方法考察少数民族农村妇女对村民自治的了解及政治参与状况①；赵丽珍则从社会资源享有和乡村传统文化方面，讨论少数民族女性在村民自治中的参与和角色②。

六是注意到少数民族地区宗族意识、宗族力量在村民自治中的表达。孙秋云以湖北西部少数民族地区农村为例，认为当地少数民族宗族意识一定程度上的复苏是对当前农村社区管理和社区服务中存在缺陷的一种自发弥补，③ 宗族作为由非治理精英所领导的非正式组织已得到民间的认可，但在国家力量的调控下，宗族力量仅局限于文化层面加以运行④；朱炳祥重视宗族的民族性特征在村民自治中的表达，通过对湘西捞车土家族村的观察，发现在村民自治选举中他们所选出的是地域性的领袖而不是宗族的代表，而云南摩哈苴彝族村八个主要图腾宗族都没有将自己宗族的代表选入村民委员会的意向，更无任何实际的行动⑤。

4. 以少数民族乡村为样本开展调查研究的调查报告

朱秦、钱素华对云南芒乐村进行了实地调查，通过大量座谈、走访和查阅资料对民族融合背景下的村委会选举、村务参与、村治权力运作格局等问题进行了实证分析⑥，并针对民族杂居地区村民自治过程中的问题，展开对贡山独龙族怒族自治县丙中洛乡村民自治⑦和云南孟连县拉嘎村村民自治实施情况⑧的调查；张巨成以新疆维吾尔自治区昌吉回族自治州奇台县大泉塔塔尔族乡、黑沟村为研究对象，分析乡村治理的新手段、农村社会治安综合治理、农民的土

---

① 袁涓文. 贵州少数民族农村妇女参与村民自治研究——以黔南地区长顺县凯佐乡为例［J］. 安徽农业科学，2009（33）：7-9.

② 赵丽珍. 少数民族女性在村民自治中的参与和角色分析［J］. 中华女子学院学报，2006（5）：35-38.

③ 孙秋云. 南方民族地区山村的村民自治与宗族意识——以湖北西部少数民族地区农村为例［J］. 贵州民族研究，2001（4）：61-67.

④ 孙秋云. 村民自治制度下少数民族乡村精英的心态与行为分析——以湖北西部土家族地区农村为例［J］. 中南民族大学学报（人文社会科学版），2004（3）：23-27.

⑤ 朱炳祥. 宗族的民族性特征及其在村民自治中的表达——对捞车土家族村和摩哈苴彝族村的观察［J］. 民族研究，2005（6）：37-42.

⑥ 朱秦，钱素华. 民族融合背景下的村民自治调查——以民族杂居的云南芒乐村为样本［J］. 中南民族大学学报（人文社会科学版），2006（1）：35-39.

⑦ 钱素华，朱秦. 民族杂居地区村民自治过程中的问题研究——贡山独龙族怒族自治县丙中洛乡村民自治调查报告［J］. 云南行政学院学报，2006（1）：75-79.

⑧ 钱素华，朱秦. 村民自治给民族杂居地区村庄带来的影响——云南省孟连县拉嘎村村民自治实施情况调查报告［J］. 云南民族大学学报（哲学社会科学版），2004（6）：53-57.

地权利、党员发展工作、村务公开等西部少数民族地区乡村治理问题①。

有关少数民族地区乡村治理研究的成果近年来有逐渐增长的趋势，研究者们越来越关注乡村治理一般性理论问题后面的特殊性问题，对民族地区乡村治理问题研究的共同点表现在，大多采用以民族村落为个案研究的方法，深入探讨个案村落的治理现状。虽然以民族村落为个案分析具有特殊性的村落治理情况，缺乏理论覆盖面，无法呈现区域性民族地区乡村治理图景，但能够为民族地区的乡村治理提供共性关照的实证材料和理论基础。

（四）对区域性乡村治理的研究

已有的对乡村治理问题的研究大多为宏观理论考察或微观个案观察，注重共性的总结或个性的剖析，在考虑中国乡村治理总体运行逻辑的基础上，考虑到当代中国农村社会分化的背景及发展非均衡的特点，理论界对乡村治理进行了多视角、多理论层面多研究方法的研究。但是，作为研究样本的个体村庄是否可以代表整个中国农村的全貌？非均衡的农村发展现状导致个体村庄展现的特质无法涵盖中国乡村社会的所有形态。于是，一些学者开始尝试用区域比较研究的方法从整体上关注中国乡村社会，如曹锦清对河南平原地区十几个县的走访调查②，黄宗智对华北③和长三角地区的研究④，以及杜赞奇对华北地区的研究⑤等都反映了学者对区域性乡村社会治理的理论研究自觉。但总体而言，目前的研究成果较少关注不同区域乡村发展与乡村治理的“地方性知识”，大多以村落为研究对象，进行单个村落或多村落研究，未突显乡村治理结构和运行机制的区域特色，缺乏对乡村治理的区域性研究。

卢福营等注意到区域性乡村治理研究的理论研究成果不足，选择一个省为研究空间层次，以村民自治为制度背景，以村庄为考察单位，从一个特定的视角调查和分析当代浙江的乡村治理，其选择浙江省为研究对象的理论研究目的是呈现出多样化的农村区域格局和多元化的乡村治理状态，而省是一个相对稳定的区域单位，且具有相对完整的经济形态、行政模式、社会环境和文化特质，

---

① 张巨成. 西部少数民族地区乡村治理调查报告——以新疆维吾尔自治区昌吉回族自治州奇台县大泉塔塔尔族乡、黑沟村为例［J］. 经济问题探索，2008（11）：184-190.

② 曹锦清. 黄河边的中国——一个学者对乡村社会的观察与思考［M］. 北京：社会科学文献出版社，2014.

③ 黄宗智. 华北的小农经济与社会变迁［M］. 上海：中华书局，2004.

④ 黄宗智. 长江三角洲小农家庭与乡村发展［M］. 上海：中华书局，2000.

⑤ 杜赞奇. 文化、权利与国家：1900—1942 年的华北农村［M］. 南京：江苏人民出版社，2003.

这些均将对乡村治理过程产生影响，并形成乡村治理的区域特色①。谢治菊也对风险社会下西部民族地区乡村治理进行了整体普遍研究，实现了对西部民族地区进行区域性乡村治理研究的努力②。

本书以广西为例研究民族自治地区乡村治理结构及运行机制，旨在根据广西民族自治地区乡村发展的实际，进行专门的区域性研究，总结广西作为民族自治地区乡村治理的特色及典型经验，丰富乡村社会治理理论的同时，也为民族地区社会管理创新研究提供理论积累。本书以村民自治制度为背景，以民族村落为考察单位，通过对典型村庄治理结构及运行机制的个案剖析，考察广西典型市县在乡村治理中的创新性探索与制度实践，比较分析、总结广西在乡村治理中如何体现民族传统的治理绩效与乡村社会管理创新的民族特色。

（五）实证研究方法进入乡村治理问题的研究。

徐勇教授认为，当前中国乡村治理问题研究在方法论上的特点是，从高高在上的“殿堂”走向下里巴人的“田野”③。以事实材料和实际调查为基础的实证研究方法成为学术界进行乡村治理问题研究的重要研究方法，相关研究主要有以下三个：一是个案研究。学术界对于乡村治理问题的研究大多采用多个案研究方法，通过对不同村庄的描述、发现等归纳乡村治理中具有共性的规律和理论，特别是通过个案观察、实地访谈等手段来考察和评估乡村治理现状。二是问卷调查。此方法可以从更“广”的范畴了解乡村治理现状，即学者通过设计问卷，有针对性地了解被调查者的状况，然后对问卷数据进行统计分析和描述，发现乡村治理进程中比较精确、科学的因果关系。三是建构乡村治理结构和运行质量评估体系。中山大学郭正林教授于 2002 年承担国家社科基金项目——乡村治理的制度绩效评估研究，该项研究以中国农村村民自治为对象，研究村民选举后的农村是如何治理的，农民政治参与对乡村治理产生什么影响，以及村民自治制度下的乡村治理绩效评估等。

运用实证研究方法研究乡村治理问题，确实为展现乡村治理现实实际提供了科学的实证材料，但此类研究仍存在以下四个问题：一是缺乏理论预设。大多数学者在研究中表现“结论先行”的特点，进入田野的目的只是为书斋中的

① 卢福营. 当代浙江乡村治理研究［M］. 北京：科学出版社，2009.

② 谢治菊. 西部民族地区乡村治理的逻辑与实践［M］. 北京：社会科学文献出版社，2014.

③ 邓正来，郝雨凡. 中国人文社会科学三十年：回顾与前瞻［M］. 上海：复旦大学出版社，2008.

理论寻找依据，并不是从实践和实事中有所发现。二是长时间的跟踪调查不够。没有对研究对象进行横向、纵向全方位长时间的调查，事实数据科学性不足。三是科学规范不够。将实证研究变为证实研究，研究中存在狭隘的经验主义，无法做到价值中立的研究态势。四是理论提升不够。实地调查取得大量的第一手材料后，对材料缺乏应有的学术分析和理论建构，大多停留于对调查资料的简单描述①。

## 三、相关问题的界定

### （一）农村与乡村

“农村”与“乡村”在老百姓的日常用语和意识观念上没有实质性区别，均指城市以外的以从事农业生产为主的区域，户籍制度改革前还指农业户口人员集中生产和生活的区域。在学术领域，由于学术研究的侧重点不同，有的学者并未对两者进行区别界定，有的以“农村”命名，有的以“乡村”命名，学术含义大都指城市以外的区域。有的学者由于学术研究的需要，对“农村”与“乡村”进行了严格意义的概念辨析，以此对研究对象进行比较性界定。

王丽华认为，“农村”与“乡村”的共同性体现在以下两个方面：其一，从地理空间范围看，“农村”与“乡村”都是指处于城市以外地域的社区；其二，从人们的生产活动角度看，“农村”与“乡村”的共性体现在农业生产活动上。“农村”与“乡村”的区别体现在以下两个方面：其一，“农村”社区中的社会关系、社会群体、社会组织和社会制度主要是基于长期的农业生产活动而形成的，具有自然、内在生成的特点；其二，“乡村”社区内部的社会关系、社会群体和社会组织等具有国家建构的特征，是具有行政区划色彩的农村社区②。

吴毅、吴克伟等认为，“村”在不同的研究中有不用的含义：“一是‘自然村’，指人们居住的自然村落；二是行政村，这是为行政的便利按一定的区域划分设置村政机构而形成的村政单位；三是村民委员会，简称村委会，是改革开放后在人民公社时期生产大队基础上建立的村民自治组织。”③ 卢福营等认为，

---

① 徐勇，慕良泽．田野与政治：实证方法的引入与研究范式的创新——徐勇教授谈话［J］．学术月刊，2009（5）：155-160.

② 王丽华．少数民族乡村政治体系的变迁与发展——以云南沧源佤族乡村为例［M］．北京：人民出版社，2012：17-18.

③ 吴毅，吴克伟等．转型中的治理——当代中国乡村社会变迁实证研究［M］．武汉：湖北人民出版社，2009：9.

在分析当下乡村治理情况时，“村”都是指一个村民委员会所辖地域、人口和组织等构成的社会共同体。村庄治理就是指以一个村民委员会为单位的农村社会公共权力配置和运行过程①。本书中所提及的“村”及“村庄”主要指现行的村民委员会所辖区域或行政村。

在研究定位的问题上，中国早期对乡村社会的研究定位于“村落社区”。费孝通在《乡土中国》中明确指出：“以全盘社会结构的格式作为研究对象，这对象并不能是概然性的，必须是具体的社区，因为联系着各个社会制度的是人们的生活，人们的生活有时空的坐落，这就是社区。”②“乡下最小的社区可以只有一户人家”③，“无论出于什么原因，中国乡土社区的单位是村落，从三家村起可以到几千户的大村”④。后来的学者如徐勇、张厚安、吴毅、肖唐镖等也认为乡村对治理更多的是指村庄的治理。然而，随着乡村问题研究的不断深入，将乡村问题的研究仅仅定位于“村落”研究并不能描述当今乡村社会发展的全貌。从国家行政层级建构而言，乡作为一级基层政权发挥着基层社会治理的作用，《中华人民共和国宪法》和《中华人民共和国村民委员会组织法》赋予农村村民实行自治的权利，村民委员会是村民自我管理、自我教育、自我服务的基层群众性自治组织，同时确立乡、民族乡、镇的人民政府在村民委员会工作中的指导、支持和帮助地位。村落的自治不能囊括村落社区生活的全部内容，乡村（基层乡镇政权与村庄）作为一个整体才能全面把握当今乡村社会生活的全部社会关系结构及发展概况。何晓杰认为，乡镇是国家与农民发生关系的“接合部”，是国家政策下达和农民意愿上传的“中介”。从农民生活的区域范围上讲，即使在城乡一体化快速发展和农村劳动力大批转移的大背景下，农民的生活圈子依然没有超出乡镇地理区域范围，乡镇作为中国农村社会最基本的治理单位，得到广大农民巨大程度的认可⑤。因此，“乡村”成为新的研究定位转向。

本书采用“乡村”这一概念除了有学术研究定位转向的考虑，还有从概念上看，“乡村”之于“农村”的最大特点在于其除了具有“农村”的自然繁衍内生性特点，还有国家建构的外生性特点，既表现从事农业生产活动的区域性

---

① 卢福营. 当代浙江乡村治理研究［M］. 北京：科学出版社，2009：11.
② 费孝通. 乡土中国［M］. 上海：上海世纪出版集团，2007：85.
③ 费孝通. 乡土中国［M］. 上海：上海世纪出版集团，2007：8.
④ 费孝通. 乡土中国［M］. 上海：上海世纪出版集团，2007：9.
⑤ 何晓杰. “后农业税时代”的中国乡村治理——以东北乡村为研究视域［M］. 北京：人民日报出版社，2014：30.

经济特点，又突出作为基层行政单位与群众性自治组织之间关系的政治特点。这也契合了村民自治研究兴起后，学界对乡村治理的研究从村庄内部机理研究向乡村内外环境互动研究转变的研究趋向。本书旨在乡村社会自然繁衍内生性基础上挖掘国家建构的外生性，以及外生性影响带来的内生性演变表现。“乡村”作为中国农村社会的治理单元，既包括自然村的内在农村社会发展逻辑，也包括行政村的外生性制度建构与内生性传统繁衍的结合，同时也反映乡镇与村之间的制度性关联。

（二）治理与善治

本书对“治理”与“善治”两个概念进行界定采用的不是比较性的概念分析模式，而是通过“治理”概念的分析进一步延伸到“善治”这一“治理”的价值目标取向。

治理理论兴起于20世纪90年代的西方国家，国外学者对治理的内涵各自依据不同理论视角做出界定，未形成统一的概念标准。在关于治理的各种定义中，全球治理委员会的定义具有很大的代表性和权威性。委员会于1995年发表了一份题为《我们的全球伙伴关系》的研究报告，对治理做出了如下界定：“治理是各种公共的或私人的个人和机构管理其共同事务的诸多方式的总和。它是使相互冲突的或不同的利益得以调和并且采取联合行动的持续的过程。这既包括有权迫使人们服从的正式制度和规则，也包括各种人们同意或以为符合其利益的非正式制度安排。它有四个特征：治理不是一整套规则，也不是一种活动，而是一个过程；治理过程的基础不是控制，而是协调；治理既涉及公共部门，也包括私人部门；治理不是一种正式的制度，而是持续的互动。”① 全球治理委员会对治理的定义，明确了治理的核心是一个公共部门与私人部门之间持续互动的过程。

近年来，国内学者也运用治理理论研究中国的政治、经济、社会管理等领域的理论问题，其中最具代表性的治理定义如下：

俞可平认为：“治理是指在一个既定的范围内运用权威维持秩序，满足公众的需要。治理的目的是在各种不同的制度关系中运用权力去引导、控制和规范公民的各种活动，以最大限度地增进公共利益。从政治学的角度看，治理是指政治管理的过程，它包括政治权威的规范基础、处理政治事务的方式和对公共资源的管理。它特别地关注在一个限定的领域内维持社会秩序所需要的政治权

① 俞可平. 治理和善治引论［J］. 马克思主义与现实，1999（5）：38.

威的作用和对行政权力的运用。"①

徐勇认为，"治理是对公共事务的处理，以支配、影响和调控社会，而要达到治理的目的，必须借助于公共权力，着重于公共权力的配置和运作，以实现公共权力和社会的互动过程②。"

国内其他一些学者也对治理分别做出了不同的阐释，但学者们都关注的一个重要问题是：产生于西方社会的治理理论是否适用于中国社会发展现实？如何实现治理的中国化？

一个突出的问题是：治理虽然可以整合社会的各种资源实现社会的有序发展，但治理并不是万能的，也存在治理失效的可能性。为了克服治理失效的可能，不少学者和国际组织提出了"元治理""健全的治理""有效的治理""善治"等概念，其中，"善治"成为理论界共同认同的概念选择。

"善治就是使公共利益最大化的社会管理过程。善治的本质特征就在于它是政府与公民对公共生活的合作管理，是政治国家与公民社会的一种新颖关系，是两者的最佳状态。"③ 善治包含六个基本要素，即"合法性、透明性、责任性、法治、回应、有效"④。何增科在此基础上结合中国政治治理现实，按照善治十条标准逐条探讨了中国在迈向善治目标方面所取得的成就，其十条善治标准为"合法性、法治、透明性、责任性、回应性、参与、有效、稳定、廉洁、公正"。⑤

因此，善治成为克服治理失效的共同选择，也成为中国国内学者在借鉴西方治理理论的基础上，结合中国社会传统和现实需要，实现治理中国化的有效途径选择。何增科认为："治理和善治理论作为一种分析框架，对于研究、总结和展示我国改革开放以来政治发展的成就极为有用。"⑥

本书选择"治理"与"善治"作为理论分析框架，认为"治理"就是指国家与多元社会治理结构间遵守共同的治理规则进行的互动社会治理过程；"善治"则是在治理过程中实现国家和社会利益的最大化，实现社会治理的有序化和法治化，是实现最优化乡村治理绩效的表现。

---

① 俞可平. 治理和善治引论 [J]. 马克思主义与现实，1999（5）：38.

② 徐勇. GOVERNANCE：治理的阐释 [J]. 政治学现实，1997（1）：63-64.

③ 俞可平. 治理和善治引论 [J]. 马克思主义与现实，1999（5）：39.

④ 俞可平. 治理和善治引论 [J]. 马克思主义与现实，1999（5）：39-40.

⑤ 何增科. 治理、善治与中国政治发展 [J]. 中共福建省委党校学报，2002（3）：17-19.

⑥ 何增科. 治理、善治与中国政治发展 [J]. 中共福建省委党校学报，2002（3）：16.

### （三）村民自治与乡村治理

20世纪80年代，国家在农村推行村民自治制度，村民自治作为一种新的基层社会治理模式以立法形式被确立下来。《中华人民共和国村民委员会组织法》明确村民自治的内涵为："保障农村村民实行自治，由村民依法办理自己的事情，通过村民委员会这一村民自我管理、自我教育、自我服务的基层群众性自治组织，实行民主选举、民主决策、民主管理、民主监督。"随着家庭联产承包责任制的实行和人民公社体制的解体，中国农村社会治理面临新的困境，村民自治制度是解决这一新困境的国家制度性选择。随着村民自治制度在全国范围内的全面实践，村民自治制度理论研究也成为中国农村理论问题研究的重点，村民自治制度如何在乡村社会运行成为理论研究的焦点，同时村民自治是否真的可以解决中国农村面临的困境也是理论界争议的焦点。但村民自治制度研究关注的只是制度文本内容的合理性，不能体现农村社会的宏观环境、村民行动的多元逻辑、农村社会的内在机理等深层次的问题，为了解决这些问题，理论界关注到"治理"的研究视角给农村问题带来开阔的视野，"乡村治理"作为一个全新的概念被引入中国农村问题研究中。

本书选择"乡村治理"作为核心概念，明确村民自治制度这一自上而下的国家制度的本质内容的同时，考察制度生存的宏观农村环境，分析多元乡村治理结构的行动逻辑对农村社会治理的影响及运行绩效。

关于"乡村治理"的含义，学者们大致有以下三种观点：

一是认为"乡村治理"即"村治"，如张厚安认为村治指村民委员会是农村最基层的群众性自治组织①。二是认为"乡村治理"的焦点是乡村公共权力，村治即村级治理，村级治理是指村庄公共权力对社区公共事务的组织、管理与调控②。吴毅等人也将"乡村治理"归于公共权力在乡村社会治理中的决定性作用，认为村治理是指"运用公共权力对乡村社区进行组织、管理和调控，构建乡村秩序，推动乡村发展"③。三是郭正林认为乡村治理即"村民自治"，就是性质不同的各种组织，包括乡镇的党委政府、"七站八所"、扶贫队、工青妇等政府及其附属机构，村里的党支部、村委会、团支部、妇女会、各种协会等村级组织，民间的红白喜事会、慈善救济会、宗亲会等民间群体及组织，通过

① 张厚安．乡政村治——中国特色的农村政治模式［J］．政策，1996（8）：26.

② 贺雪峰，肖唐镖．村治研究的分层与深化——对乡村政治研究的一项初步分析［J］．江海学刊，1999（3）：44.

③ 吴毅，吴克伟，等．转型中的治理——当代中国乡村社会变迁实证研究［M］．武汉：湖北人民出版社，2008：9.

一定的制度机制共同把乡下的公共事务管理好。而这里所指的制度就是以村民自治为基础的乡村治理制度①。

学者们分别从不同的角度对乡村治理进行界定，徐晓全以文献综述的方式对“乡村治理”进行了概念辨析，认为乡村治理简言之就是指乡村社会在不同历史时期实现有效治理的方式。其中列举了几位学者的观点：“徐勇指出，乡村治理实是指通过解决乡村面临的问题，实现乡村的发展和稳定；党国英指出，乡村治理是指乡村社会处理公共事务的传统和制度，包括选举政府首脑、监督政府工作和设置政府更迭的程序，也包括政府制定和执行政策的能力，以及居民对这些制度的服从状况，是指以乡村政府为基础的国家机构和乡村其他权威机构给乡村社会提供公共品的活动；贺雪峰指出，乡村治理是指如何对中国的乡村进行管理，或中国乡村如何自主管理，从而实现乡村社会的有序发展。”②

乡村治理作为一种复杂的社会政治现象，是国家介入和民间参与相结合的农村社会管理方式，体现了国家治理与村民自治的结合，通过法定制度与村规民约的融合实现乡村社会的有序治理。本书立足于广西民族地区乡村治理的现状，分析多元乡村治理主体在治理乡村社会公共事务的过程中形成何种乡村治理结构，并通过何种乡村治理机制实现乡村社会有序稳定发展的过程。

### （四）乡村治理模式与乡村治理结构

关于这两个概念的辨析，本书在文献综述“有关乡村治理结构定义的研究”中已进行过相关论述，在此不做重复分析。本书认为，乡村治理模式是乡村治理结构的宏观表现形式，是内在乡村治理结构在国家政权建设上的制度延伸，是指以乡村社会治理价值目标为导向，国家权力与乡村社会多元治理主体在乡村社会治理实际中形成的权力结构模式及制度设计安排。乡村治理结构则指构成乡村社会治理内在基础的乡村治理主体、乡村治理资源以及在具体的乡村治理社会背景中各乡村治理主体间形成的相互关联结构。乡村治理结构的构成要素主要为乡村治理主体及乡村治理模式。乡村治理主体包括体制内主体和体制外主体。因此，乡村治理主体是乡村治理结构和乡村治理模式中重要的影响因素，乡村社会的任何治理活动都是治理主体之间权力的争夺与分配过程，任何治理理念和治理模式的变化都会带来区域内乡村治理结构的变化，而乡村治理

① 郭正林. 乡村治理及其制度绩效评估：学理性案例分析［J］. 华中师范大学学报（人文社会科学版），2004（4）：25.

② 徐晓全. 当代中国乡村治理结构研究：现状与评析［J］. 领导科学，2014（3）：4-7.

结构的变化也会反向导致乡村治理体制的适应性改变①。

本书不再延续学术界已有的对理想乡村治理模式的设计式理论研究窠臼，而是立足于广西民族地区不同乡村社会的现实治理背景，挖掘不同类型村庄的现实社会治理资源，以及在不同乡村治理资源中何种乡村治理主体发挥治理作用，各实际治理主体间建构了何种相互关系，以此抽象出不同的关系模型即乡村治理结构。

### （五）乡村运行机制与乡村治理绩效

按照村民自治制度的设计，民主选举、民主决策、民主管理、民主监督作为村民自治制度的“四大民主”制度，民主选举反映了村庄权力的来源，民主决策、民主管理、民主监督则反映了村庄权力的运行状况②，“四大民主”制度构成了乡村治理的运行机制。因此，本书中的乡村运行机制就是指民主选举、民主决策、民主管理、民主决策“四大民主”制度在乡村社会治理过程中的具体表现及在乡村治理过程中相互间的运行逻辑表现。

郭正林认为：“治理是多元主体对乡村社会公共事务进行协同共治的过程。乡村治理主体的多元性、治理方式的协同性、治理内容的公共性、治理目标的综合性，最终目标就是全面推进农村小康社会建设。乡村治理的制度绩效评估，一要衡量现行政策与体制是不是使农民减负增收；二要衡量乡村社会的公平分配状况；三要衡量农民公共参与水平及其权威认同；四要分析乡村社会秩序是否满足村民安居乐业的要求。”③ 因此，对于乡村治理绩效评估的综合指标体系主要包括经济增长、社会分配、公共参与及社会秩序四个基本方面。

郭正林对于村民自治制度的绩效评估主要通过对有关乡村治理的“公共政策”及其运行的“制度平台”进行交叉分析，建构制度绩效的分析框架，结合个案对应乡村治理绩效评估的四个基本方面进行实证分析，揭示乡村治理绩效的实际表现。本书的“乡村治理绩效”所适用的主要评价标准是乡村治理体系的完善程度，具体标准表现为：治理主体多元化程度、治理主体间的协商合作程度、治理主体间协商合作的社会效果，结合广西乡村社会发展的制度设计现状和实践性探索实际，衡量乡村社会治理结构各指标及乡村运行机制的实际绩

---

① 何晓杰.“后农业税时代”的中国乡村治理——以东北乡村为研究视域［M］. 北京：人民日报出版社，2014：29.

② 程瑞山，贾建友. 村民自治制度运行研究［M］. 北京：中国社会科学出版社，2013：166.

③ 郭正林. 乡政治理及其制度绩效评估：学理性案例分析［J］. 华中师范大学学报（人文社会科学版），2004（4）：24.

效程度。

## 四、本书的研究思路、主要内容及基本观点

本书旨在通过对民族地区乡村治理结构及运行机制的研究，以广西少数民族地区为研究对象，探讨在乡村治理内外部环境条件下，少数民族乡村社会如何在内在传统与外部制度的双重背景下，建构多元互动的乡村治理结构和各机制协同发展的乡村治理运行机制，以“善治”为目标，提高民族地区乡村治理绩效。

### （一）研究思路

1. 历史追忆

通过翔实的历史资料对广西民族自治地区乡村治理结构的历史变迁进行回顾和评述，挖掘广西民族自治地区乡村治理的深厚历史渊源和制度建构启示。

2. 实证研究

充分利用访谈法、观察法等实证方法获取的第一手资料，实证考察和评估广西村民自治制度运行状况，建构广西民族自治地区乡村治理的结构要素及运行机制。

3. 理性设计

兼顾微观与宏观、历时与共时的视角，对民族自治地区乡村治理状况进行实证考察，探索广西乡村治理的区域化发展逻辑，建构符合广西民族自治地区农村社会发展需要的乡村治理制度体系。

### （二）主要内容

本书以“历史追忆—实证研究—理性设计”为分析框架，通过多种方法并用的研究方法，分析和描述广西民族自治地区乡村治理结构的历史演变，实证考察广西村民自治的实践经验，从理论和实践两方面探讨民族自治地区乡村治理结构及运行机制的现代转型逻辑，实现民族自治地区乡村治理结构及运行机制的制度化建构。本研究的主要内容包括以下四个方面。

1. 考察民族自治地区乡村治理结构和运行机制的历史变迁

通过考察历史上的村级权力组织，分析中国乡村自治的历史渊源。以广西乡村自治的历史探索为研究重点，考察广西新桂系军阀“建设广西，复兴中国”的乡村自治运动。本书以中国村民自治史为基础，考察新中国成立后的共产党政权对民族自治地区乡村治理的制度设计和广西河池市宜州区合寨村的村民自治雏形，对民族自治地区乡村治理变迁的历史进行回顾和评述。

2. 实证考察和分析广西乡村治理结构构成现状

广西作为少数民族自治地区，其地理环境、经济环境、政治环境、法治环境表现出鲜明的民族特色，外在构成广西乡村治理的宏观发展背景，作为广西现实乡村治理结构构成要素的体制内主体和体制外主体，在现有地域发展背景下，各自独立且互动促进乡村治理发展。体制内主体和体制外的自治定位、态度、行为以及由此产生的对村庄治理的实际作用都直接影响到乡村治理的绩效，是乡村治理的决定性影响要素。本书以乡村治理结构的区域化差异为理论分析背景，考察广西乡村治理的主要影响因素，以分析微观村庄治理结构为基础，建构未来广西乡村治理结构可采用的符合乡村治理实际的本土治理模式。

3. 采取“结构—功能”理论和区域化的中观研究视角，考察广西乡村治理结构及治理绩效

中国的乡村治理存在区域性差异，不同乡村治理结构决定着乡村治理的不同绩效，村落中的不同乡村治理主体作为乡村治理的结构要素，各自在自治制度体系范围内参与村庄自治事务，以主动或被动的姿态完成乡村治理机制的有效运行，主体间的关联互动程度决定了乡村治理绩效的实际表现。本书采取区域化的中观研究视角，分析广西区域范围内乡村社会各治理主体间的互动模式，以及在村庄资源配置和制度运行中建立的关联性结构。而乡村治理主体在国家为治理乡村社会建构的一系列治理运行机制中的行为表现，直接决定了乡村社会的治理绩效。

4. 以有关村民自治制度文本为基础，考察广西乡村治理运行机制的实践探索及发展路径

由于我国非均衡的地区发展模式，广西作为经济欠发达的少数民族地区，村民自治发源地的发展经历为村民自治的发展提供了制度发源地的文化基础，但后发的经济基础、政治条件、文化传统等又为广西村民自治创造了富有地域特色的运行条件，广西在民主选举、民主决策、民主管理、民主监督的“四大民主”运行机制的具体运行中，实践探索具有区域化特点的运行方式，分析实践探索中存在的问题，建构广西乡村治理运行机制的发展路径。

### （三）基本观点

第一，中国乡村治理结构及运行机制呈现多元化非均衡发展趋势，民族自治地区有其特殊制度文化背景下自成一体的乡村治理结构及运行机制，明确民族自治地区乡村社会的历史发展和制度变迁，对民族地区乡村治理进行区域性研究，有助于避免理论模式以偏概全的设计缺陷。

第二，对民族自治地区乡村治理结构及运行机制的研究不能只停留在历史追忆和理论建构的宏观层面，微观实证研究作为村民自治发源地的广西之村民自治实践经验，立足民族自治政策背景，理性考察和评估民族自治地区乡村治理结构和运行机制现状，合理改革和设计新形势下的民族自治地区乡村治理结构体系。

## 五、研究方法

本书拟采取规范研究与实证研究相结合的方法，通过文献调查和实地调查，在宏观乡村治理的基础上，以广西民族地区为研究对象进行区域研究，对广西典型民族村落展开微观研究，考察广西乡村治理的发展历程，采用多学科交叉研究的方法研究广西民族地区乡村治理结构和运行机制的现状，现实建构民族地区乡村治理结构及运行机制的理论模型，实现“善治”治理绩效。

### （一）规范研究与实证研究相结合

首先，采用理论分析与实证分析相结合。本书在收集整理大量国内外研究成果的基础上，深入广西民族地区乡村社会进行实地调研，获取第一手资料，在分析实证材料的基础上，进行理论分析与深化建构。

其次，采用宏观与微观相结合的调查方法。通过对中国乡村治理有关国家法律法规和政策性文件及政府职能部门对乡村治理的研究报告等文献资料，宏观把握中国乡村治理的全局性情况，并在此基础上既对乡村治理展开区域研究，又对乡村治理展开多民族村落的微观个案研究。一方面，通过“面”上的描述性统计来反映广西乡村治理的总体概貌；另一方面，以广西壮族自治区为区域样本，在体现中国乡村治理区域性特色的同时，选择广西河池市、百色市、桂林市的少数民族聚居村落进行个案剖析，以此了解现阶段广西乡村治理的多样性状况，从不同侧面揭示广西乡村发展的基本情况，如广西河池市里湖白裤瑶族乡的调研以考察少数民族传统资源在乡村治理中的作用；广西百色市田阳县坡林屯的调研以分析自然村的熟人社会自治这一乡村社会管理创新模式；广西隆林各族自治县马村的调研以研究民族杂居村落中族群认同对乡村治理的影响作用等。本书旨在通过相关个案的分析，微观考察广西民族自治地区乡村治理结构及运行机制中的“地方性知识”，以期将某一个或多个“片段”做到“深刻性的描绘”①，从而获得对广西乡村治理研究的一种“片面性的深刻”。

① 武小龙. 从方法论视角解读“乡村治理”研究——兼评《江苏乡村治理发展报告 2013》[J]. 淮阴工学院学报，2014（6）：19.

最后，采用多种方法并用的田野调查方法。实地考察个案民族村落，了解个案村落的村情、现实乡村治理结构构成，参与观察乡村“四大民主”治理运行机制的实践过程，特别是通过对广西第六届和第七届村“两委”换届选举的全程参与，全面了解乡村民主选举的现实运行状况，同时通过民主选举后的后续调研，考察民主决策、民主管理和民主监督的现实运行情况，并对乡镇干部和村干部、村民采取访谈、座谈或闲时闲谈等方式进行调研，获取了丰富的口述资料和影像录音资料。同时，适时参加乡镇、村委会会议和村庄治理活动，获取会议记录资料和活动参与体会记录等资料。

（二）历史研究方法

采用历史追忆的方式，考察中国乡村治理的历史发展演变，以新中国成立为分水岭对中国乡村治理的历史发展脉络进行分阶段梳理，探讨各时期的乡村治理精神与实践，并在此基础上以村民自治制度的确立为时间分析点对广西乡村治理进行专门分阶段研究，挖掘广西乡村自治的历史资源，考察其作为村民自治发源地的发生学背景、乡村自治实践内容及其对乡村自治发展的影响。

（三）文献研究方法

一是注重对历史文献的收集、整理，到省、市、县各级图书馆、档案馆查阅相关档案、史料。二是注重对现实文献资料的收集，其中包括广西壮族自治区、市、县三级政府有关村民自治的相关政府文件、工作总结、统计报表、汇报材料等；行政村的会议记录、村级活动总结、村级工作材料等；新闻报道材料等大量第一手材料。三是为了全面掌握有关乡村治理问题的研究现状，大量收集、整理、分析有关著作、论文、调研报告等理论文献。

（四）交叉学科研究方法

乡村治理研究初期，学者对中国乡村治理问题的研究主要在政治学的层面上进行学术考察，随着治理理论的推进和乡村治理研究范畴的扩大，以乡村治理为主要内容的研究吸引了越来越多学科领域学者的关注，学者们分别从经济学、人类学、历史学、社会学、法学等角度进行了深入探讨，同时在研究的过程中还进行多学科的交叉研究来拓展乡村治理研究的视域，中国的乡村治理研究进行到多学科多方法交叉相融的阶段。

本书将社会科学研究方法与政治学、法学、历史学、民族学等研究方法相结合，对广西民族自治地区乡村社会治理结构及运行机制的发展变迁和建构问题进行多角度、多学科的综合性研究，并进行理性设计和理论提升。

## 六、本书采用的相关资料及其来源

本书采用的相关资料及其来源主要有以下六个方面。

### （一）研究所需的第一手资料，主要通过课题组成员实地调查所得的数据材料

本书作为国家社科基金项目的最终研究成果，主要采用实证研究方法，通过实地考察、参与观察和个案访谈等方法获取文字资料、语音图像资料。课题立项后，课题组在进行文献收集整理的基础上，进行访谈问题设计，并通过相关调查不断完善问题内容的设计。2011 年 7 月，课题获得立项的同时也是广西第六届村“两委”换届选举的时间，2011 年 7—9 月广西全区开展村“两委”换届工作，课题组集中三个月的时间，分别在广西百色、桂林、河池等地实地参与村“两委”换届选举工作，对乡镇干部、村干部、村民分别展开访谈，分别针对不同调查对象开展座谈、访谈等调研工作。通过对 2011 年广西第六届村“两委”换届选举工作的调研，课题组对村“两委”换届的选举程序、选举政策、选举现状等有了直观的认识和把握，通过分析个案村落对民主选举政策的实施状况调查，获取实际的第一手数据材料和政策文献材料，从而有利于把握广西民主选举的整体运行状况和运行质量等数据材料和国家及地方政策性文献的具体内容。此后，课题组分别于 2012 年、2013 年 7 月到 8 月的暑假期间，赴广西百色、桂林、河池等地的民族村落进行乡村治理的实地调研，着重对民主选举后民族村落在实行民主决策、民主管理、民主监督方面的具体情况进行访谈、实地观察，获取国家及地方在这些方面的具体政策规定、政策落实所采取的制度创新、村干部及村民的行为及反馈等文献资料和实证材料。

2014 年 7—9 月，广西全区开展第七届村“两委”换届选举工作，原计划于 2014 年 7 月 1 日完成课题研究工作，课题组为了提高课题研究的质量，获取有关广西乡村民主选举的比较性材料，提交了延期结题的申请，并对广西第七届村“两委”换届选举展开了全面调研。在 2011 年广西第六届村“两委”换届的基础上，采取比较性调查研究的方法，对民主选举进行补充性调查，收集广西第七届村“两委”换届选举的相关国家及地方政策性资料，比较分析乡镇干部、村干部、村民在两届村“村两委”换届选举中不同的思想认识和行为表现。

2015 年 7—8 月暑假，课题组同样选取广西百色、桂林、河池等不用民族村落作为调查对象进行实地调研，分别就民主决策、民主管理、民主监督等内容进行有针对性的调研，收集相关数据材料和村干部、村民等对此类问题的看法等访谈资料。

### （二）已有的相关研究成果

20世纪80年代以来，随着中国村民自治制度的发生、发展，政治学界开始关注乡村基层政权建设和“乡政村治”模式的发展，政府相关职能部门也开始在全国推行一些村民自治的实践典型。20世纪90年代以来，乡村治理问题已成为理论界和政府职能部门关注的焦点，学术文献和政府出台的乡村治理文件、调研报告不断推陈出新，为乡村治理问题积累了大量的文献资料，也为本课题研究提供了丰富的材料基础。

本课题研究在原有学术研究成果的基础上，分类整理相关文献，进行全面的文献综述，此类文献资料主要分为以下两类：一是公开出版发表的著作、论文等纸质及电子成果，主要通过购买、电子期刊阅览、复印等途径获得；二是网络平台公开的电子信息文献，主要通过登录中华人民共和国中央人民政府网、中国人大网、中华人民共和国民政部网站等政府网站和中国政治学网、中国村民自治信息网、中国选举与治理网、中国农村研究网、中国地方治理网等有关乡村治理的网站获得网站平台中有关乡村治理法律法规、政策信息、实践探索典型等信息。

### （三）有关乡村治理的国家及地方制度文本

一是有关乡村治理的国家制度文本主要通过购买有关单行法律法规文本及文献汇编等纸质材料获取，或者通过登录中央政府网站及中央政府有关职能部门网站等网络平台下载相关文献获取。

二是有关地方制度文本主要通过登录地方政府网站特别是广西壮族自治区人民政府网、广西人大网、广西民政网等搜索下载有关乡村治理的地方制度文献获取，或者通过实地调研收集广西地方政府有关乡村治理的历史和当今政策文献资料获取。

### （四）有关地方志、族谱等介绍地方社会政治经济发展情况的文献资料

此类资料主要通过乡镇干部和村干部及村民赠予、网上购买、地方报纸介绍、网站报道等途径获取。

### （五）有关村规民约和乡村治理相关制度章程、工作总结、统计报表等文献资料

村规民约及村级制度章程、工作章程、会议记录、工作总结、统计报表主要通过实地调研从村委会获取；乡镇一级有关乡村治理的工作总结、制度章程、统计报表等通过实地调研从乡镇政府获取；县一级有关乡村治理的工作总结、

制度章程、统计报表等通过实地调研从县政府获取；市一级有关乡村治理的工作总结、制度章程、统计报表等通过实地调研从市政府获取；广西全区有关乡村治理的工作总结、制度章程、统计报表等通过实地调研从民政厅等政府职能部门获取。

（六）有关典型乡村治理案例材料

此类资料主要是通过报纸杂志上刊登的有关乡村治理典型案例获取；或者通过网络平台中有关乡村治理典型的信息中获取；或者通过对地方治理创新经验实地调研的方式，对具有代表性的乡村治理创新经验进行深入调查与分析，获取典型事例材料。

# 第一章

# 中国乡村治理的历史进程

20 世纪 80 年代，中国在乡村社会开始实行村民自治制度，乡村民主自治精神开始制度化为实际的乡村社会治理机制。然而，村民自治制度并不是国家自上而下的任意制度建构，中国的乡村治理思想与乡村治理实践自古就有之，中国的乡村治理经历了漫长的自治探索过程，村民自治具有丰富的历史资源和文化积淀。虽然各个时期的村民自治因时代背景和治理意图的不同有所区别，但对乡村社会治理的具体实施举措却有某些相似之处。本部分旨在以新中国成立为分水岭对中国乡村治理的历史发展脉络进行分阶段梳理，探讨各时期的乡村治理精神与实践，并在此基础上以村民自治制度的确立为时间分析点对广西乡村治理进行专门分阶段研究，挖掘广西乡村自治的历史资源，考察其作为村民自治发源地的发生学背景、乡村自治实践内容及其对乡村自治发展的影响。

## 第一节　新中国成立前的乡村社会自治传统

学术界对中国乡村治理的研究在时间划分上各有不同，张健认为，乡村治理的发展沿着传统社会（前 221—1912）、近代社会（1912—1949）、集体化时期（1949—1978）、改革开放后（1978—2002）的脉络推进，考察了四个阶段中的国家治权、乡村精英和农民在乡村治理中表现出不同的理念、“品性”和行动逻辑，形成了不同乡村治理模式，也导致了不同的乡村治理绩效①。程瑞山、贾建友认为，中国村民自治制度的动态历程沿着中国传统乡里制度、晚清和民国时期的形式变革、民主革命时期中国共产党的乡村民主实践、新中国成立后的乡村民主建政与人民公社体制、村民自治制度的产生的逻辑理路发展②。赵

① 张健. 中国社会历史变迁中的乡村治理研究［M］. 北京：中国农业出版社，2012.

② 程瑞山，贾建友. 村民自治制度运行研究［M］. 北京：中国社会科学出版社，2013.

秀玲则通过对中国古代的自治因素、清中后期的乡村“自治”、民国时期的基层自治、中国共产党革命根据地的乡村民主、新中国成立后十七年的农村民主管理、村民自治制度的产生及发展的考察来追溯和梳理中国村民自治的历史资源问题①。

本书以新中国成立为时间分水岭来研究中国乡村社会的自治问题，目的在于明确中国乡村治理的历史资源与现实资源，以及各自在其历史时期的社会背景下的具体表现，为当今的乡村治理挖掘其深厚的历史传统因素及现实发展可能。

新中国成立前的乡村社会自治主要考察中国古代传统社会封建王朝的“皇权不下县”的乡村自治选择，以及封建王朝灭亡后近代中国社会在军阀政权和国民党政权时期的乡村自治制度建构和实践探索。新中国成立后的乡村社会自治主要考察村民自治制度确立前和确立后的乡村自治发展，对村民自治制度进行制度发展基础和制度内容、发展实践的全面分析。

## 一、中国古代的自治传统

中国古代社会通过“皇权至上”、宗法宗族文化等实现对乡村社会的教化目的，并通过建立里甲组织、乡约、社学、书院等乡村社会治理主体承担乡村社会的组织教化。当时的乡村权力制度网络主要有历朝历代的土地制度、赋役制度、户籍制度、乡里制度、保甲制度、科举制度等，其中，乡里制度与保甲制度是中国古代乡村社会的治理模式与制度安排。乡里制度体现国家行政与乡村自治的表里合一与互济，通过国家法与民间法的契合实现乡村社会的自治目的。保甲制度则是国家为加强对乡村社会与民众的控制自上而下建立的，地方政府通过下达行政命令强制组建保甲组织，乡村居民在自己所属的保甲组织范围内相互监督、相互负责，有利于建立严密的乡村社会治安体系，增强国家政权对民众的监督与控制②。然而，中国传统社会由于缺乏强大的社会经济基础与官僚组织系统来实现自上而下的大一统治理，“皇权不下县”的统治格局使得乡村社会游离于国家权力组织系统之外，为实现对乡村社会的统治，皇权依靠地方乡绅自治权力主体完成对乡村社会的治理。家族宗族文化象征的家族宗族长老、作为地方精英的乡里组织领袖、实现官民之间上下沟通的地方乡绅、因拥有雄

---

① 赵秀玲. 村民自治通论［M］. 北京：中国社会科学出版社，2004.

② 张健. 中国社会历史变迁中的乡村治理研究［M］. 北京：中国农业出版社，2012：32-39.

厚财力而对乡村社会具有威慑力的豪民等乡村精英在国家专制文化的权力网络内领导农民共同办理乡村社会公共事务，维持乡村社会的生存和秩序。作为中国古代乡村社会构成原子的农民，在小农经济的传统社会中，在遵循大一统伦理的基调下，实际遵守乡村社会封闭共同体的地域伦理，以家庭为圆心向外辐射建构生存与交际网络，以乡村社会约定俗成的习惯规则作为自身行为的逻辑指引，实现熟人社会中守望相助的自治。

（一）古代乡村治理结构：国家政权统治下的乡村精英与农民的合作自治

中国古代的自治传统似乎是在古代封建王朝因经济基础薄弱而导致的权力体系羸弱，无法将权力渗透到泱泱大国的每个角落，不得已而放弃大一统统治的被动选择，但实际是中国古代封建王朝加强对乡村社会控制的治理模式选择。地方乡绅、中小地主、会社首事、宗族首领等实际乡村治理者虽然处于国家官僚自治机构之外，但传统的伦理文化约束让其始终遵循国家主流统治意识形态的治理逻辑，扮演上传下达、服务监督的乡村社会角色，同时期盼着国家正统权力的眷顾和乡村民众的信服，始终在国家权力的框架下和正统伦理文化范围内努力实现国家需要的乡村社会安宁与稳定。

尽管实现专制主义是中国古代封建王朝的治理主旨，但传统乡村社会公共事务的实际处理还是由乡村精英和农民共同完成，乡村精英和农民在乡村土地上依靠自己的劳动获得生存所需要的资源，国家通过强制性的乡村教化和融入正统观念的“乡礼”实现对乡村精英和农民的意识形态影响。在这样的背景下，国家放心以幕后操纵者的姿态在获取赋税等资源后，并不过多干涉乡村内部的事务，为维护乡村社会的稳定生存状态，乡村精英以家族、宗族为单位将农民个体进行整合，在以领袖的身份领导农民有序生活的同时，又以与个体农民千丝万缕的亲密亲属的身份与农民并肩建设乡村社会的美好图景。因此，在国家专制文化和“乡礼”的共同规制下，国家政权潜在地控制着乡村社会的发展，乡村精英承担了促进乡村社会发展和维护稳定的责任，农民虽然因知识文化水平的低下而缺乏主动承担乡村社会发展的能力，但“生于斯，长于斯”的乡土情怀让农民无法忽视乡村社会给自身及家庭生活带来的影响：熟人社会的相互关联性、生产生活的互助合作以及人际关系的紧密相连等，使得村庄成为具有强烈认同感的单位，乡村精英与农民都是其中的一员，村庄的发展与每一位成员休戚相关，而作为领袖的乡村精英也无法独立完成乡村发展的全部事务，村庄作为一个公共空间，需要发挥每一个成员的参与热情，农民由此成为乡村精英动员和团结的对象，乡村精英与农民成为乡村社会自治主体，在乡村社会自治的实践中形成合作自治的紧密关系，共同完成乡村社会的自治发展。

### （二）古代乡村运行机制：乡里制度下的管理教化自治互助机制

传统中国的乡村社会是由一个个分散孤立的家庭构成的村庄社会，在乡村之上是实行君主专制的封建王朝。而由于“皇权不下县”的传统，传统的高度集权的君主专制官僚体制只存在于县以上国家机构，县以下的乡村社会处于高度分散的自治状态。但是，中国古代历代封建专制王朝始终努力实行对分散庞杂的乡村的管理控制，“自治”在专制背景下相对薄弱，但也因王朝的权力延伸有限而存在着。为了更好地实现对乡村社会的统一控制，历代王朝不断地进行制度探索，乡里制度作为古代乡村社会的正式乡村制度被逐步确立并延续下来。乡里制度是中国古代对县以下的单位进行行政区划的制度设计，源于夏商周时期，对全体乡村居民进行什伍编制，实行“什伍连坐”的基本组织原则，乡民由此被严格管理控制在固定的行政单位范围内，国家以此为单位对乡民进行户籍登记、征收赋役、宣传教化、维持治安、司法诉讼等的职能管辖，具有行政性与宗法性高度整合的特点，乡民在乡里制度下接受行政管理和宗法教化，并依靠乡村社会的自治资源进行互助合作式发展。

在乡里制度的统治框架内，西周时期实行诸侯分封制，在王室和诸侯直接管辖的区域内设乡、遂等地方行政机关，之下有比、闾、族等单位，单位范围内的民众实行相互扶持、监督、自治的功能。秦统一七国后，郡县制得以实施，在县以下设乡、亭、里三级组织，实行残酷的“什伍连坐”制度，秦汉时在乡村社会出现掌教化的三老、主听讼的有秩、管治安的游徼，他们分工明确，各自履行乡村社会的治理职责。村在唐朝开始成为一级组织管理单位，唐中期以后，乡里制度开始由乡官制向职役制转变，乡村社会由乡绅义务管理，对民众实行管理教化，通过乡约与熟人社会的血缘纽带关系实现自我规制与自我发展。北宋王安石变法在基层推行保甲制，保甲编组以户为单位，设户长；十户为甲，设甲长；十甲为保，设保长；每五保为一大保，设大保长；十大保为一都保，设都保正、副都保正。以保为单位，由保长等乡村领袖掌管教化改善乡村社会风气、维护乡村秩序①。保甲制将官僚统治延伸到乡村社会中，加强了对民众的监督和控制。元代为了发展农业生产、安定农村社会，在农村设立“村社”组织，设立“社长”负责管理，还兴办“社学”教育民众提高文化知识和农业

① 程瑞山，贾建友. 村民自治制度运行研究［M］. 北京：中国社会科学出版社，2013：33-34.

生产能力①。明朝推行儒学，在乡村社会设申明亭和旌善亭，通过道德奖励推行乡村教化②。而清代的村级组织主要两个责任，即为官府催办差钱和维持地方治安。

中国古代社会的乡里制度蕴含着丰富的自治传统，是古代乡村社会实现日常管理和思想行为教化的制度化运行机制，民众在此范围内互助合作，实现乡村社会的正常运转，制度设计下的乡村精英以专制制度为依托，以乡村规约为载体，组织教化乡民共同办理村庄内的公共事务，在实现乡里制度在乡村社会内部自我管理约束和教化互助合作功能的同时，建构乡村社会的自治运行机制。

## 二、清政府的自治探索

清政府的自治探索主要发生在太平天国运动及鸦片战争的内忧外患后，为打破国家即将危亡的局面，清政府的一些有识之士倡导变法图存，1898 年的戊戌变法虽然以失败告终，却促使清王朝统治者采取一系列的改革举措以图皇位永固、外患渐轻、内乱可弭，梁启超等人也提出“重西法”“重乡权”、建设“地方自治政权”的主张。1905 年，清政府派“五大臣”（镇国公载泽、户部侍郎戴鸿慈、兵部侍郎徐世昌、湖南巡抚端方、商部右丞绍英）出国考察宪政：1906 年“五大臣”回国后在全国范围内推行了一场以预备“仿行宪政”为名进行的自上而下的政治改革运动。改革官制、拟定宪法性文件，对全社会进行严格的控制，在城镇乡地方倡行自治成为该政治改革运动的内容之一。光绪三十四年（1908）十二月二十七日，清政府颁布《城镇乡地方自治章程》，共九章一百一十二条，规定了自治含义、自治范围、城镇乡自治职、选民与被选举人的资格、自治职员任期及权限职责、自治经费等内容。根据章程规定，地方自治以专办地方公益事宜，辅佐官治为主。按照定章，由地方公选合格绅民，受地方官监督办理；凡府厅州县治城厢地方为城，其余市镇村庄屯集等各地方，人口满五万以上者为镇，人口不满五万者为乡；城镇乡主要自治事宜包括学务、卫生、道路工程、农工商务、善举、公共营业等；由议事会、董事会管理城镇的自治事务，议事会、乡董管理乡的自治事务。因此，章程规定的自治范畴仅限于城镇乡，村自治不在此章程规定范围③。

城镇乡选民应具备的条件：“有本国国籍者；男子年满二十五岁者；居本城

---

① 赵秀玲. 村民自治通论［M］. 北京：中国社会科学出版社，2004：5.

② 张健. 中国社会历史变迁中的乡村治理研究［M］. 北京：中国农业出版社，2012：28.

③ 刘波. 清末城镇乡地方自治研究［D］. 重庆：西南政法大学，2014.

镇乡接续至三年以上者；年纳正税（指解部库司库支销之各项租税而言）或本地方公益捐二元以上者。”① 不得为选民的规定：“品行悖谬，营私武断，确有实据者；曾处监禁以上之刑者；营业不正者，其范围以规约定之；失财产上之信用，被人控实尚未清结者；吸食鸦片者；有心疾者；不识文字者。”② 章程对选民资格设定了一定的门槛，一部分民众被排除在选民之外，无法实现真正意义上的民主自治。

城镇乡议事会应行议决事件主要有：“本城镇乡自治范围内应行兴革整理事宜；本城镇乡自治规约；本城镇乡自治经费岁出入预算，及预算正额外预备费之支出；本城镇乡自治经费岁出入决算报告；本城镇乡自治经费筹集方法；本城镇乡自治经费处理方法；本城镇乡选举上之争议；本城镇乡自治职员办事过失之惩戒，惩戒细则，以规约定之；关涉城镇乡全体赴官诉讼，及其和解之事。”③ 城镇乡议事会作为最高自治机构行使自治权力。

城镇乡自治经费，主要包括下列款项：“本地方公款公产；本地方公益捐；按照自治规约所科之罚金。”在经费上，城镇乡完全自治，由本地自行承担自治运行所需要的一切费用。

城镇乡自治职，各以该管地方官监督之。“该管地方官应按照本章程，查其有无违背之处而纠正之，并令其报告办事成绩，征其预算、决算表册，随时亲往检查，将办理情形，按期申报督抚，由督抚汇咨民政部。其分属二县以上，或直隶州与县管辖者，由各该州县会同监督之。”④ 章程将对城镇乡自治职的监督赋予地方官，民众被排除在监督主体范围之外，无法实现自治的自我监督目的。

清政府的《城镇乡地方自治章程》是中国历史上第一次由统治者明确地方自治理念并正式颁布的规章制度，其内容中虽有缺乏自治实际的部分，却开启了地方自治国家制度化的先河。但由于清王朝在内忧外患的压力下，政权合法性遭到质疑，预备宪政与地方自治的政治改革运动随着清王朝的灭亡而最终失败。

### 三、民国时期的自治实践

民国时期是从 1912 年南京临时政府的成立到 1949 年新中国的成立，历经

① 刘波．清末城镇乡地方自治研究［D］．重庆：西南政法大学，2014.
② 刘波．清末城镇乡地方自治研究［D］．重庆：西南政法大学，2014.
③ 刘波．清末城镇乡地方自治研究［D］．重庆：西南政法大学，2014.
④ 刘波．清末城镇乡地方自治研究［D］．重庆：西南政法大学，2014.

38 年，建立了南京临时政府、北洋军阀政府和蒋介石国民党政权，各政权都试图建立地方自治整合控制乡村社会，扩大国家权力向乡村社会的渗透力，不仅在国家层面确立了乡村自治的制度规定，一些有识之士在政府的鼓励下先后开展乡村建设运动，试图开辟乡村社会改良道路，从而实现乡村自救的政治目的。但由于民国时期匪患猖獗、战乱不断、灾荒频繁，人民流离失所，乡村不但无法完成自救，还趋于政治经济逐渐衰败的失序状态。

孙中山三民主义中的“民权”是自治的思想基础，“地方自治者，国之础石也。础不坚，则国不固”①。“我们中国人不是不能自治的，也不是没有自治的，观察过去的历史和现在社会的风俗，就可以明白了。”② 地方自治是国家治理的基础，人民自治不仅是天赋人权的表现，在中国也具有传统和现实的合理性。孙中山认为：“地方自治之范围，当以一县为充分之区域，如不得一县，则联合数乡村，而附有纵横二三十里之田野者，亦可为一试办区域。其志向当以实行民权、民生两主义为目的。”③ 可见，孙中山认为最理想的自治基本单位是县，自治的区域应具备一定的面积，自治的目的在于保障人民治理地方的权利和能力，同时在自治中获取人民生存所需要的资源。

袁世凯在攫取南京临时政府政权后，取代孙中山就任临时大总统，依然表面上延续地方自治的治国策略。1914 年 12 月，袁世凯政权公布了《地方自治试行条例》，共五章三十八条，明确了自治范围、自治事项、自治职员的构成及产生和职责、自治经费及监督等内容；1915 年 4 月，又公布了《地方自治试行条例实行规则》，确定了“自治事宜之调查”“自治事宜之整理及提倡”“自治事宜之实行”等具体自治实施方案④。

这一时期除孙中山南京临时政府和袁世凯北洋军阀政府的地方自治制度性规定外，一些地方士绅及地方官员开始进行村治的实验性探索。其中最有影响的包括河北定县翟城村的米鉴三、米迪刚父子仿效日本的村治探索，阎锡山在山西实行的“村制”，20 世纪 30 年代以梁漱溟、晏阳初为代表开展的“乡村建设运动”等。

中国近代乡村自治的发源地是河北定县翟城村，在原有以县为单位的地方自治的基础上，开创了以行政村为单位的地方自治实践探索，米鉴三、米迪刚

① 孙中山. 孙中山全集（第三卷）［M］. 上海：中华书局，1981：327.
② 孙中山. 孙中山全集（第五卷）［M］. 上海：中华书局，1981：173.
③ 孙中山. 孙中山全集（第五卷）［M］. 上海：中华书局，1981，220.
④ 程瑞山，贾建友. 村民自治制度运行研究［M］. 北京：中国社会科学出版社，2013：34-35.

父子也因此被称为现代村治的首创者。1902 年，米鉴三在翟城村开始了村治规划，着手发展村级国民教育，先后在翟城村创办高等小学校、女子国民学校、女子高等小学校，并开展民众识字和公民教育活动。1914 年，时任定县县长的孙发绪认为翟城学务发达、民风良善，上呈省部计划在翟城创办模范村。此时，米鉴三之子米迪刚从日本留学归来，力图仿效日本模范村町村，创办中国自己的自治村。1915 年 10 月，成立翟城村自治公所，米迪刚认为村级社区的机构足以形成乡村社会的新的基础，村治是改良中国社会的入口①。“自治公所设村长 1 人，总理本所一切事务；村佐（副村长）2 人，协助村长工作，村长与村佐皆由村民选举产生。全村划为 8 个自治区，每区公举区长 1 人，在村长的领导下掌管本区一切事务。村会为村务最高决议机关，本村的一切自治事项及村民的建议，须由村会表决。在村公所和村会这两个核心组织之外，还设有乐贤会、教育会、勤俭储蓄会、德业实践会等一系列社会团体。”② 米氏父子的村自治实验后来在山西省和全国范围内得到推广。

1916 年，原定县县长孙发绪升任山西省长，试图将定县村治经验推广到山西，在山西创设村制。当时的山西实权人物阎锡山接受了此思想的影响，形成“用民政治”“村本政治”的思想，在山西主持“村本自治”实践，建立乡村权力机构。1917 年 6 月，山西在全省颁布《各县村治简章》，规定在自然村的基础上实行编村，一百户为一村，设村长一人，村副一至四人。后来在编村的基础上又设立了闾和邻：每 5 家为一邻，设邻长一名；每 25 家为一闾，设闾长一名，闾长在村长副之下，受其指挥。至此，建立了村—闾—邻—农户四级的村级组织管理体系。村制的推行，使得山西建立了上下贯通、应用自如的行政网络，改变了中国自古以来“皇权不下县”的施政局限。

1922 年，阎锡山在《督军兼省长告语各县街村长副闾邻长及人民举办村民会议文》中提道：“然则欲使人民从事于民治之练习当如何，实行民治主义之村本政治而已。村无活体之组织，民即无施治之实际。村禁约，村宪法也；村公所，村行政也；息讼会，村司法也；保卫团，村武力也。此活体之组织也。试行此种种者，即民治之练习也。但此尚是少数人，如欲使村中全民练习，非实行村民会议不可。”③ 接着公布了《改进村制条例》，设置村公所、村民会议、

① 沈延生. 村政的兴衰与重建［J］. 战略与管理，1998（6）：5.

② 王布衣. 震惊世界的广西农民——广西农民的创举与中国村民自治［M］. 南宁：广西人民出版社，2008：91.

③ 沈延生. 村政的兴衰与重建［J］. 战略与管理，1998（6）：6.

村监察委员会、息讼会、保卫团等机构，废除了昔日管理村财政的社首制①。其中最高权力机关为村民会议，拥有选举权、决策权、监督权等权力；村公所则为权力执行机关，执行由村民会议决议的一切村内公共事务；村监察委员会监督村官们的行政行为、清查账目、对村官进行考评等；息讼会负责制裁违法和违反村规民约的村民，调解村民间的矛盾纠纷；保卫团承担维持地方治安的责任②。由此可见，阎锡山的村公所具有国家基层行政单位的性质，在乡村构建的权力机构，并确定中农作为村本自治的主体，避免了更穷者与更富者实行自治的弊端。继山西之后，云南、广西、浙江、江苏等省也仿效阎锡山的村治模式在本省推行乡村自治。

1928 年，国民政府推行山西的做法，制定了全国地方自治制度。颁布《县组织法》，其中第五章、第六章内容都是关于乡村自治的规定，力图使乡村社会与政府之间保持明确的隶属关系③。随后，南京国民政府颁布了一系列的倡导乡村自治的法律政策。1934 年，南京国民政府制定《改进地方自治原则》，"对村和乡做出了如下区分：'以聚居同一村庄，独自成立自治团体称为村，至不能独立成立自治团体的小村落并入邻近的村或联合邻近之若干小村而成为自治团体者，称为乡。'"④ 1939 年，南京国民政府颁布《县各级组织纲要》，在全国推行新县制，县以下设区、乡（镇）、保、甲四级，实行乡镇自治作为农村基层管理单位的组织原则，规定地方自治依照"管、教、养、卫"的原则实行，在强调乡村自治的同时，加大了对乡村控制的力度，使得自治具有更浓厚的行政功能，将农村居民编订在保、甲的单位内，以国家专制行政手段的方式控制起来，虽有自治之名，亦有自治之探索，但由于政权本身的性质，村自治始终无法真正实现。

相对于南京国民政府在全国范围内的乡村自治的制度化规定，当时的一些有识之士的乡村建设探索也为中国的乡村自治积累了丰富的经验，是源于本土的珍贵资源。其中，最著名及影响深远的是梁漱溟先生于 1931—1937 年在山东邹平县开展的乡村建设运动试验。儒学大师梁漱溟先生的乡村建设运动得到了当时山东主政官韩复榘在财力和行政上的大力支持，有力地促进了乡村建设运

① 沈延生. 村政的兴衰与重建［J］. 战略与管理，1998（6）：6.

② 王布衣. 震惊世界的广西农民——广西农民的创举与中国村民自治［M］ 南宁：广西人民出版社，2008：93-94.

③ 王布衣. 震惊世界的广西农民——广西农民的创举与中国村民自治［M］. 南宁：广西人民出版社，2008：94.

④ 沈延生. 村政的兴衰与重建［J］. 战略与管理，1998（6）：6.

动的顺利开展。“1931 年 6 月 15 日，乡村建设研究院在山东邹平县正式成立，研究院内还设有乡村建设研究部、乡村服务训练部、乡村建设实验区三个部分，另外还有一个附属农场”①，将乡村自治理论研究、乡村自治培训、乡村自治实验、劳动教育结合在一起，乡村建设研究院在此对乡村自治进行实验研究，由研究院设计确定县长的提名、县政府机构设置、行政区域的划分等，全县划为 10 个区，原有的区、镇、乡各公所及区长、乡长全部取消，改为新的乡村组织即乡学、村学作为农村的基层组织，将教育与行政、生产劳动相结合，旨在从乡村下功夫培养中国人的新政治习惯即团体组织生活。梁漱溟先生认为，在中国求民主与求组织不可分，而且必须在求组织中求民主，而求民主必须与求经济生活之社会化并进，消除愚昧与落后，首先要消除贫穷，合作社是乡村建设研究院为培育农村经济、发展生产、改善农民生活而设置的团体组织，通过合作社集中提供资金、技术、农业生产知识等支持来发展农村经济②。

梁漱溟先生在山东邹平县的乡村建设实验最后因抗日战争的爆发被迫中断，但其对乡村自治的以理论研究为基础进行的实验性探索促进了当时乡村社会自治的发展，其从教育入手开启自治民智的方法有一定的科学性，合作社等经济团体的建立也对后世中国农村经济组织发展提供了蓝本，新中国成立后的合作社、人民公社，以及改革开放至今在农村实行的农村经济合作社等组织都带有山东邹平县合作社的影子，表现实验性乡村建设运动对中国乡村自治发展的开创性意义。

与梁漱溟先生的乡村建设运动同样具有深远影响的是晏阳初先生在河北定县建立的中华平民教育会。晏阳初先生提倡以民众为本位的“平民主义”，力图通过平民教育实验理论解决农民“愚、穷、弱、私”的问题。“1929 年到 1936 年，晏阳初先生在河北定县开展平民教育实验，让农民在平民学校里接受教育，组织同学会，开创民主的社区生活，并建立乡县议会，将县级政权改造成为民选、服务于民众的机关。”③ 从梁漱溟先生和晏阳初先生的乡村建设运动内容来看，他们都认为农民教育才是实现乡村自治的根本问题，并进行了实验性的乡村建设运动，并取得了一定的成效，但由于战乱及中国农村固有的封闭落后、

① 王布衣. 震惊世界的广西农民——广西农民的创举与中国村民自治［M］. 南宁：广西人民出版社，2008：101.

② 王布衣. 震惊世界的广西农民——广西农民的创举与中国村民自治［M］. 南宁：广西人民出版社，2008：101-104.

③ 王布衣. 震惊世界的广西农民——广西农民的创举与中国村民自治［M］. 南宁：广西人民出版社，2008：105.

农民愚昧自私的小农意识最终未能实现中国乡村的自治，也未能拯救国家于危难之中。

这一时期，乡村建设实验在中国大地遍地开花，其中较有影响的乡村建设运动有余庆棠女士在江苏无锡的民众教育院、黄炎培先生在江苏昆山的中华职业教育社等，本书在此就不一一赘述。同时，白崇禧将军在广西实行“建设广西，复兴中国”“行新政、用新人”的“三自三愚”政策，形成南北遥相呼应的乡村建设运动潮流，旨在实现民主救国的社会建设。对新桂系在广西开展的“三位一体”乡村改造运动，本书将专节进行讨论。

**四、中国共产党的乡村民主实践**

中国共产党在确立“农村包围城市”的革命路线后，扎根农村、依靠农民开展革命斗争，农村、农民成为中国共产党新民主主义革命时期（1919—1949）以来的重要团结力量，建设乡村民主、建立农村基层政权和农民组织、开展土地革命等成为中国共产党的革命主旨，也激发了农民参与斗争的革命热情。新中国成立以前的新民主主义革命时期，中国共产党的乡村民主实践多发生在广大农村建立的革命根据地，共产党领导人通过广泛调查、制定政策、建立农民协会、开展土地革命等举措建设乡村、发展民主，扩大农村的政治、经济影响力。因此，中国共产党在新民主主义时期开展的广泛乡村民主实践成为中国乡村治理的重要自治资源。

中国共产党在大革命时期（1924—1927），主要以农民协会形式建立农民组织。1925 年 10 月，中共中央发布《告农民书》，决定由农民组织的农民协会代替非农民的劣绅所包办的农会。各地积极建立农民协会，农民协会会员人数极大增加。大革命的失败证明了城市斗争的残酷性，中国共产党选择在农村武装暴动建立革命根据地，农村、农民自此成为中国革命乃至建设中的重要对象及依靠力量。

1927 年 1 月，中共中央农民运动委员会书记毛泽东回到湖南，实地考察了湘潭、湘乡、衡山、醴陵、长沙五县的情况，通过开调查会、访谈等实地调研方法听取报告、收集材料，了解湖南农民运动的实际情况。此次考察的目的是答复当时党内党外对于农民革命斗争的责难，在进行了三十二天的实地考察后，1927 年 3 月 5 日，毛泽东发表了《湖南农民运动考察报告》，其主要内容为：“充分估计了农民在中国民主革命中的伟大作用；明确指出了在农村建立革命政权和农民武装的必要性；科学分析了农民的各个阶层；着重宣传了放手发动群众、组织群众、依靠群众的革命思想①。”农村、农民自此成为中国共产党革命道路上的坚强堡垒，而后，毛泽东在总结井冈山和其他革命根据地实践经验的基础上，先后撰写了《中国的红色政权为什么能够存在?》《井冈山的斗争》《星星之火，可以燎原》等著作，从理论上对中国革命的一些基本问题做了深刻论述，逐渐确立了中国共产党“农村包围城市”的革命道路理论。随后，为了巩固农村作为革命根据地的后方基础，发展农民的革命主体参与意识，中国共产党在革命根据地开展了一系列的乡村民主实践。

新民主主义革命时期的中国共产党在革命根据地实行民主选举，通过赋予农民选举权与被选举权，提高农民的参政意识。1933 年，中央苏区进行了大规模的选举，时任中华苏维埃政府主席的毛泽东十分重视基层政权建设，1933 年 11 月，毛泽东先后到江西兴国长冈乡、福建上杭才溪乡进行调查工作，并写了《长冈乡调查》(原题为《乡苏工作的模范（一）——长冈乡》）和《才溪乡调查》(原题为《乡苏工作的模范（二）——才溪乡》)，并指出：“乡的中心在村，故村的组织与领导成为极应注意的问题。将乡的全境划分为若干村，依靠于民众自己的乡苏代表及村的委员会与民众团体在村的坚强领导……这是苏维埃制度优胜于历史上一切政治制度的最明显的一个地方。”②在抗日战争时期，许多地区实行村民直接选举村政府，特别是陕甘宁边区在相对稳定的边区范围内，中国共产党实行全面的民主实践。1937 年 5 月，陕甘宁边区政府颁布《陕甘宁边区选举条例》，第二条规定：“本条例采取普遍的、直接的、平等的、无记名的选举制，保证实现彻底的民主。”在选举说明的第二条这样进一步阐述：“选民行使主权的方式，和以前也不一样，以前宝塔式的选举，站在塔尖上的是执行委员会，是一根直线形式的。现在，议会和政府有点平列的样子。”陕甘宁的选举直接性表现在乡代表、区议员、县议员、特区议员等都是选民直接选出。直接选举比间接选举更具有民主性，它能减少中间环节过多，不能充分表达民意的缺陷，确保选民选举的实现。为了便于不识字的选民参加选举，陕甘宁边区除采用正规的票选法外，还根据选民不识字的状况，变通投票法，采用“投豆法”“烧孔法”“投纸团”“画记号”以及举手法等③。可见，陕甘宁边区政府认为实现直接民主的最直接方式是直接选举。抗战时期乃至解放战争时期，

① 毛泽东. 毛泽东选集（第一卷）[M]. 北京：人民出版社，1991：12-44.

② 程瑞山，贾建友. 村民自治制度运行研究 [M]. 北京：中国社会科学出版社，2013：39-40.

③ 陈文胜. 论陕甘宁边区的选举制度 ——兼论其在抗日民主政治建设中的作用 [J]. 中国延安干部学院学报，2009 (4)：77.

全国范围内中国共产党领导的革命根据地都在探索实行直接选举村政府，许多地方颁布了选举办法，如《晋西北村选暂行条例》《盐区村政府选举法》《胶东区村选举暂行条例》等规定村政府选举的政府文件。虽然由于战时的特殊性，当时的村政府具有集军事、行政于一体的特点，不具有乡村自治的基层群众性自治色彩，而且其民主多表现为直接选举的民主选举，民主管理、民主决策等其他功能弱化，各根据地的区、村镇政权均服从上级的行政命令，“自治”被战时的绝对服从所掩盖，直接民主将敌对方排除在外，实质是有限民主。中国共产党在新中国成立前开展的乡村民主实践发挥了战时团结民众、发展政治经济文化、取得战争胜利的作用，但与新中国成立初期的乡村民主管理和村民自治制度确立后的乡村自治存在明显差别，后者表现出明显的“自治”特点。

## 第二节　新中国成立后的乡村社会自治发展

本部分是对新中国成立至今乡村社会自治发展的回顾与梳理。本部分采用“乡村社会自治”这一术语而不采用“村民自治”的原因在于，新中国成立后乡村社会的发展没有一开始就进入村民自治的时期，新中国成立初期，时局不稳、百废待兴，国家必须在政治、经济方面严格控制乡村的发展，当时虽然也提倡建立农民协会等农民自愿结合的群众组织，实行民主选举，但由于当时乡村社会发展无法避免的行政统一性，使得“自治”具有较大的缺陷，虽然实行了一些乡村社会的民主管理实践，但无法实现现代意义的“村民自治”。

本部分根据新中国成立后国家对乡村社会自治的政策法律性规定和乡村社会自治发展的实际情况的不同，分为两个方面进行探讨，其中村民自治制度的产生不仅是我国基层政权机制的一次变革，也是基层民主发展的新突破，法律规定村作为基层群众性自治组织在村范围内实行民主选举、民主决策、民主管理、民主监督的自我管理、自我教育和自我服务，因此村民自治制度的产生是新中国成立后乡村社会进行合法性自治的重要制度保证。本书以村民自治制度的产生为时间点，分析新中国成立后村民自治制度产生前后的乡村社会自治发展在制度文本的制定、自治实践的开展等方面的具体情况。

### 一、村民自治制度产生前的乡村社会自治发展

新中国成立后到村民自治制度产生前，本书将这段时间界定在 1949 年到 1980 年，之所以是 1980 年而不是《中华人民共和国村民委员会组织法（试

行）》的正式通过时间1987年11月24日，是考虑论述的完整性及导致制度产生的背景，其中导致村民自治制度产生的直接事件是1980年广西河池宜山县三岔公社（现为宜州区屏南乡）合寨大队果作村民主选举产生村委会，成立了中国第一个村民委员会，而后村委会又与村民一起制定了村规民约和封山公约，这引起了广西地方政府乃至中央的重视，促进了村民自治制度在全国的确立。因此，本书以中国村民自治第一村的产生时间为村民自治制度产生前后的时间节点，是考虑制度发生的完整性及理论研究的逻辑建构需要。

新中国成立后，人民民主专政政权确立，为乡村社会的自治建立了制度前提。但由于新中国刚成立，整个国家的政治、经济、文化等各个方面都处于恢复发展的阶段，由于中国共产党一贯以来对农村的重视，地方政权尤其是乡村政权受到新中国政权的高度重视，农村成为新中国政治、经济发展的基础和动力来源，国家权力由此进一步加强了对乡村的控制，确立了一系列规范乡村发展的举措。

### （一）乡村治理结构：从农民协会到农业合作化、人民公社体制的互助合作

加强乡村民主建设是新中国成立后首要关注的问题，即新政权在农村建立何种政治组织才有利于巩固新政权、开展土地改革、完善基层政权结构，在全国建立农民协会成为在广大农村开展乡村民主建设的首要任务。1950年7月14日，政务院在第四十一次政务会议上通过了《农民协会组织通则》，通则的第一条规定："农民协会是农民自愿结合的群众组织"；第三条规定："根据中华人民共和国土地改革法，农民协会是农村中改革土地制度的合法执行机关。"确定了农民协会的性质是农民自愿结合的群众组织，具有互助合作进行土地改革的特点，体现了自愿、民主、互助的自治色彩。农民协会作为农村基层政权以农民代表大会为权力机关，其职权是根据政府法令和上级农民协会指示及当地农民要求，决定农民运动的方针和计划，审查农民协会委员会的工作报告，选举农民协会委员会。因此，当时的乡村治理结构是农民作为治理主体，自愿结合建立农民协会，并以农民代表大会为权力机构实行对乡村社会的发展治理，治理主体间形成互助合作的相互关联，并成立权力机构保证其互助合作的运行。

1950年12月8日，中央人民政府政务院第六十二次政务会议通过《乡（行政村）人民代表会议组织通则》和《乡（行政村）人民政府组织通则》，这些通则对省、市、县、区、乡各级地方政权的隶属关系、组成、职权、机构做了明确的规定，以指导各地方人民政权的建设，明确了乡村政权的组织结构和运行机制。

1951 年 12 月 15 日，中共中央颁布了《关于农业生产互助合作的决议（草案）》，认为应根据运动发展的一般规律和发展农村生产力的必要性，通过以下三种形式发展互助合作运动：

一是在全国各地，特别在新解放区和互助运动薄弱的地区，有领导地大量地发展互助合作运动的第一种形式（临时性的季节性的简单的劳动互助）；二是在有初步互助运动基础的地区，必须有领导地逐步地推广第二种形式（比简单的劳动互助有更多内容的常年互助组）；三是在群众有比较丰富的互助经验，而又有比较坚强的领导骨干的地区，应当有领导的同时又是有重点地发展第三种形式（土地入股的农业生产合作社）。农民间的互助合作在党的领导下实事求是地分地区开展，并依各地实际情况的不同，将互助组分为三种不同层次类型的形式，从临时性的、季节性的简单的劳动互助到比简单的劳动互助有更多内容的常年互助组，再到土地入股的农业生产合作社，互助合作的模式灵活多样，扩大了互助组的生命力和适应性，农民可以依托互助组开展互助合作实践，使互助合作成为当时资源匮乏、生产力低下的乡村社会发展的科学组织结构。

随着农村经济的发展，党和政府进一步深化对广大农村组织结构的改革，决定在广大农村开展由互助组到初级合作社、高级合作社的实践。1955 年 10 月 11 日召开的中国共产党第七届中央委员会第六次全体会议通过《关于农业合作化问题的决议》，认为“要普遍地大量地发展农业生产互助组，并且只要有可能就促使许多互助组联合起来，组成互助组的联合组，打好进一步联合起来建立合作社的基础。有互助组和合作社的乡村，可以组织互助合作联合委员会，定期开会，也吸收单干农民的代表人物参加，以便交流经验，进行必要的和可能的互相援助，为将来各合作社能够进一步联合准备条件，同时也为使互助组逐步地转变为合作社和单干农民逐步地参加合作社准备条件”。1956 年中央又提出大力发展高级农业合作社的指示，并于 1956 年 6 月 30 日第一届全国人民代表大会第三次会议通过《高级农业生产合作社示范章程》，规定：“高级农业生产合作社是劳动农民在共产党和人民政府的领导和帮助下，在自愿和互利的基础上组织起来的社会主义的集体经济组织。”同时，该文件对社员资格、社员权利、合作社的生产资料、资金、生产经营、劳动组织和劳动报酬、财务管理和收入分配、政治工作、文化福利事业、管理机构等做出明确规定，随后全国大多数农户加入了高级社。在对高级社的制度设计中，体现了高度的民主办社的精神，“年满十六岁的男女劳动农民和能够参加社内劳动的其他劳动者，都可以入社做社员”。“农业生产合作社实行民主管理。合作社的领导人员由社员选举，合作社的重大事务由社员讨论决定。合作社的领导人员必须实行集体领导，密切联系群众，遇事和群众商量，团结全体社员办好合作社。”在农业生产合作社这个社会主义集体经济组织内，社员集体劳动获取生产和生活资料，成为平等的集体经济组织的一员，同时农业生产合作社也具有基层政权组织的性质，随着农业生产合作化运动的开展，使行政村开始逐渐与初级社、高级社合并，农业生产合作社具有了集体经济组织和基层政权组织的双重职能。

1958 年 8 月 17 日，中共中央政治局在北戴河召开扩大会议，会议通过了《关于在农村建立人民公社问题的决议》，决定把各地成立不久的高级农业生产合作社普遍升级为大规模的、政社合一的人民公社。从 1958 年 8 月到 10 月，全国 74 万个农业生产合作社合并成 26000 多个人民公社，全国农村基本上实现了人民公社化①。原高级农业生产合作社的财物及社员个人的土地及个人生产和生活资料全部收归人民公社，高度垄断、权力集中，基层生产单位完全附属于人民公社而失去自主权。人民公社在发展过程中也出现了“共产风”、权力垄断、财务管理混乱等问题，针对这些问题的出现，中央进一步对人民公社的发展做出了政策性指示。1960 年 11 月，中央发出《关于农村人民公社当前政策问题的紧急指示信》（以下简称《十二条》），指示信规定：“人民公社实行三级所有，队（相当原高级农业生产合作社）为基础，至少 7 年不变；彻底纠正‘一平二调’的错误；允许社员经营少量的自留地和家庭副业；从各方面节约劳动力，加强农业生产第一线；认真实行劳逸结合；整风整社等。”1961 年 6 月 15 日，中共中央经多次讨论修改后发布《农村人民公社工作条例（修正草案）》（以下简称《农业六十条》），对农村人民公社在现阶段的性质、组织和规模，人民公社的社员代表大会和社员大会、公社管理委员会、生产大队管理委员会、生产队管理委员会，社员家庭副业、社员、干部，人民公社各级监察委员会，人民公社中的党组织等都做出了明确详细的规定。1962 年 2 月，中共中央发出《关于改变人民公社基本核算单位问题的指示》，主要明确以生产队为基本核算单位，实行以生产队为基础的三级集体所有制的决定。1962 年 9 月 24 日，中共中央八届十中全会通过了《进一步巩固人民公社集体经济、发展农业生产的决定》，规定：“除了少数继续以生产大队为基本核算单位的地方以外，生产队应该实行独立核算，自负盈亏，直接组织生产，组织收益分配。”“人民公社的各级组织，首先是生产队，在经济工作中，必须坚持自愿、示范、互助、互利的原则”，“必须坚持实行民主办社，民主办队”，“必须坚决实行勤俭办社，勤俭

① 1958 年 8 月 17 日《关于在农村建立人民公社的决议》通过［EB/OL］. 人民网，2016-02-20.

办队，公开财政”，“必须厉行精简，尽可能地减少脱离生产的干部，尽可能地减少对干部的补贴工分”。此次会议还正式通过了《农村人民公社工作条例修正草案》，规定：“生产队是人民公社中的基本核算单位。他实行独立核算，自负盈亏，直接组织生产，组织收益的分配。这种制度定下来以后，至少30年不变。”

人民公社对新中国成立后乡村社会治理的意义在于将分散化的农民原子个体组织固定在一定的组织结构内，在整合资源、团结经济建设力量、促进基层社会治理等方面有积极的意义，但这种高度整合却以牺牲农民个体的独立性和创造力为代价，农民与农户间的互助合作缺少了灵活性，是一种僵化教条的互助合作模式。

（二）乡村治理运行机制：基层民主建政下的高度控制型互助合作机制

新中国成立后到村民自治制度产生前，乡村治理结构的互助合作反映了基层民主建政中高度行政性控制的特点，无论是农民协会、农业合作社还是人民公社，都是国家自上而下进行直接控制的履行农村政治、经济职能的集体化组织。互助合作的组织化通过民主选举表现出了一定的“自治”色彩，但这种民主选举却具有行政一元化管理所无法避免的缺陷。

《农民协会组织通则》规定，农民协会委员会由农民协会会员选举产生。《高级农业生产合作社示范章程》规定，社员大会或者社员代表大会选出管理委员会管理社务；选出合作社主任领导日常工作，对外代表合作社；选出一个到几个副主任协助主任进行工作。《农村人民公社工作条例（修正草案）》规定，人民公社各级的管理委员会和监察委员会的成员，都由各级的社员代表大会或者社员大会选举，公社一级的任期两年，生产大队的和生产队的任期一年。各级的管理委员会和监察委员会的成员，都可以由原选举单位随时罢免。农民协会组织、农村合作社、人民公社都将民主选举进行了制度化规定，但实际情况却是，这时期的村级权力组织干部虽然名义上由社员大会或者社员代表大会选举产生，但由于农民协会组织、农村合作社特别是人民公社作为集体化组织，实行一元化管理体制，这决定了干部的任免权主要取决于上级政府而不是民众。当时的“一些村干部任职长达一二十年，说明定期选举的制度化规定并未真正落实”①。

相对于民主选举而言，这一时期的民主管理更加薄弱，农民协会组织、农村合作社、人民公社虽然将个体分散的农民组织起来，但由于习惯了战争中的

---

① 赵秀玲. 村民自治通论［M］. 北京：中国社会科学出版社，2004：19.

军事化管理和因知识缺乏而导致的公共参与意识薄弱，再加上集体组织化生活的整齐划一，农民完全被组织化为一个无自我主体意识的集体成员，民主管理被高度的行政控制所淹没。1960年8月5日，《人民日报》发表了《坚持勤俭办社，加强财务管理》的社论。社论中指出："加强公社的财务管理工作的原则应当是：按照'发展经济，保障供给'的总方针，坚持勤俭办社，实行经济核算，健全财务制度，加强民主管理。就是说，在党委统一领导下，用经济核算和健全制度的办法，用发动全体社员办财务，大搞群众运动的办法，贯彻执行勤俭办社和民主办社的方针，使财务工作更好地为发展公社生产和合理进行分配服务。"人民日报社的社论明确对于公社财务实行"民主管理"，但实际上却并未真正落实，当时的农村普遍存在财务管理混乱的问题。"临洮县新甸公社新甸大队的5个生产队，自1966年到1975年，10年时间竟干脆没有记账，分配时有多少分配多少，多拿的就多拿了，少拿的就只好少拿。陇西县1977年做过调查，全县生产大队会计，会记账程度的占30%左右，财务混乱、不能按时向社员公布账目的约占41%。当时的农村干部和社员群众，没有几人能说出上年分配的大致情况。在这种情况下，'民主办社'必然成为泡影。"①

由此可见，当时的乡村治理运行机制虽然表面上存在民主选举和民主管理的制度内容，但由于当时的乡村治理需要和乡村基层组织内部权力资源的高度垄断，实行自上而下的集中行政性运行体制，决定了乡村治理运行机制的"自治"不可能落到实处，不仅民主选举不能按照制度的规定实现干部任职更替，民主管理也无法在参与意识匮乏和管理能力缺失的农民群体中得到真正的实现。这与村民自治制度产生后的乡村社会自治有实质的差别，这种"自治"是在强大的国家权力对乡村社会的干预和控制下，只能实行农民间的互助合作，而无法实现农民对乡村社会治理的自主与自觉，但为村民自治制度产生后的乡村社会自治发展提供了历史考察的基础。

## 二、村民自治制度产生后的乡村社会自治发展

目前学术界对我国村民自治制度的历史起点问题进行了不同的界定，普遍的观点认为村民自治制度产生于20世纪80年代，如罗平汉的《村民自治史》②认为村民自治兴起于包产到户的冲击；赵秀玲的《村民自治通论》③详细分析

① 赵秀玲. 村民自治通论［M］. 北京：中国社会科学出版社，2004：19-20.
② 罗平汉. 村民自治史［M］. 福州：福建人民出版社，2006.
③ 赵秀玲. 村民自治通论［M］. 北京：中国社会科学出版社，2004.

了村民自治的萌生过程，认为中国古代的自治因素、清朝中后期的乡村“自治”、民国时期的基层自治、中国共产党革命根据地的乡村民主、新中国成立后十七年的农村民主管理等都只是村民自治的历史资源，村民自治的成因源于1978年中国共产党十一届三中全会的召开、农村联产承包制度的影响及阶级斗争的弱化、高考制度的确立、农村专业户的出现，这些因素最终促成了中国第一个村民委员会的产生，并认为村民委员会的诞生标志着村民自治的开始。另一种观点则对村民自治的历史起点有不同的界定，如徐勇在《中国农村村民自治》① 中认为，如果从自治的一般意义上说，中国古代也存在自治；有的学者认为河北定县翟城村的米鉴三、米迪刚父子是现代村治的开创者②；还有的学者认为自然村的社会属性使其具有自主治理的倾向与可能，农业合作化初期的初级社、人民公社制度稳定期的生产队是当代中国村民自治早期实践形态③。

本书采用普遍对于村民自治制度产生的历史起点的界定，即中国村民自治制度产生于20世纪80年代，“两个转变”直接导致了中国村民自治制度的产生，即1978年十一届三中全会的“解放思想”带来的中国政治思想体制的转变、联产承包责任制导致的中国经济体制的转变④。

中国共产党第十一届中央委员会第三次全体会议于1978年12月18日至22日在北京举行，全会的中心议题是讨论把全党的工作重点转移到社会主义现代化建设上来。全会讨论并着重提出了健全社会主义民主和加强社会主义法制的任务，规定：“宪法规定的公民权利，必须坚决保障，任何人不得侵犯。为了保障人民民主，必须加强社会主义法制，使民主制度化、法律化，使这种制度和法律具有稳定性、连续性和极大的权威，做到有法可依，有法必依，执法必严，违法必究。”全会提出了当前发展农业的一系列政策措施，并同意将《中共中央关于加快农业发展若干问题的决定（草案）》等文件发到各省、市、自治区讨论和试行。这些文件在经过修改和充实之后正式发布，然后一些重要的农业方面的文件相继制定和发布施行，有力地推动了农村改革的进程。十一届三中全

---

① 徐勇. 中国农村村民自治［M］. 武汉：华中师范大学出版社，1997.

② 沈延生. 村政的兴衰与重建［J］. 战略与管理，1998（6）：5.

③ 刘庆乐. 当代中国村民自治历史起点问题［J］. 华中师范大学学报（人文社会科学版），2009（6）：35.

④ 这两个转变基本与赵秀玲在《村民自治通论》中对村民自治成因的分析，只是赵秀玲还认为存在另一个成因是阶级斗争的弱化乃至消失、高考制度的恢复和农村专业户的出现建构了村民自治的社会文化基础。本书对第三个成因不做分析，认为前两个成因是村民自治制度产生的根本要素，政治与经济体制的转变是村民自治产生的根本制度背景。

会实现了中国政治思想体制的转变，冲破了党的指导思想上存在的教条主义和个人崇拜的严重束缚，冲破了“以阶级斗争为纲”的思想路线，提倡民主与法制，并集中力量进行经济建设。会议虽没有对村民自治进行制度设计，但认识到了农业发展薄弱的问题，决定启动农村改革的新进程，通过《中共中央关于加快农业发展若干问题的决定（草案）》确立实现农业现代化的同时“依法办社”，规定“公社、大队和生产队各级干部都要坚持按期由社员代表大会或社员大会选举，并经常接受群众的监督。各项经济账目要按时公布。社队要坚持民主管理，干部要发扬民主作风，坚持参加集体生产劳动”。这些规定和举措既为村民自治的发展提供了经济基础，也奠定了民主选举、民主管理、民主监督的制度基础，并为村民自治的确立建构了民主、法制、开放的政治思想体系。

政治思想体制的重大转变直接带来了经济体制转变的回应，它的转变对于农村而言影响效果更直接，农村经济基础的转变最终决定上层建筑的转变。家庭联产承包责任制从其制度发生学意义上来看，是农民为谋求生存自发创造的产物。人民公社的集体经济模式限制了农民自由发展生产、自主经营的能力，“大锅饭”无法激发农民的劳动热情和生产创造力，生产力极度低下，这让本来就自然条件恶劣的安徽农民在遇到天灾时只能拖家带口，背着花鼓外出乞讨。然而，就是这样的窘况激发了农民的改革意愿，1978 年秋天，安徽凤阳县小岗村 18 户农民在生产队长的带领下，冒着坐牢的危险，联名签下了包产到户合同书，并在上面按下了 18 个鲜红的手印。尽管 1978 年 5 月开展了全国范围的真理大讨论，但“分田单干”“包产到户”依然是中央明确禁止的，这 18 户农民的冒死壮举得到了当时任安徽省第一书记的万里的重视和支持，极力向中央汇报并要求全面落实，得到了中央的肯定，“包产到户”很快在中国大地上推广开来。到 1983 年年底，家庭联产承包责任制已在全国普遍建立。家庭联产承包责任制使农民获得了生产经营权，极大地调动了农民的生产积极性，农村生产力水平和农民收益得到显著提高，农村经济获得前所未有的发展，“吃饱了”的农民开始有意识地关注乡村社会的治理，因为这可能影响自己的生产与生活。人民公社时期国家、公社对农民绝对的支配权转变为家庭联产承包责任制中国家与农民之间在法律意义上的契约关系，契约使获得自由与主动权的农民也意识到自己在乡村社会中的主体地位，村民自治具有了发展的经济基础，激发了乡村治理主体的治理意识。

十一届三中全会与家庭联产承包责任制虽然是村民自治制度产生的重要制度背景，但直接导致村民自治制度产生的却是因家庭联产承包责任制带来的集体组织的解散，农民归入家庭，为自己的利益而劳作，甚至连本身也是农民身份的村干部也不关心集体的公共事务，乡村权力出现真空，大多数乡村的基层管理机构处于瘫痪与半瘫痪状态，公共资源被分割、社会秩序混乱、私利泛滥、不良风气盛行等情况比比皆是。经济基础决定上层建筑的发展逻辑亟须在当时的乡村社会建立一种新型的乡村治理结构进行规范与管理，村民自治制度应运而生。

按照时间和事件的发展脉络，以下应该介绍村民自治第一村的发生背景、村民自治实践的过程等内容，但由于本章有专节介绍广西乡村社会自治的发展历程，因此本部分内容就先不对第一个村民委员会的产生进行详细论述，而侧重考察村民自治制度产生后有关村民自治制度的制度文本、自治实践的发展状况。

### （一）村民自治制度文本的丰富与完善

从广西建立第一个村民委员会以来，国家全面推广群众性自治组织的治理经验，各地积极探索建立村民委员会，中央制定一系列制度文件对村民委员会建设提供政策支持。随着村民自治在中国基层民主政治中的不断推进，国家从根本大法、基本法律、行政法规、部门规章等层面对村民自治进行了立法规范，地方立法机关和行政机关也对村民自治的开展制定了地方法规、地方政府规章等促进村民自治制度的地方化实践。因此，从第一个村民委员会建立开始，全国人大及其常委会制定的法律、国务院制定的行政法规、地方人大及其常委会制定的地方法规、国务院各部门制定的部门规章、地方政府制定的地方政府规章等直接规定村民自治制度的立法文本就非常丰富，本书在此不做一一考察，只对村民自治制度立法做分类分析，法律文本的选择也只限定在对村民自治制度进行专门规定的国家立法机关制定的法律、国务院制定的行政法规、国务院各部门制定的部门规章等规范性法律文件，还有为了规范村民自治的运行由党中央、国务院及党政部门颁布下发的针对村民自治的规范性文件等，地方性法规和地方政府规章在此不做分析，因为本书以广西为研究对象，重在分析作为广西地方立法依据的宪法、法律、行政法规，以及对全国村民自治制度发展有规范作用的国务院各部门制定的部门规章以及党中央、国务院及党政部门颁布下发的针对村民自治的规范性文件。但是，对广西制定的有关村民自治的地方性法规文本会在后面专节讨论，同时对其他涉及村民委员会及村民自治制度内容的法律法规等也不做讨论，旨在建构村民自治制度文本体系。

1. 1982 年《中华人民共和国宪法》（以下简称 1982 年《宪法》）

1982 年《宪法》首次以根本大法的形式确立村民委员会的性质、成员产生方式、职责等方面内容。其中，第一百一十一条第一款规定了村民委员会的性质、成员产生方式、与基层政权的关系依据，具体内容为：“城市和农村按居民居住地区设立的居民委员会或者村民委员会是基层群众性自治组织。居民委员会、村民委员会的主任、副主任和委员由居民选举。居民委员会、村民委员会同基层政权的相互关系由法律规定。”第一百一十一条第二款则规定了村民委员会的职责，具体内容为：“居民委员会、村民委员会设人民调解、治安保卫、公共卫生等委员会，办理本居住地区的公共事务和公益事业，调解民间纠纷，协助维护社会治安，并且向人民政府反映群众的意见、要求和提出建议。”此后，村民委员会的合法地位得到确立，明确了村民委员会作为基层群众性自治组织的性质和地位，确定了村委会成员由村民民主选举产生的基层民主原则，为村民自治实践和村民委员会组织法的专门立法提供了直接的宪法保障和立法基础。

2.《中华人民共和国村民委员会组织法》的试行、正式颁布与修订

首先，《中华人民共和国村民委员会组织法（试行）》（以下简称 1987 年《村组法》）在全国各地普遍建立村民委员会进行村民自治实践的基础上，从 1984 年上半年民政部开始着手起草到 1987 年 11 月 24 日中华人民共和国第六届全国人民代表大会常务委员会第二十三次会议通过，历时四年，初稿形成后，经过四轮修改、审议，最终颁布试行。该法共二十一条，内容高度概括、简洁明了，在村民自治实践经验薄弱的情况下，试图在一定程度上规范村民自治的运行。

1987 年《村组法》虽然条文数量不多，但也对村民委员会乃至村民自治的相关问题进行了规定，然而由于当时村民自治实践时间不长、积累的经验不足，其主要表现出以下三点明显不足：一是内容过于笼统和分散。由于中国农村情况复杂，各地表现出不同的村民自治特点，与村民自治相关的社会关系和内容不完善，这些都导致立法时内容的笼统性、分散性，只能做原则规定。二是缺乏程序性规定，可操作性不强。对法律主体和法律关系的界定不明确，缺乏明确的操作程序，如选举由谁主持、选举按照什么程序进行等都没有明确规定。三是只有权力、权利和义务的规定，没有对违反法律规定后法律责任的规定，法律约束力不强，缺乏权利救济机制。这些不足让村民自治在实践中遇到很多难以解决的问题，但也给省、自治区、直辖市的立法机关创造了较大的立法空间，同时也给各地的村民自治实践提供了灵活的运行可能。1987 年《村组法》作为新中国成立后的第一个全国性村民自治法律，在试行了十年之后，进入正式的修订实施阶段。

其次，1998 年 11 月 4 日，中华人民共和国第九届全国人民代表大会常务委

员会第五次会议修订通过了《中华人民共和国村民委员会组织法》（以下简称1998年《村组法》），该法去掉了原有的“试行”二字，将条文增加到三十条，总结试行法实施后十年来的村民自治实践经验，弥补试行法中面对新问题、新情况无法解决的不足，对村民委员会的性质和职能、农村基层党组织的作用、村民委员会的选举、村级民主决策和民主管理等重要问题做了一系列重要的补充、修改和完善。

最后，经过第一次修订完善后，《中华人民共和国村民委员会组织法》作为正式法律被确定下来。2010年10月28日，第十一届全国人民代表大会常务委员会第十七次会议表决通过了修订后的《中华人民共和国村民委员会组织法》（以下简称2010年《村组法》）。2018年12月29日，第十三届全国人民代表大会常务委员会第七次会议通过了《中华人民共和国村民委员会组织法》的修正（以下简称2018年《村组法》）。从1998年到2018年，经过二十年的发展完善，村民自治立法内容进一步丰富。与1998年《村组法》相比，2010年《村组法》无论从形式上还是内容上都有较大改进，形式设计更科学，内容更完善成熟，条文间的逻辑关系更清楚，程序化程度更高、更利于实践操作。2018年《村组法》则将村民委员会、居民委员会的任期由三年改为五年，与村和社区党的基层组织任期保持一致。由于2018年《村组法》修正内容较少，本文分析依照2010年《村组法》。

对1987年《村组法》、1998年《村组法》、2010年《村组法》、2018年《村组法》进行法律文本内容的比较分析，旨在通过对文本内容的分析，理清村民自治制度在发展过程中自治宗旨、自治主体、自治结构、运行机制等的发展脉络，通过对法律文本内容及质量的历史考察，深化对村民自治制度运行绩效的分析。

3. 其他对村民自治制度进行专门规定的制度文本

村民自治制度产生后，特别是1987年《村组法》颁布后，为了规范村民自治制度的运行，国家针对每一时期村民自治发展的需要制定相关制度文本以引导村民自治制度的规范化发展。以下根据村民自治发展的时间脉络逐一梳理列举其他对村民自治制度进行专门规定的制度文本。

（1）1986年9月26日，中共中央、国务院联合下发《关于加强农村基层政权建设工作的通知》，要求各地要采取措施，认真整顿农村基层组织，特别是经济困难地区的村民委员会存在组织不健全，甚至无人负责、处于瘫痪、半瘫痪状态的问题，村民委员会要进一步完善村规民约，大力开展创建文明村、评选“五好”家庭等活动，发动广大村民积极参加社会生活的民主管理，以进一步发挥群众自治组织的自我教育、自我管理、自我建设、自我服务的作用。

(2) 1990年8月5—10日，经中共中央批准，中央组织部、中央政策研究室、民政部、共青团中央、全国妇联等在山东省莱西县联合召开全国村级组织建设工作座谈会，并将会议结果形成《全国村级组织建设工作座谈会纪要》，同年12月13日，中共中央批转《全国村级组织建设工作座谈会纪要》，并发出通知要求各地结合自身实际，认真贯彻执行。会议提出，要紧紧围绕经济建设这个中心，密切结合深化农村改革和两个文明建设（物质文明建设和精神文明建设）来进行村级组织建设。

(3) 1990年9月26日，民政部发出《关于在全国农村开展村民自治示范活动的通知》，为进一步加强对《村民委员会组织法》实施工作的指导，有组织、有计划、有步骤地在农村基层逐步实现村民自治，民政部决定在全国农村开展村民自治示范活动，明确村民自治示范的基本内容、村民自治示范单位的标准等问题。

(4) 1990年12月1日，中共中央、国务院发布《关于一九九一年农业和农村工作的通知》，要求必须把乡、村基层组织建设工作抓好，重点是村一级。要充分发挥村党支部的核心领导作用，抓好村民委员会、村合作经济组织的建设，发挥共青团、妇联、民兵等组织的作用。

(5) 1991年11月29日，中共十三届八中全会做出《中共中央关于进一步加强农业和农村工作的决定》，要求切实加强农村基层组织建设，村民委员会要在党支部领导下，依法管好本村事务，完成乡镇政府布置的行政任务，组织村民自我管理、自我教育、自我服务，履行依法应尽的义务。涉及全体村民利益的问题，由村民会议讨论决定。要健全村民小组并充分发挥作用。

(6) 1994年2月8日，民政部下发《全国农村村民自治示范活动指导纲要（试行）》，要求村民委员会干部依法由村民直接选举，实行直接民主；建立村民会议或村民代表会议，村中重大事情由村民民主决策；制订村规民约或村民自治章程，村务工作由村民民主管理；建立村务公开制度和村民监督机制，实行民主监督。

(7) 1994年11月5日，中共中央发出《关于加强农村基层组织建设的通知》，要求大力加强农村以党组织为核心的基层组织建设，推进农村的改革、发展、稳定和全面进步，要广泛开展依法建制、以制治村、民主管理活动，调动农民群众当家做主的积极性；继续开展村民自治示范活动；当前应着重抓好村民选举制度、村民议事制度、村务公开制度、村规民约制度的完善和落实。

(8) 1997年8月5日，民政部下发《关于进一步建立健全村务公开制度深化农村村民自治工作的通知》，要求提高认识，高度重视村务公开工作；注重实效，努力实现村务公开的规范化、制度化；重视调查研究、分类指导，不断总结村务公开的新经验；加强领导，不断提高村务公开工作的水平。

(9) 1997 年 12 月 16 日，农业部、监察部发布《农村集体经济组织财务公开暂行规定》，规定村集体经济组织财务公开的内容、公开时间、公开形式等问题。

(10) 1998 年 1 月 24 日，中共中央、国务院发出《关于一九九八年农业和农村工作的意见》，要求加强基层组织建设、民主法制建设和精神文明建设，促进农村经济和社会协调发展。

(11) 1998 年 4 月 18 日，中共中央办公厅、国务院办公厅发出《关于在农村普遍实行村务公开和民主管理制度的通知》，要求建立健全村务公开和民主管理制度，实现村务公开和民主管理的规范化、制度化，使工作有序，办事有据，真正做到“有章理事”，这是做好农村工作的治本之策，也是使村干部适应新形势的需要、切实改进工作方法的重要措施。

(12) 1998 年 10 月 14 日，中共十五届三中全会做出《中共中央关于农业和农村工作若干重大问题的决定》，认为搞好村民自治，制度建设是根本。重点是建立健全村民委员会的民主选举制度，以村民会议或村民代表会议为主要形式的民主议事制度，以村务公开、民主评议和村民委员会定期报告工作为主要内容的民主监督制度。村务活动要照章办事，推进村民自治的制度化、规范化。

(13) 1999 年 7 月 30 日，民政部下发《关于努力保证农村妇女在村民委员会中有适当名额的意见》，要求采取有效措施，确保《村民委员会组织法》关于“村民委员会成员中，妇女应当有适当的名额”的规定落到实处，并加强对农村已当选村委会成员的培训，提高妇女干部的自身素质。

(14) 1999 年 6 月 28 日，公安部发布《关于妥善处理村民委员会选举中发生的治安问题的通知》，要求提高认识，增强保护公民依法行使选举权利的自觉性；慎用和善用警力，妥善处理村民委员会选举过程中出现的治安问题。

(15) 2001 年 7 月 22 日，民政部、公安部发布《关于规范村民委员会印章制发使用和管理工作意见的通知》，规定：村民委员会印章的规格式样和制发程序；建立健全村民委员会印章的使用管理制度；加强村民委员会的印章管理工作。

(16) 2002 年 7 月 14 日，中共中央办公厅、国务院办公厅发布《关于进一步做好村民委员会换届选举工作的通知》，要求按照“三个代表”要求，切实提高对村民委员会换届选举重要性的认识；着眼于增强农村干部群众的民主法制观念，扎实有效地做好宣传教育工作；充分尊重农村群众的意愿，保证村民委员会直接选举制度落到实处；严格依法办事，坚决纠正和查处村民委员会选举中的违法行为；从维护农村社会稳定大局出发，认真做好群众来信、来访工作；恪守为民之责，切实加强对村民委员会换届选举工作的组织领导。

（17）2003年12月4日，农业部、民政部、财政部、审计署发布《关于推动农村集体财务管理和监督经常化规范化制度化的意见》，明确农村集体资产性质，强化农村集体财务管理；全面实行民主管理和财务公开；建立健全财务管理制度；切实加强对农村集体财务的审计监督；加大对农村会计人员的培训和管理力度。

（18）2004年6月22日，中共中央办公厅、国务院发出《关于健全和完善村务公开和民主管理制度的意见》，要求充分认识进一步做好村务公开和民主管理工作的重大意义；进一步健全村务公开制度，保障农民群众的知情权；进一步规范民主决策机制，保障农民群众的决策权；进一步完善民主管理制度，保障农民群众的参与权；进一步强化村务管理的监督制约机制，保障农民群众的监督权；进一步加强对村务公开和民主管理工作的领导。

（19）2005年7月11日，农业部、监察部、国务院纠风办发布《关于做好村干部任期和离任经济责任专项审计的通知》，认为开展村干部任期和离任经济责任审计是农村基层干部监督管理工作的一个重要环节，是加强党风廉政建设的重要措施。做好这项工作，有利于促进农民群众选出作风正派、廉洁公正、为农民办实事的村干部，有利于强化村级财务管理的监督约束机制，有利于进一步健全和完善村务公开和民主管理制度，促进以税费改革为主要内容的农村综合改革工作。

（20）2006年8月21日，中共中央纪委、中共中央组织部、民政部发布《关于认真解决村级组织换届选举中“贿选”问题的通知》，要求切实提高对解决村级组织换届选举中“贿选”问题重要性的认识；加大宣传教育力度，强化农村基层党员、干部和群众依法选举、依法参选的意识；严格依法办事，坚决纠正和查处村级组织换届选举中的“贿选”等违纪违法行为；加强对解决村级组织换届选举中“贿选”问题工作的领导。

（21）2007年1月16日，农业部发布《村民一事一议筹资筹劳管理办法》，确立筹资筹劳应遵循村民自愿、直接受益、量力而行、民主决策、合理限额的原则。

（22）2008年3月4日，全国妇联、民政部联合发布《关于充分发挥妇联组织在基层群众自治制度建设中积极作用的若干意见》，要求完善措施，为基层妇女和妇联组织参与基层群众自治制度建设创造条件；密切配合，切实加强对基层妇联组织参与基层群众自治制度建设工作的领导。

（23）2008年5月19日，农业部发布《关于进一步规范和完善村集体经济组织会计委托代理的意见》，要求在尊重农民群众意愿和民主权利的基础上，推行村级会计委托代理服务制度，通过民主管理、民主监督、民主理财等方式加强集体资金管理，切实保护农民的物质利益和民主权利。

（24）2008年6月30日，中共中央组织部、民政部发布《关于认真做好村党组织和村民委员会换届工作的通知》，要求严把村干部素质观，重点选好配强村“两委”主要负责人；积极推进村级组织换届选举中的民主；努力形成风清气正的村级组织换届环境；切实加强对村级组织换届工作的领导和指导。

（25）2008年12月31日，民政部、全国妇联联合发布《关于进一步加强新形势下妇女参加村民委员会工作的意见》，要求采取有效措施引导妇女参加村委会工作；加强对当选女村委会成员的培训，提高妇女干部的自身素质；密切配合，切实加强对妇女参加村委会工作的领导。

（26）2009年2月24日，中央纪委、中央组织部、中央农村工作领导小组办公室、监察部、民政部、司法部、财政部、国土资源部、农业部、人口计生委、国家预防腐败局、国家信访局联合发布《关于开展村务公开和民主管理“难点村”治理工作的若干意见》，提出几项主要任务：加强农村基层组织建设，解决村级组织软弱涣散、村干部能力不强的问题；完善村务公开和民主管理制度，解决村务不公开、管理不民主的问题；加强农村党风廉政建设，解决群众反映强烈的突出问题；帮助发展农村经济和社会事业，解决“难点村”经济和社会发展长期落后的问题；强化农村社会管理，消除可能引发农村社会不稳定的因素。

（27）2009年4月24日，中共中央办公厅、国务院办公厅发布《关于加强和改进村民委员会选举工作的通知》，要求切实加强对村民委员会选举前的各项准备工作；依法规范村民委员会选举程序；扎实做好村民委员会选举后续工作；坚决查处村民委员会选举中的贿选等违法违纪行为；加强对村民委员会选举工作的组织领导。

（28）2010年2月8日，中央纪委、财政部、农业部、民政部发布《关于进一步加强村级会计委托代理服务工作的指导意见》，要求采取切实有效措施，强化村级会计委托代理机构建设，完善工作规范，落实工作经费，把做好村级会计委托代理服务工作作为推进农村集体财务管理规范化建设，加强农村集体资金资产资源管理，促进农村党风廉政建设、基层民主政治建设和社会主义新农村建设的一项重要工作抓好抓实。

(29) 2010年7月23日，民政部发布《关于切实加强村民委员会选举工作指导的意见》，要求认真做好宣传教育和舆论引导工作；认真做好调查研究和摸底排查工作；认真做好选举前的教育培训工作；认真做好投票程序的组织实施工作；认真做好选举监督和违法违规行为查处工作；认真做好选举后移交和人才培育工作。

(30) 2010年11月5日，中共中央组织部、民政部发布《关于进一步严肃村"两委"换届工作纪律的通知》，要求细化换届工作程序；规范候选人竞争行为；严格投票组织管理；完善防范监督措施；严查违法违规行为；加强组织领导。

(31) 2011年3月1日，全国村务公开协调小组发布《关于深入开展村务公开民主管理示范单位创建活动的通知》，要求全面落实全国深化村务公开民主管理"难点村"治理工作会议部署要求，扎实推进村务公开和民主管理工作，促进农村经济社会又好又快发展，在全国深入开展"村务公开民主管理示范单位"创建活动。

(32) 2011年7月13日，中共中央办公厅、国务院办公厅印发《农村基层干部廉洁履行职责若干规定（试行）》，规定乡镇领导班子成员和基层站所负责人廉洁履行职责行为规范；村党组织领导班子成员和村民委员会成员廉洁履行职责行为规范；实施与监督；违反规定行为的处理。

(33) 2012年9月21日，民政部、中央纪委、中央组织部、中央农办、中央文明办、公安部、司法部、财政部、国土资源部、农业部、国家人口计生委、国家信访局十二部委印发《关于进一步加强村级民主监督工作的意见》，进一步明确加强村级民主监督工作的总体要求；建立健全村务监督机构；进一步规范村级民主评议活动；进一步做好村民委员会成员任期和离任经济责任审计；进一步强化村级民主监督工作的保障措施。

(34) 2013年5月2日，民政部印发《村民委员会选举规程》，规定村民选举委员会的产生；选举宣传；登记参加选举的村民；提名确定候选人；选举竞争；投票选举；选举后续工作；村民委员会成员的罢免和补选。

(35) 2015年5月22日，中共中央办公厅、国务院办公厅印发《关于深入推进农村社区建设试点工作的指导意见》，要求完善在村党组织领导下、以村民自治为基础的农村社区治理机制；促进流动人口有效参与农村社区服务管理；畅通多元主体参与农村社区建设渠道；推进农村社区法治建设；提升农村社区公共服务供给水平；推动农村社区公益性服务、市场化服务创新发展；强化农村社区文化认同；改善农村社区人居环境。

（36）中共中央在1982—1986年连续五年发布以农业、农村和农民为主题的中央一号文件，对农村改革和农业发展做出具体部署。2004—2018年，每年发布以“三农”（农业、农村、农民）为主题的中央一号文件。

以上是本书按照时间线索整理的有关村民自治的制度文本，虽尽量完善，但难免有遗漏之处。文本均为党中央、国务院及党政部门颁布下发的针对村民自治的规范性文件，目前对村民自治制度进行法律规定的只有1987年、1998年、2010年、2018年通过的《村民委员会组织法》，说明我国村民自治制度的法律化还需要进一步完善，党中央、国务院及党政部门颁布下发的针对村民自治的规范性文件虽然不具有法律效力，但对我国村民自治制度的完善具有重要的指导和规范作用，为每一阶段的村民自治实践的深化与推进提供政策性的指导方针和发展规划。

（二）村民自治实践的推进与深化

村民自治制度产生后，为了贯彻《村民委员会组织法》的实施，执行各项针对村民自治颁布的规范性文件，我国的村民自治实践在民主选举、民主决策、民主管理、民主监督四个方面不断实现推进与深化。《村民委员会组织法》的三次修订及内容完善，反映了村民自治制度从初创的简单粗略发展到制度化的完善定型，再通过制度文本的完善到村民自治实践的推进，深化村民自治实践发展，促进村民自治制度的不断成熟。

1. 村民自治制度的初创

在贯彻《村民委员会组织法（试行）》的过程中，村民自治实践的创新探索首先在民主选举领域实现。1986年9月26日，中共中央、国务院联合发布《关于加强农村基层政权建设工作的通知》，要求各地采取措施解决村民委员会组织不健全、选举无人负责等问题，吉林省梨树县为贯彻落实这个文件，决定通过村民直接民主选举对村级组织进行调整，并成立了“村委会整顿补课试点小组”，在北老壕试点进行民主选举村民委员会的干部补课，开创了中国村民自治史上的“海选”模式。1988年，辽宁省铁岭市胡家村将竞选机制引入村民委员会选举，并发展了提名候选人、候选人竞选演说、无记名投票等民主选举创新模式，促进了初期民主选举新形式的发展①。同时，出现了早期的村民代表会议形式，建构了民主决策制度的初步雏形。

虽然村民自治在民主选举方面有了一些创新性尝试，但村民自治仍处于初

① 罗平汉. 村民自治史［M］. 福州：福建人民出版社，2006：93-99.

期探索期，山东省莱西县（现山东省莱西市）采用立典型、促发展的办法探索农村基层组织建设的新途径，在全县选择三个村作为试点村，制定有关民主选举、民主决策、民主管理、民主监督具体化的规章制度，以此为基础深化村民自治，加强村级组织建设。莱西经验促使民政部于 1990 年 9 月 26 日颁布《关于在全国农村开展村民自治示范活动的通知》，在全国范围内建立示范村、示范乡镇、示范县，各地分别制订开展村民自治示范活动方案，村民自治示范活动进一步建立和完善了村民自治的有关制定，村民自治逐步走向规范化、制度化①。

2. 村民自治制度的定型

为了完善 1987 年《村组法》的缺陷，各地在试行中根据自己的实际，通过制定地方法规来完善村民自治制度的有效运行。

各地首先在民主选举方面制定专门法规来弥补 1987 年《村组法》规定的不足，通过制定地方村民委员会选举法，对选举办法、负责选举的机构、村民委员会成员候选人的提名和确定、差额选举、村民委员会成员的罢免和补选、选举权和被选举权等都进行了详细规定，在原有“海选”模式的基础上还创造了“两票制”等新选举模式，丰富了村民委员会选举的内容和形式。

1994 年 2 月，民政部下发《全国农村村民自治示范活动指导纲要〈试行〉通知》，明确村民自治示范村的标准是：村民直接选举村委会干部，村民参与村务决策和管理，制度健全，村民会议或者村民代表会议真正成为村民发扬民主的组织制度和民主决策的组织形式，真正做到村务公开，民主管理，群众监督。将民主选举、民主决策、民主管理、民主监督内容作为衡量村民自治示范村的标准，促进了村民代表会议制度在各地的全面实践及制度完善，并促进了村民自治章程及村规民约在村民自治中的作用，使村民委员会真正成为自我管理、自我教育、自我服务的群众性基层自治组织。

3. 村民自治实践的推进

村民自治实践的推进是在 1998 年《村组法》的修订及正式实施的基础上实现的，村民自治立法的完善为村民自治实践提供了合法化制度指引。村务公开成为当时着重解决的问题之一，各地也制定相关村务公开制度解决农村社会存在的诸多因村务不公开、缺乏村民监督导致的村务不明、干群关系紧张、村干部贪污腐败等问题，许多农村因此建立了村务公开栏。1998 年 4 月 18 日，中共中央办公厅、国务院办公厅发出《关于在农村普遍实行村务公开和民主管理制

---

① 罗平汉. 村民自治史［M］. 福州：福建人民出版社，2006：132-160.

度的通知》，推进村民自治实践向活跃农村基层民主生活、保障农民民主权益的方向发展。1998年之后，各省、自治区、直辖市逐步制定了各自的实施《村民委员会组织法》办法，党中央、国务院及党政部门也陆续颁布下发针对村民自治的规范性文件，全面推进村民自治制度的规范化、制度化。

4. 村民自治实践的深化

2010年《村组法》进一步修订完善，并于2018年进行修正。一系列相关政策性文件配套产生，各省、自治区、直辖市在各自实施《村民委员会组织法》办法的基础上，根据新修订的《村民委员会组织法》内容，重新修订地方实施办法，深化民主选举、民主决策、民主管理、民主监督的科学化、规范化、可操作性，各地方政府也积极深入指导村民自治，各省在每三年一届的村"两委"换届选举中细化选举程序，规范选举行为、和谐换届成果，同时制定相关政策性文件细化民主决策、民主管理和民主监督工作程序，加大有关村民自治的宣传力度，让村民了解村民自治的知识；让村民会议、村民代表会议、村务公开、村务监督委员会等制度化、常态化，让村民自治实践在稳定的村自治立法环境、制度环境、文化环境中进一步深化发展、落到实处。

## 第三节 广西乡村社会自治的发展历程

1980年，广西河池宜山县三岔公社合寨大队果作村（现为广西河池市宜州区屏南乡合寨村果作屯）成立了中国第一个村民委员会，是广西农民开启村民自治制度的一大创举，广西作为村民自治制度的发生地，对有关乡村社会自治的研究具有制度发生学的研究意义。广西除继承中国传统乡村自治因素外，还积累了源于地方乡村社会自治实际的自治资源，新桂系军阀统治时期在广西提出"建设广西，复兴中国"的治桂总目标，以"三自政策"（自卫、自治、自给）为指导构建乡村建设理论，实行"三位一体"的乡村治理结构，以民团制度和村街民大会制度为基础推进乡村治理运行的制度化。

合寨村①为何能成为中国村民自治第一村，广西为何能成为新中国村民自治制度的发源地，既有新中国成立后政治体制与经济体制变革的根本原因，广西特殊的地理环境和乡村治理的现实困境是直接动力，再加上新桂系军阀开展乡村建设时积累的历史资源，以及广西地方政府开放包容、积极推动的态度，让广西村民自治第一村的自治尝试得以向全国推广，并最终促进村民自治制度的法律化、规范化。

然而，广西在村民自治发展史上又完成了另一个创举，即撤销村委会、建立村公所，又称“撤委建所”，并很快辐射到全国，为中国刚起步处于探索阶段的基层政权建设提出了新的问题：村公所作为乡镇人民政府的派出机构，行使乡镇政府赋予的行政管理职能，村公所干部也由乡镇政府任命，法律规定，作为基层群众性自治组织的村民委员会有的被撤销，有的被下沉到原来的生产队，有的虽两者并存，但“两块牌子一套人马”，村民自治权利也随之被否定，中国基层民主政权建设受到挫折。从 1987 年广西开始“撤委建所”到 1996 年全国“撤所建委”，经历了近十年的时间，广西村民自治又在曲折发展中回到了村委会基层民主的轨道上，广西村民自治实践也因此从全国的首创而成为全国乡村社会自治发展速度较慢的地区。此后，广西制定《村民委员会组织法》实施办法及一系列配套规范性文件，在国家自上而下的制度指引下，探索符合民族自治区域发展实际的村民自治之路。

## 一、新桂系军阀统治时期的广西村治

新桂系作为民国时期最有影响、最有实力的地方派别之一，对近现代中国的影响很大，其中尤以其在广西统治过程中进行的“建设广西，复兴中国”治桂实践，将广西建设成为中国的模范省影响最为深远。目前，史学界对新桂系进行了较多的研究，有关新桂系及广西整体研究的成果主要有莫济杰、陈福霖

---

① 现在大多数研究认为合寨村是“村民自治第一村”，且现在的合寨村村民委员会办公大楼大门上挂着“中国第一个村民委员会”的匾额，但实际上，隶属合寨大队（现为合寨村）的果地村（现为果地屯）最先民主选举产生村委会，而后果作村（现为果作屯）才开会选举村委会，并召开村民大会，讨论并通过了由村委会事先起草的《村规民约》和《封山公约》，85 户代表都在公约上签名、盖章或按上手印，原稿现在依然保存在宜州市村民自治展示中心，这成为合寨村被确认为村民自治第一村的佐证，因为当时的河池罗城县新维村几乎与合寨村同时建立村委会并制定《村规民约》，但由于《村规民约》未能保留下来，因此没有被有关部门认证为村民自治第一村。随后，合寨大队的 12 个自然屯都先后建立了村委会，制定了各种管理制度。因此，国家民政部确认合寨村为中国村民自治第一村。

主编的《新桂系史》①，钟文典教授主编的《二十世纪三十年代的广西》②、《广西通史》（第三卷）③ 和《近代广西社会研究》④，陈勤著《地方实力派与中国区域现代化进程》⑤，这些著作都从宏观历史学的视角，对新桂系统治广西期间进行的政治、经济、军事、文化教育等广西建设内容以及乡村建设实践进行了全方位的历史考据，再现新桂系治桂的历史图景，史料丰富、内容全面，为理论研究新桂系提供了可供借鉴的丰富历史资料。但这方面的研究成果立足于历史学的宏观研究视角，注重宏大的整体历史考据，建构新桂系治桂的完整治理结构，仅将乡村建设作为其中的一部分内容进行史实层面的描述分析，缺乏新桂系乡村治理制度建构与运行层面的具体微观分析。

从新桂系乡村治理的角度进行研究的相关成果如下：杨乃良的《20 世纪 30 年代广西村治探析》⑥《民国时期新桂系村治研究》⑦，探讨以“三自政策”为基础，在广西实行“三位一体”的乡村治理制度的基本内容；谭肇毅的《20 世纪 30 年代新桂系治理乡村的模式》⑧《评三十年代新桂系的乡村建设》⑨，概括描述民团建设、文化教育、村街民大会制度、乡村经济发展等与乡村治理有关的内容，展开对新桂系乡村治理模式的总结与评价。

以上相关研究成果注重从新桂系乡村建设的制度层面出发，运用政治学与历史学跨学科研究方法，对乡村建设内容进行制度考量和评价。然而，相关研究仅停留于静态的制度分析层面，对新桂系的乡村治理进行静态制度内容的剖析，缺乏将静态乡村治理结构与动态乡村运行机制进行结合式立体考察。

那么，新桂系如何建构适宜建设广西需要的乡村治理结构，建构何种运行机制来保障乡村治理结构的良性互动，以期实现“建设广西，复兴中国”的宏图大业？

### （一）“三自政策”：新桂系广西乡村治理的理论基础

“三自政策”是 20 世纪 30 年代新桂系在广西治省的最重要的政治理论和治

---

① 莫济杰，陈福霖. 新桂系史［M］. 南宁：广西人民出版社，1991.
② 钟文典. 二十世纪三十年代的广西［M］. 南宁：广西师范大学出版社，1993.
③ 钟文典. 广西通史（第三卷）［M］. 南宁：广西人民出版社，1999.
④ 钟文典. 近代广西社会研究［M］. 南宁：广西人民出版社，1990.
⑤ 陈勤. 地方实力派与中国区域现代化进程［M］. 南宁：广西人民出版社，2002.
⑥ 杨乃良. 20 世纪 30 年代广西村治探析［J］. 学海，2005（1）：62-66.
⑦ 杨乃良. 民国时期新桂系村治研究［J］. 广西社会科学，2003（6）：155-158.
⑧ 谭肇毅. 20 世纪 30 年代新桂系治理乡村的模式［J］. 广西社会科学，2006（10）：98-102.
⑨ 谭肇毅. 评三十年代新桂系的乡村建设［J］. 学术论坛，1998（1）：97-100.

理策略，是新桂系据桂治省的指导方针和原则，当时广西的各项建设都是在“三自”理论的基础上运作的，乡村治理的实际运行也是如此，以“三自政策”为理论导向，建构符合“三自”方针的乡村治理结构和运行机制。

所谓“自卫”，“是法律上的名词，就是自己被别人侵害时，取正当防卫的意思。但这样的解释是狭义的，广义的说法，一个国家民族被别国异族侵略的时候，应该取正当防卫。现在我们所说的自卫，就是广义这方面从国家民族的立场上来说的”。① 白崇禧列举了许多古今中外国家、民族和团体因不能“自卫”而灭亡的历史教训，说明“能自卫者生存，不能自卫者灭亡”的观点，并提出实行自卫政策的具体办法便有所谓“三寓”，即“寓兵于团”“寓将于学”“寓募于征”②。这“三寓”政策主要在于稳固军事，实现防御外敌入侵的目的。

所谓“自治”，“自治是政治学上的名词，照字义解释就是自己管理自己，但此之所谓自治，是指地方自治而言。所谓地方自治，就是地方政治团体，受政府的委托，在法令许可的范围内，办理地方一切事务”。③ 新桂系在实现“自治”政策的过程中将孙中山的县级自治基层单位下移到乡、到村，以避免老百姓文化水平低、基层无组织、政令无法上传下达的局面出现。因此，广西乡村治理就在新桂系“三自政策”的“自治”框架下，成为新桂系治桂的策略重点。

所谓“自给”，“自给是经济学上一个名词，就是以我们自己的生产，来满足我们自己需要，不依靠别人的意思。不过要做到这步，是很不容易的事，而且不但广西不容易做到，就是在整个中国也很难做到”。④ 新桂系在此基础上进行了一系列的经济改革，如兴修水利、设立农民银行、限制高利贷等，励精图治、发展经济生产贸易，以实现战时广西民众的基本生活要求，并为广西政治、军事、文化各方面发展提供有力的经济基础。

### （二）“三位一体”：新桂系广西乡村治理的治理结构

“三位一体”是新桂系为健全乡村行政组织、加强对农村的控制而推行的一

---

① 白崇禧. 白健生先生论三自政策与广西建设［M/OL］. 中国国家数字图书馆官网，2016-02-25.

② 白崇禧. 白健生先生论三自政策与广西建设［M/OL］. 中国国家数字图书馆官网，2016-02-25.

③ 白崇禧. 白健生先生论三自政策与广西建设［M/OL］. 中国国家数字图书馆官网，2016-02-25.

④ 白崇禧. 白健生先生论三自政策与广西建设［M/OL］. 中国国家数字图书馆官网，2016-02-25.

种基层政治制度。即在人事上，乡（镇）长兼任中心国民基础学校校长、民团后备大队大队长，村（街）长兼任国民基础学校校长、民团后备队队长；在行政事务上，乡（镇）村（街）公所、国民基础学校、民团后备队队部三个机构合并办公，人员互助工作，办公设备互用；在工作关系上，以乡（镇）、村（街）公所为中心领导机关，运用民团的组织力量推动建设，以基础学校实施教育，以教育的力量辅助建设工作的进行，而统一于乡（镇）长、村（街）长的领导掌握之下①。全省乡村形成“政教卫合一”，“三位一体”即集军、政、学于一体。这种制度的制定和执行，极大地提高了地方行政长官的行政权力，加强了对农村的控制，同时也达到了政令能够顺利和迅速下达的效果，为新桂系进行村治奠定了制度性基础，巩固了新桂系在乡村社会的统治。新桂系在乡村社会推行“三位一体”制度后，在民国时期的广西乡村社会形成了以村公所及村长为权力中心的全新乡村治理结构。

新桂系认为，当时的乡村社会散漫，民众无组织，如同一盘散沙，而现代的国家民族，其人民如果未经组织和训练，是不能生存的。要复兴农村，就必先将民众组织起来，施以训练，乡村建设要动员民众参与，也必先对民众进行组织和训练。通过组织训练民众，实现新桂系“三自政策”的“三自理想”，即“在政治上（人民）应该能自治；经济上他们应该能自给；军事上他们应该能自卫”②。民众显然成为新桂系乡村建设中最重要、最基础的动力，是新桂系“三自理想”实现的基础性力量。但并不意味着“三自”将赋予村民绝对的“自治权利”，村民在新桂系新的户口清查、基层政权设置中，被纳入户、甲、村、乡的民团、学校、村公所建构的“三位一体”化组织体系中，在村长行政统一领导下的村级组织体系中，接受军事训练、教育培训、政治熏陶、经济动员，完成作为村级治理结构主体的“自治任务”。

### （三）民团制度、村街民大会制度：新桂系广西乡村治理的运行机制

《广西建设纲领》政治建设第三条规定：“以现行民团制度，组织民众，训练民众，养成人民自卫自治自给能力，以树立真正民主政治之基础。”民团制度成为组织动员民众、推行“三自政策”的基层政权运行机制。“‘三自政策’的实行，一定要靠民团的力量，即要用有组织、有训练的民众团体的力量，才可

① 王布衣. 震惊世界的广西农民——广西农民的创举与中国村民自治［M］. 南宁：广西人民出版社，2008：108.

② 白崇禧. 白健生先生论三自政策与广西建设［M/OL］. 中国国家数字图书馆官网，2016-02-25.

以彻底做到。在自卫方面，以民团训练方法，养成民众的军事常识与技能；在自治方面，运用民团力量去健全乡村组织；在自给方面，则运用民团组织去推动并改进一切生产事业及经济建设。”①

民团制度体现了新桂系的建设是在全面军事集权政治体系下进行的各项建设，具有强烈的政治、经济、文化、军事意味，虽然在自卫与自给方面取得了非常明显的成效，但作为政治建设的地方自治建设，最好的办法是：“第一步是由训练着手。就是在民团干部学校，训练一班村（街）长，将来派到乡村服务，再去训练民众。其次，将来每一乡村，每月举行集会一次，借集会的机会训练他们。这种办法，现在各地已在试验了。就是每村每月举行‘总理纪念周’一次，借纪念周来训练一班村中的农民。”② 因此，新桂系在“三自政策”的原则指引下，提出了建设乡村政治、经济、文化、军事，实现地方自治建设的另一运行机制——村街民大会制度。

《广西各县村（街）民大会规则》规定：“村（街）民大会出席分子，以本村（街）人民为限；村（街）人民无论男女凡年满二十岁者均得出席村（街）民大会；本村（街）国民基础学校教职员暨年满十四岁之学生与本村（街）民团后备队团兵应一律出席村（街）民大会；村（街）民大会每户至少须派年满二十岁者一人出席，村（街）民大会出席人除年未满二十岁者外，均有表决权。村（街）民大会在乡（镇）长指导下每月举行一次，以村（街）长为主席，主要职责是宣布政府法令和决议执行政令的办法，决议本村（街）‘应兴应革’的重大事项、村（街）甲长的提案，总结本村（街）工作等。村（街）民大会的另一项职能是选举村（街）长。”③

从以上史实资料可以看出，新桂系从各个方面对村街民大会制度进行了法定规范。通过村街民大会这一制度性设计赋予民众参与本村公共事务管理的权利，激发了民众参与地方自治建设的热情，进一步提高了基层政权的民主化。民众通过村街民大会实施了一定程度上的民主选举、民主决策、民主管理、民主监督等具有现今村民自治制度运行机制性质的地方自治事宜，赋予了地方自治以民主的动力。

---

① 白崇禧. 白健生先生论三自政策与广西建设［M/OL］. 中国国家数字图书馆官网，2016-2-25.

② 白崇禧. 白健生先生论三自政策与广西建设［M/OL］. 中国国家数字图书馆官网，2016-2-25.

③ 王布衣. 震惊世界的广西农民——广西农民的创举与中国村民自治［M］. 南宁：广西人民出版社，2008：110.

## 二、广西村民自治第一村的发展影响

新中国成立后，家庭联产承包责任制的产生源于安徽凤阳农民在“背花鼓走四方”的贫穷困境中不得已的冒险选择。广西第一个村民委员会的建立，也是宜山县三岔公社合寨大队果作村（现为广西河池市宜州区屏南乡合寨村果作屯）这个地处三县交界、地方治安不好、自然环境恶劣的偏远穷困少数民族山村摆脱困境、寻求发展的主动选择。因此，中国最基层群众的智慧开启了中国政治体制和经济体制的变革，老百姓朴素的求生存图发展情怀从底层开始促发改革动力，开启国家自下而上改革、自上而下发展的制度发展新路径。

为什么村民自治发源于偏远的少数民族地区广西河池宜州县合寨大队？合寨村为何能建立“中国第一个村民委员会”？合寨大队三县交界的偏远地理环境、贫瘠恶劣的自然环境、少数民族居住的闭塞人文环境等为村民自治在此发源提供了制度发生源泉和动力。刚实行“包产到户”政策后，农村的生产积极性提高了，村里的事却没人管了，生产队成了空架子，社会治安状况急剧恶化，当时整个大队的治安状况都表现为“六多一少”——赌博多、盗窃多、砍伐树林多、唱痞山歌多、放浪荡马牛多、搞封建迷信活动多，管事的人少①。老百姓在“肚子吃得饱”却无安全感的情况下，思考如何恢复基层管理组织，管理协调本村的公共事务，保护老百姓刚从分田到户政策中获得的实惠。由于人民公社的解体，生产队实际上也不存在了，原来的队长们不能再以原来的身份管理本队的事务，生产队体制明显滞后于当时社会治理实际需要，基本失去管理实效。

当时的合寨大队除了村内存在诸多治安问题，由于与三县交界，与外村甚至外县的人也时常因为一些事情产生矛盾纠纷。当时合寨大队因为离一个小型水库比较近，难免因为农田用水问题与其他大队产生矛盾，守水、用水就成了村里的大事。为了维护水库和解决村里的治安问题，1979 年 10 月 6 日，大村、新村、肯堺、乾浪 4 个村的生产队长和队干等 15 人共同商议成立了治安联防队，并在队内选举出治安联防小组的主任、副主任，虽然不是由全体村民或户代表选举产生，缺乏自治组织的成立基础，但在保护水库和保护本村居民的权益不受侵犯方面起到了重要作用。同时，为了规范村民的行为，治安联防队还组织制定了《村规民约》，虽然《村规民约》存在过激的内容，但对统一奖惩、

① 王布衣. 震惊世界的广西农民——广西农民的创举与中国村民自治［M］. 南宁：广西人民出版社，2008：33.

维护治安起到了有效规范作用。合寨人看到了治安联防大队成立后村里治安情况的改善，合寨大队的其他 8 个村也先后成立了治安联防队。而后，河池其他县也成立了类似组织，共同维护本地的社会治安稳定。

治安联防队虽然与村民委员会有一定区别，是专门针对治安问题成立的组织，相当于现在的村民委员会中的治保委员会，但也具有早期村民自治组织的性质。而后，罗城县、东兰县、环江县等地处偏远山区的村都成立了类似村民委员会的组织，虽然名称各异，但皆为维护治安建立。治安成为促使村民自治组织诞生的根源。但治安联防队的单一治安职能无法满足当时乡村社会治理的全部需要，村民意识到治安联防队还不是正式的组织，无法处理村内其他公共事务，对外也缺乏权威，要成立一定的组织才能解决现实面临的所有问题。如何建立该组织才能体现民主性和权威性呢？合寨人又开始了新的探索。

1980 年 1 月 8 日下午，果地村在村口的晒谷坪上举行了“果地村民委员会成立大会”，由 143 户户主以无记名投票方式推选村委会人员名单，推选出 5 名村委会干部，并按票数高低确定主任、副主任和委员人选，而后宣布了《果地村公约》。然而，公开报道更多的是果作村村委会的产生，果作村村头的那棵老樟树也成为中国开创村民自治制度的见证。1980 年 2 月 5 日，果作村 125 户中的 85 户代表被召集到老樟树下，投票选举出 5 名村干部。而后召开村民大会，成立村委会，并讨论通过《村规民约》和《封山公约》，每户代表都在公约上签名、盖章或者按上手印。虽然果地村和果作村曾经因为“中国村民自治第一村”的名称有所争议，但果作村的《村规民约》和《封山公约》作为原始材料被完好保存下来。因此，至今在果作村的老樟树下还立着一块“中国第一个村民委员会选举旧址”的石碑，上书：“20 世纪 80 年代初，随着家庭联产承包责任制的推行，人民公社‘三级所有，队为基础’的管理体制已不适应新形势发展的需要，合寨大队各生产队的公共事务管理一度出现涣散状态，社会问题突显，严重影响人民群众的生产生活。为管理好农村公共事务，维护社会秩序，促进生产发展，在合寨大队党支部的领导下，1980 年 2 月 5 日，共产党员韦焕能召集果作生产队 85 户村民代表在这棵 300 年的大樟树下开会，以差额选举方式产生了中国第一个村民自治组织，并命名为‘村民委员会’。”

第一个村民委员会的诞生只是草根民主为解决现实困境而进行自我创新的结果，村民自治的雏形由基层群众自发创造产生后，其制度化过程却是国家意志的产物。在合寨村的影响下，广西河池产生了全国最早的一批村民委员会，这引起了河池地方政府高度重视，调查归纳整理出有关村民自治的经验材料，层层上报，得到了中央的关注。1981 年 6 月，中共十一届六中全会通过的《关于建国以来党的若干历史问题的决议》中指出："在基层政权和基层社会生活中逐步实现人民的直接民主。" 1980年，中共十二大进一步指出："社会主义民主要扩展到政治生活、经济生活和社会生活的各个方面，发展各个企业、事业单位的民主管理，发展基层民主生活的群众自治。"在这些提倡基层民主思想的指导下，国家充分肯定了广西基层民众的伟大创举，在1982年《宪法》中赋予村民委员会基层群众性自治组织的合法地位，并通过实地调研等方式为《中华人民共和国村民委员会组织法》的制定奠定了实践基础，《中华人民共和国村民委员会组织法（试行）》的实施标志着中国村民自治制度作为基层民主政治制度被确立。

### 三、广西乡村社会自治的曲折发展

广西作为村民自治制度的发源地，提供了村民自治制度发生的土壤，但在这片土地上是否能让村民自治制度开花结果呢？广西顺利地将村民自治制度推广到全国各地，并相继创造出新的成功自治尝试。村民自治在为广西农村解决治安问题困扰的基础上发展了民主自治组织，促进了广西基层社会治理新发展，但同时广西却对村民自治的认识出现了偏差，导致了十年的停滞乃至倒退式曲折发展。因此，制度发生不能为制度发展提供所有的资源，村民自治制度在广西特殊的生存语境中发生，却面临着如何走向普适化的制度建构问题。

1987年出台了《中华人民共和国村民委员会组织法（试行）》，但这部定位于"试行"的法律并没有为村民自治的全面贯彻提供基础和动力，当时仍然存在以下两种对村民自治怀疑的观点：一种观点认为农村矛盾复杂，村民缺乏民主意识和自治能力，由村民选举村干部会加剧农村社会的矛盾；另一种观点认为乡镇失去村干部的任免权，不利于乡镇在农村开展工作，村民没能力自治，也不该让他们自治。法律的出台没有化解人们对村民自治在认识上的偏差，村民自治也未立即出现全面推进的局面，多元化的农村治理方式开始出现，有的地方还开始变通"试行"另一种形式的乡村治理策略。作为村民自治发源地的广西则率先"撤委建所"，试图探索符合广西实际的村民自治模式。

"撤委建所"衍生出一个新的基层组织——村公所，村公所作为乡镇人民政府的派出机构，取代原来的村委会管理村级事务，原来的村委会则下沉到自然村，依然实行村民自治。虽然理论界和实践领域认为广西的"村公所"是村民自治的"怪胎"，但广西对这样的制度安排却有着变通制度设计符合地方实际需要的考量。1985年11月，柳州地区融水县率先在285个自然村组建村委会的同时，把33个村委会改建为村公所作为乡镇政府的派出机构，村公所干部由乡镇政府任命并由国家发工资，村民委员会则下沉到自然村。1987年，“撤委建所”在广西全区展开，而后影响到海南、云南、江西等地①。作为村民自治发源地的广西，为何在《中华人民共和国村民委员会组织法（试行）》出台后，却做出了“撤委建所”的举措？

从村民委员会发展的源头来看，广西第一个村民委员会成立于河池宜州县合寨大队果作生产队，即果作自然村，而且广西在将果作村的经验向全区推广时，也多在生产队一级建立村委会，在生产大队仍旧保留原来的管理体制并发展到后来的“撤委建所”。这是广西在村民自治发展初期的实践表现，一些资料中也记载了广西“撤委建所”的客观原因：其一，地理环境因素。广西作为少数民族地区，多为丘陵山区的地理环境，老百姓居住分散，自然村与自然村之间往往被大山阻隔，交通非常不便，而人民公社时期广西的生产大队规模很大，每个以原大队为单位建立的村民委员会平均管辖12.6个自然村2370人②，村委会干部若想管好被大山阻隔的各个自然村，恶劣的地理环境成了最大的障碍。其二，民族心理因素。广西是多民族聚居的自治区，世居民族有壮族、汉族、瑶族、苗族、侗族、仫佬族、毛南族、回族、京族、彝族、水族、仡佬族12个，另有满族、蒙古族、朝鲜族、白族、藏族、黎族、土家族等40多个其他民族成分，壮族是广西人数最多的少数民族③。广西各民族大杂居多以自然村落为各民族聚居地，以生产大队为建制的村委会多为各民族杂居的状况，民族间差异加剧了治理的难度，自然村虽也有民族杂居的状况，但由于地处一隅，各民族间生活于同一个地域内而易于形成各民族间互相认同的熟人社会，避免了因地域阻隔和民族差异带来的行政村建制的治理困境。其三，自治习惯因素。少数民族地区教育落后，人们的文化水平低、民主意识缺乏、自治理念尚未形成，大多习惯于民族精英式的长老制或家长制治理，由多个自然村组成的村委会难以整合超越自然村范畴的多民族杂居民众的自治力量。将村委会建立在自然村，有利于避免因自然村发展不平衡导致的自治失衡，易于整合以自然村屯为单位的熟人社会中相互制约的自治要素。

广西对“撤委建所”的解释确实符合制度建设应符合地方治理需要的逻辑，将村委会下设在自然村具有顺应地缘性、血缘性等要素的合理考虑，适应了中

① 王布衣. 震惊世界的广西农民——广西农民的创举与中国村民自治［M］. 南宁：广西人民出版社，2008：133.

② 罗平汉. 村民自治史［M］. 福州：福建人民出版社，2006：118.

③ 广西壮族自治区人民政府. 广西概况［EB/OL］. 广西壮族自治区人民政府门户网站，2016-05-27.

国具有小农意识的农民长期以来形成的生产、生活习惯，村小人少情况熟，开会好召集，有事好商量，便于村民齐心协力实现对村庄的自治，这是熟人社会的熟人效应在村庄治理中的最好表现。广西的村公所策略从这一层面上来看确实具有实践的可行性和必要性，但却违背《中华人民共和国村民委员会组织法（试行）》相关规定的法理性，也引起了相关领域的激烈争论。国家层面认识到这一新创举对村民自治制度的背离后，1993 年 3 月，中共十四届二中全会通过了《关于党政机构改革的方案》，明确指出："为了减少管理层次，乡镇不再设置派出机构村公所。"广西地方层面对此也早有争论，自治区委托民政厅组织多个工作组深入全区各地、市、县、乡、村进行调研，广泛征求各级各界各阶层意见。1994 年 1 月，广西壮族自治区民政厅向自治区党委报送了《关于撤销村公所改设村民委员会的调查报告》，报告主要包括以下四方面内容：其一，关于村委会要不要进行改设的问题。对此主要有两种意见：一是主张撤销村公所改设村委会，另一种意见维持现状不变。其二，关于村委会设在哪里好。其三，撤销村公所，改设村委会，实行"一套班子一块牌子"的体制，还是暂时保留村公所，实行村委会、村公所"两块牌子一套班子"的问题。其四，关于村民小组的设置问题①。为了解决调查报告中提出的几点意见争议，1994 年 6 月，广西区民政厅选择了武鸣县作为撤销村公所、改设村委会的试点县，试点得到了社会各界的认可。然而，作为设置村公所最早的柳州地区却又强调自己的特殊情况，于 1995 年 1 月 18 日以柳地报〔1995〕1 号文件《关于柳州地区暂不开展将村公所改为村民委试点工作的请示》，向自治区提出暂不撤改的请求。文件中列举了村委会难以自治、自然村不设立党支部不利于加强党的领导、人多地广管理困难有碍于安定团结，而村公所符合柳州地区区情，有较强的行政管理能力等五条理由。自治区党委对请示提出了建议柳州地委行署应按照自治区党委的统一部署，抓好村公所改为村委会的改革试点工作。1996 年，广西全面建立和恢复村委会，全部实现"撤所改委"②。

广西在村民自治道路上诞生的村公所这一"基层政权怪胎"，最后经过曲折发展折回到村民自治发展的法制轨道，但村委会下沉到自然村是对地域性特殊乡村治理实情的回应，使得自然村成为特殊地域环境下村民自治的合理高效自治单位，这就产生了另一个值得认真思考的问题：自然村在村民自治中应该处

---

① 王布衣. 震惊世界的广西农民——广西农民的创举与中国村民自治［M］. 南宁：广西人民出版社，2008：135-136.

② 王布衣. 震惊世界的广西农民——广西农民的创举与中国村民自治［M］. 南宁：广西人民出版社，2008：137-138.

于何种地位？如何使自然村自治制度化？在随后的乡村社会治理实践中，广西又探索出了“屯事联理”自治制度，即“在100户以上的屯（自然村）建立以村民理事会为核心的自治制度，由理事会利用‘屯事联理’工作机制和自然屯的自然地缘和血缘所产生的习惯性约束力，组织协调各村民小组和村民共同办理屯级公共事务”。①自然村成为乡村治理的制度化自治单位，具体内容不在此论述，将在书中后面的章节中有具体论述。

① 陈文琼. 熟人社会背景下“屯事联理”自治制度的建构——广西百色市田阳县调查［J］. 人民论坛，2014（1）：44.

# 第二章

# 广西乡村治理的发展环境

乡村治理虽有其自主性，但并不是孤立产生及发展的，任何形式的乡村治理总是在特定的环境下运行，特别是地域性乡村治理研究离不开对地域环境的考察。所谓乡村治理发展环境，主要是指对乡村社会治理结构及运行产生影响的地理、经济、政治、法治等要素及各要素相互关联构成的宏观发展背景。

广西作为少数民族自治地区，乡村治理依托的发展环境表现出明显的地域特色，广西作为村民自治发源地，最初的发展动因是由于特殊的地域发展环境对乡村治理秩序的诉求。广西进入规范化的乡村治理发展进程中，自上而下的村民自治制度设计为广西乡村治理准备了制度基础，但由于我国多元化地域发展不平衡，广西的自然人文环境、经济环境、政治环境、法治环境表现出鲜明的民族特色，外在构成广西乡村治理的宏观发展背景，进而内化成为广西乡村治理的特殊结构构成及运行机制。

## 第一节　广西乡村治理的自然人文环境

在政治学研究领域，出现了政治学与地理学的交叉学科——政治地理学，它是研究人类社会政治现象与地理环境之间关系的一门学科，通过国家的地理特征来研究国家的政治制度①，并根据人文环境和自然环境考察各种力量之间的关系，以及地理环境对外交政策和国际关系的影响②。古希腊哲学家柏拉图对国家与其地理区域的关系进行过探讨，并在其著作《理想国》中提出了理想

① 王恩涌，王正毅，楼耀亮，等. 政治地理学——时空中的政治格局［M］. 北京：高等教育出版社，1998.

② 科恩. 地缘政治学：国际关系的地理学［M］. 严春松，译. 上海：上海社会科学院出版社，2011.

国家的模式①。孟德斯鸠也认为，法律应该和国家的自然状态有关系，与气候、土地等自然条件有关系，也与居民的宗教、性癖、财富、人口、贸易、风俗、习惯等相适应②。乡村治理作为国家基层政治制度，在地域发展不平衡的中国现实环境下，研究地方乡村治理的现状应考察其自然人文环境给乡村治理发展奠定的自然人文性格基础。广西作为少数民族自治地区，其独特的自然条件和人文环境为乡村治理的制度发展注入民族地域特色，顺应自然发展构建地域性乡村治理模式。

## 一、广西乡村治理的自然环境

乡村治理的自然环境主要是指影响乡村治理结构及运行的自然地理环境要素，主要包括气候、地形地貌、区位特征、村庄分布等。本书在对每一个自然环境要素的分析过程中，结合广西乡村发展现实，考察各个要素对广西乡村治理发展的影响。

### （一）气候环境

广西全境处于低纬度地区，北回归线横贯中部，南濒南海，西南近印度洋。夏半年深受潮湿海洋气团影响，冬半年多受大陆气团控制。其主要具有以下四个特点：其一，夏长冬短，热量丰富。年平均气温 16.3℃~22.9℃，自北向南增加。其二，降水丰沛，干湿季明显，区域差异显著。地区分布为南北多、中部少，东部多、西部少。其三，分两类季风气候区。大致以梧州—平南—来宾—都安—巴马—田林一线为界，北部为中亚热带季风区，南部为南亚热带季风区。两者差异在夏季不明显，冬季差别显著。其四，灾害性天气多，主要有旱、涝、低温阴雨、寒露风、霜冻及大风灾害天气。③

孟德斯鸠论述了法律和气候的性质的关系，认为人会因气候的差异而不同，生活在寒冷气候下的人，有较充沛的精力，性格较为直爽，较少猜疑、策略与诡计；生活在炎热温暖气候下的人，心神非常萎靡颓废，体格纤细、脆弱，但是感受性敏锐④。根据孟德斯鸠对人的性格与气候关系的论述，广西人对应的是生活在炎热温暖气候下的人的性格特征，虽然有一定的科学性，但不能以一

---

① 柏拉图. 理想国［M］. 郭斌和，张竹明，译. 北京：商务印书馆，2002.

② 孟德斯鸠. 论法的精神［M］. 张雁深，译. 北京：商务印书馆，2002：7.

③ 广西百科全书编纂委员会. 广西百科全书［M］. 北京：中国大百科全书出版社，1994：20.

④ 孟德斯鸠. 论法的精神（上册）［M］. 张雁深，译. 北京：商务印书馆，2002：229-231.

概全，广西虽为亚热带气候，但广西境内不同地区之间的气候和人的性格也会有差异，再加上少数民族特色，不同民族的人也会因民族个性的不同而存在性格差异。因此，在乡村治理的实践中，广西不同地区的人在参与乡村治理的过程中就表现出不同的态度。从广西整体气候分布情况来看，气温由南向北递减，桂南、桂北人的性格和为人处世也存在差异，气候不同饮食习惯不同。桂北人好食辣，性格中带有火辣急躁的特点；桂南、桂东、桂西由于天气炎热，爱食清淡，特别爱吃粥，性格相对较平和。这只是气候因素影响下人的不同性格表现，还会因为其他自然环境要素、经济、政治等要素的不同而表现出更多的差异。但广西人整体而言，性格相对多具温暖气候环境下的被动、敏感、温和、老实，这样的性格特征也造就了民族间互相宽容和谐的民族性格，乡村治理鲜少有因民族冲突导致治理矛盾的情况，但少数民族因生活在环境恶劣的山区，民风淳朴中不失勇武彪悍的品格，以及强烈的民族认同蕴含的深层民族性格特征等都潜在地影响着乡村治理实践。

（二）地形地貌

广西地形地貌总体是山地丘陵性盆地地貌，即盆地。主要有五个特征：其一，盆地大小相杂。西、北部为云贵高原边缘，东北为南岭山地，东南及南部是云开大山、六万大山、十万大山。盆地中部被广西弧形山脉分割，形成以柳州为中心的桂中盆地，沿广西弧形山脉前凹陷为右江、武鸣、南宁、玉林、荔浦等众多中小盆地，形成大小盆地相杂的地貌结构。其二，山系多呈弧形，层层相套。自北向南分为四列：第一列为大苗山—九万大山；第二列为大南山—天平山—凤凰山；第三列为架桥岭—大瑶山—莲花山—镇龙山—白花山—大明山—都阳山（此列亦称广西弧）；第四列为云开大山—六万大山—十万大山—大青山。其三，丘陵错综，占广西总面积的28.9%，在桂东南、桂南及桂西南连片集中。其四，平地（包括谷地、河谷平原、山前平原、三角洲及低平台山）占广西总面积的23.4%。其五，喀斯特广布，占广西总面积的37.8%，集中连片分布于桂西南、桂西北、桂中、桂东北。其发育类型之多，为世界少见①。

广西多丘陵山脉的喀斯特地形地貌对乡村治理的影响较大，乡村特别是少数民族乡村多分布于大山丘陵地带，自然环境恶劣、交通不便，不仅城市与乡村被大山阻隔，就是村与村、屯与屯之间也多被大山阻隔，这为乡村治理提出了很多地域性限制难题。居住于大山深处的村民到乡镇一趟要翻山越岭，有的

① 广西百科全书编纂委员会．广西百科全书［M］．北京：中国大百科全书出版社，1994：20.

到村委会一趟也得需要好几个小时，天然的大山屏障将村民阻隔在乡村公共事务之外，使其很难参与甚至无心关注乡村发展，即使是去乡里领救济款也是一件难事。自上而下的乡村治理方针、政策无法下达，乡镇干部下屯一次耗时耗力，难以管理到位，同时也增加了村委会组织实施村民自治的难度，村民大会难以召开，村务管理难以兼顾，只能在村委会换届选举时，适当保证各屯特别是偏远村屯人员当选村干部，而后采取分片管理的方式全面兼顾各村屯的公共事务管理。此外，大山的贫瘠也带来了经济发展和基础设施的落后，都不同程度地阻碍了村民自治在广西乡村社会的发展，广西为解决此难题发展了因地制宜的乡村社会管理创新模式，“农事村办”将乡村社会公共服务翻越大山送到山区老百姓的身边，大山的困境为广西乡村社会提供了挑战与机遇并存的发展机会。同时，广西的山地丘陵性盆地地貌使乡村社会呈现不平衡发展趋势，多元管理模式特征明显。

### （三）区位特征

广西壮族自治区位于祖国南疆，东南与广东相邻，东北与湖南接壤，北与贵州相毗，西北与云南相连，西南与越南交界，南濒北部湾，是全国 5 个少数民族自治区中唯一的沿海边境少数民族自治区。它背靠大西南，面向东南亚，是中国东、西部地区的接合部，是西南和华南的一个重要交通枢纽。从全国的经济战略布局来看，广西属于东部地区，联结着中国东、中、西三个经济地带；从经济发展状况看，它又属于西部待开发地区，有着丰富的自然资源①。

区位特征反映地区的地理位置以及与外部的联系状况，表明地区通过地域获取资源的可能性及对内对外发展的能力，为本地区的乡村治理提供经济发展和资源获取基础，乡村所处区位也反映了乡村社会发展的方向。

广西的沿海、沿边特点和北部湾经济带发展背景，使沿海地区的乡村社会更具开放性，并处于发展的有利经济地位，此地域范围内的乡村经济水平相对较高，获取资源的方式更丰富，不仅可以获取本地丰富的自然资源，还可通过发达的海上贸易获取外部资源。乡村居民在频繁的对外交往中，自主意识增强，乡村治理中的自治意识相比落后山区的村民更强，因此在乡村治理模式中，越靠近沿海沿边和交通枢纽的村庄，城市文化影响更深，现代化村民自治管理模式更强；越靠近内陆山区的村庄，受城市文化和外来文化的影响较小，除外出打工者外，多深居简出，特别是少数民族聚居村落，受传统村落文化影响较深，在治理方式和治理观念上多倾向于传统权威和习俗的乡村治理模式。

---

① 广西百科全书编纂委员会. 广西百科全书［M］. 北京：中国大百科全书出版社，1994：1.

### （四）村庄分布

广西以农业发展为主，复杂的地理条件决定了广西村庄独特的发展状况，自然地形地貌是影响广西村庄规模及空间分布的重要因素。全区西部与北部山地多，中部与南部平地多，村庄分布密度总体表现为东密西疏。村庄分布零散、交通不便，本身就不丰富的土地资源被大山分割成小块状结构，村庄规模较小，资源整合较难。直至2010年年底，全区自然村共182 863个，其中200人以下的村庄共86 318个，约占总量的47%，该分布情况制约了政府对于村庄的服务设施供给①。同时，广西交通沿线的村庄、非城镇郊区的村庄、大型村庄、农业产业化较低的村庄“空心化”程度较高②。

广西村庄分布零散、规模较小、“空心化”程度较高、城镇化发展较快的特征，给乡村治理带来了以下两个影响：

第一，村庄分布零散、规模较小，难以整合村庄发展资源，形成规模经济，特别是西部山区村庄，多采用以家庭为单位的农业生产方式，受传统生产方式和居住观念影响较大，难以整合乡村社会治理资源，自上而下的政府公共服务政策难以在乡村社会高效推行。在广西大多数乡村社会特别是规模较小的山区少数民族聚居乡村社会，“熟人社会”的人际关系依然保留，人情、面子、习俗等内生社会治理机制依然是乡村社会治理的内生力量。但村庄的分散在某种意义上也会打破“熟人社会”的地域性束缚，自然村成为乡村社会治理的基本单元被突显，村民小组也成为新的治理力量在发挥着不可替代的影响作用。

第二，乡村社会的“空心化”，造成人口外流情况严重，乡村治理缺乏有知识的青年人才，乡村社会管理落后，缺乏村民自治制度有效运行的人力资源环境，同时会产生一系列的乡村社会管理新问题，如空巢老人、留守儿童、农村土地流转等。

## 二、广西乡村治理的人文环境

乡村治理的人文环境主要是指影响乡村治理结构及运行的人义环境要素，与自然环境刚好相反，不是人类活动依靠的天然周围环境，而是人在社会活动中相互作用形成的非自然社会环境。广西影响乡村社会治理最直接的人文要素是传统农业文化、多民族聚居的民族风情、民族宗教信仰、民俗习惯等，形成

---

① 冀晶娟，尹旭红，邓春凤，孙昌盛，张慎娟．新时期广西村庄集聚模式及策略［J］．生态经济，2014（11）：131.

② 黄国勇．广西村庄变迁研究［J］．农业经济，2015（10）：44.

了广西乡村治理结构及运行机制中独特的民族基因与民族发展动力。

## （一）传统农业文化

中国幅员辽阔、居住分散的地理环境造就了以小农经济为主体的自给自足的稳定自然经济，绝大多数人口的相互隔绝、封闭的居住方式和生产生活模式，以家庭为本位的农本社会自然形成，在此血缘关系范围内延伸发展的家族、村落、乡里等形成了乡土社会特有的血缘性社会文化，即中国传统农业文化。中国传统农业文化体系包括以血缘关系为基础的自发产生的伦理规范和礼俗体系，家庭、家族、村落、乡里等不仅是自发的社会单位，更是一种强有力的文化规范和行为调节体系，传统农业文化在乡村治理中发挥着成熟和持久稳定的内在影响作用。村民自治制度作为一个在自身经验基础上由政府自上而下推行的外来制度，与乡村社会文化的契合度决定了村民自治制度的运行效果①。

广西作为少数民族自治地区，农村社会在家庭联产承包责任制的新型经济体制下依然在生产方式上保留着以家庭为基本组织生产单位的小农经济模式，特别是地处边远山区的少数民族聚居村落，因山区阻隔、交通不便导致的居住分散、相互隔绝，形成封闭的自给自足的生产生活格局。家庭、家族、村落等以血缘、地缘为基础的群体关系网络，以及在此网络范围内自发形成的家法族规、民族习惯等行为规范体系，对村落居民依然具有强烈的规范作用。村民们在季节性农忙时期，会以家庭、家族为单位进行生产互助合作，农闲时家庭、家族范围内的聚会或妇女间在家务劳动上的轮流协作，重大节日或红白喜事时的互相帮忙等都延伸着传统农业文化亲属血缘范围内的互助性规范功能，构成更大地缘范围内的团结协作。然而，广西传统农业文化蕴含的分散化乡村治理特点，使得农村自治资源难以有效整合，国家主导型的乡村治理格局在村民自治制度框架下形成，国家作为一个超越各个村庄之上的集中权力对分散的村庄公共事务进行统一规划、组织与管理，国家为村庄发展提供外在的制度保证和资源供应，村庄传统农业文化则辅助性或主导性地在建构村民共同价值观念的基础上维持村落的有序治理。

## （二）多民族聚居的民族风情

广西壮族自治区是以壮族为主体的少数民族自治区，也是全国少数民族人口最多的省（自治区）。广西是多民族聚居的自治区，境内主要聚居有壮族、汉

---

① 赵一红．中国村民自治制度实施中的传统农业文化与政治结构分析［J］．中国社会科学院研究生学报，2009（4）：85-87.

族、瑶族、苗族、侗族、仫佬族、毛南族、回族、京族、彝族、水族和仡佬族12个民族。广西少数民族人口约占全国少数民族人口总数的五分之一，是全国31个省、自治区、直辖市中少数民族人口数量最多的省区①。2013年末，广西常住人口中有少数民族人口2004万，其中壮族人口1698万，分别占自治区常住人口的42.5%和35.98%。1958年3月5日，国务院批准成立广西壮族自治区②。按照《中华人民共和国宪法》和《中华人民共和国民族区域自治法》的规定，从1951年8月起，先后成立了龙胜、金秀、融水、三江、隆林、都安、巴马、富川、罗城、环江、大化、恭城12个县级民族自治地方。另外，还在少数民族人口较少的其他地区建立了59个民族乡③。

多民族聚居也为广西带来了丰富的民族文化和奇特多样的民族风情，广西各民族流传至今的各种民歌为广西赢得“歌海”之称。此外，各民族还有壮剧、师公戏、侗戏、苗剧、毛南剧等少数民族戏剧，还有桂剧、彩调剧、邕剧、牛娘戏、桂南采茶戏、粤剧、文场、桂林渔鼓等地方戏剧和曲艺。音乐、舞蹈品类繁多，各具特色如扁担舞、铜鼓舞、多耶、芦笙舞等富有民族特色和地方风采④。广西的民族文艺在民族的土壤上生长、发展，融入了各民族的心理特征，是民族认同的共同表达方式。这些灿烂的民族文化在丰富少数民族民众精神生活的同时，也为少数民族乡村的社会治理提供了具有内聚力和高度认同性的表现形式，在现实的乡村社会治理实践中，许多生动村庄闲暇时光的民族艺术承担了宣传村民自治制度的载体，其传承者多半具有传统权威的身份，在传承民族艺术的过程中同时承担乡村治理的管理者或辅助者的作用，有的农村还建立了专门的民族艺术团体，在对外艺术交流和对内艺术认同的共同作用下，艺术团体的组织化促进了乡村社会治理中自治意识的深化。

广西各少数民族还有式样繁多的民族服饰，食品制作奇特且别有风味，如壮族和仫佬族的“五色糯米饭”、侗族和瑶族的“打油茶”等，还有简朴实用的特色居住建筑，如壮族的“干栏”式建筑、侗族的木楼、苗族的“吊脚楼”等。广西的民族传统节日也较多，如壮族的三月三、瑶族的盘王节、苗族的苗

---

① 广西壮族自治区人民政府. 广西概况［EB/OL］. 广西壮族自治区人民政府门户网站，2016-2-27.

② 广西壮族自治区民政厅. 民族［EB/OL］. 广西壮族自治区人民政府门户网站，2016-8-2.

③ 广西百科全书编纂委员会. 广西百科全书［M］. 北京：中国大百科全书出版社，1994：4.

④ 广西百科全书编纂委员会. 广西百科全书［M］. 北京：中国大百科全书出版社，1994：3.

年节、侗族的冬节、仫佬族的依饭节等。2014 年 1 月 7 日，自治区第十二届人民政府第 23 次常务会议审议通过《广西壮族自治区少数民族习惯节日放假办法》，确定“壮族三月三”是本自治区少数民族习惯节日，本自治区内全体公民放假 2 天。富有少数民族特色的服饰、饮食、建筑等增强了民族认同，是民族凝聚力的象征，少数民族习惯节日让老百姓欢聚一堂的同时，村委会可利用节日团聚的机会，推行民主自治理念，解决乡村社会矛盾和治理问题，乡镇干部也可利用传统节日里老百姓愉悦的朴素心理，推进乡村社会治理问题的解决和相关政策的下达，有的还在传统节日上门提供公共服务，为村民解决实际的问题。

少数民族风情不仅是一个民族历史传统的印记和传承，也可以成为民族地区乡村社会发展新的治理资源，通过这些传统民族资源，激发老百姓的心理认同，将传统民族要素注入现代乡村自治管理体系，提高村民自治制度在民族地区乡村治理的地方适应性，建构适应民族地方实际的乡村治理体系。

### （三）原始民族宗教信仰

广西少数民族大多生活于偏远贫困的山区，很多民族没有自己的文字，一些民族依然保留原始宗教信仰，并且具有非常重要的社会化功能。原始宗教是在民族发展过程中自发产生的，由于生产力低下，人们无法认识和战胜大自然的威力，自然而然产生对与自己生产和生活息息相关的自然现象的敬畏之情，日益形成对日月、山河、土地、石头、雷电、风雨、水火、动物、植物等的自然崇拜，将自己的命运和精神寄托于这些自然现象，以期得到眷顾，从而实现生活的美好和命运的改变。除了自然崇拜，还包括生殖崇拜、图腾崇拜和祖先崇拜等。

广西的少数民族基本信奉多神，原始宗教信仰成为与人们日常生活息息相关的一种精神寄托，让人们在共同的信仰中获得对民族身份的认同。原始宗教信仰还成就了原始宗教领袖在信众中的神圣权威地位，这些原始宗教领袖往往被称为“道公”“师公”“巫师”等，他们负责主持本村寨范围内有着共同原始宗教信仰信众的婚丧嫁娶、消灾祈福等仪式，受到人们虔诚的膜拜和信服。这样的原始宗教领袖身份延伸到乡村治理中，有的原始宗教领袖本身就是民间社会组织的首领，如瑶族的石牌制，是大瑶山历史上为了保护生命和财产的安全，维护社会秩序而建立的具有自卫自治性质的法律制度和社会组织，它是一种民族习惯法，因其法律条文被刻在石碑上或抄写在木板上而得名。广西历史上的苗族村寨都有石牌，石牌有一个民族支系的，也有跨民族支系的，有一村或数村的小石牌，也有几十个村的大石牌，还有包括整个大瑶山瑶族的总石牌。每个石牌都有自己的头人，其中有一种就是由宗教的师公和道公转变而来①。这些由原始宗教领袖转变成为少数民族村寨社会管理领袖的传统权威人物依然在现代的乡村治理实践中发挥着权威管理者的角色，有的通过民主选举成为村干部，有的主动协助村干部管理村级公共事务，是乡村治理结构中的传统权威治理主体，原始宗教信仰的凝聚力也成为乡村治理运行机制中的重要组成部分。

（四）民族习惯法

广西灿烂多彩的少数民族文化孕育了形式多样、内容丰富的少数民族习惯法。由于广西许多少数民族没有形成文字，习惯法大多口耳相传流传下来，成为少数民族地区人们世代沿袭的行为习惯。主要包括以下四种：一是禁忌习惯法，如食物禁忌、两性禁忌、生活和社交禁忌；二是社会组织习惯法，主要有苗族的埋岩制度、瑶族的“石牌制”和“油锅制度”、侗族的“合款”组织、京族的“翁村”组织；三是生产习惯法，主要有生产和环境保护习惯法；四是婚姻家庭习惯法，主要有定亲、迎亲、离婚、再婚、丧葬等习惯法。民族习惯法在民族发展历史中已内化为少数民族地区群众的思维逻辑和行为习惯，相对于外在生成的法律而言，扎根于少数民族土壤生长和发育，在某种意义上已成为一种信仰体系，具有根深蒂固的精神指引作用。

民族习惯法依然在少数民族地区社会治理中发挥着不可替代的作用，许多民间传统领袖依然运用民族习惯法处理本社会组织内部的矛盾纠纷，村干部在处理村级矛盾时也会依靠民族习惯法或民间权威的威信平息争端，法院在调解纠纷时，也会在法律允许的范围内，邀请德高望重的民间传统权威协助调解，并适用民族习惯法解决实际纷争。民族习惯法除了解决社会矛盾纠纷，还潜在地建构着有序的乡村社会治理环境，如环境保护习惯法约束村民的乱砍滥伐行为；家庭婚姻习惯法使夫妻婆媳关系和谐；禁忌习惯法让村民怀着畏惧的心理遵守自然法则。在村民自治制度环境中，民族习惯法与村民自治制度契合性发展的方式是，将民族习惯法融入村规民约的制度内容，激发村民内在的传统行为习惯，实现村庄在内部约束机制运行下的有序治理。

---

① 覃乃昌. 广西世居民族［M］. 南宁：广西民族出版社，2004：82.

## 第二节 广西乡村治理的经济环境

“经济基础决定上层建筑”的马克思主义政治经济学原理已然成为社会科学领域的恒定原理，经济要素成为分析政治社会发展的基本要素，两者在社会科学研究中呈现正向的发展逻辑。乡村治理作为政治社会研究的一个领域，经济的基础性作用与村民自治的发展在呈现正向发展关系的基础上，也因乡村治理的多向发展影响，两者呈现多种关系形式：第一种关系形式是经济发展有利于促进村民选举和自治政策的落实；第二种关系形式是经济欠发达并不阻碍村委会选举和村民自治的良性发展；第三种关系形式是发达经济中的强势精英治理可能阻碍村民选举和自治政策的落实。目前，农村经济市场化是乡村治理的基础，市场化推动了农村社会主体的分化、社会结构的分层、社会利益的多元化，客观上改变着乡村社会的治理环境。

对一个地区的乡村治理进行区域性研究的基础是考察该区域范围内的经济环境对乡村治理的实际影响。广西作为我国唯一的沿海少数民族地区，经济发展具有开放性和封闭性并存的特色，广西境内的区域经济分工明显，区域经济发展状况成为影响木区域内乡村治理的重要变量，村庄本身拥有的经济资源也是重要的乡村治理影响因素，但少数民族传统发展特色又致使经济发展无法成为影响乡村治理的唯一变量。经济布局为乡村社会治理提供区域性发展环境，经济结构影响乡村治理结构，经济资源影响村民对乡村事务的关注及乡村治理模式。

### 一、经济结构

广西经济发展“十三五”规划形成三区统筹发展的新格局，即“沿海地区以北部湾经济区为重点，沿江地区以珠江—西江经济带和桂林国际旅游胜地为重点，沿边地区以左右江革命老区和沿边经济带为重点，统筹推进江海边特色发展、差异化发展、协调发展”①，构建沿海沿江沿边三区统筹发展新格局，并结合地区发展实际，整体规划 14 个设区市的经济发展战略重点。

处于不同经济格局内的乡村也面临不同的发展机遇，表现出不同的乡村治

---

① 广西日报. 广西壮族自治区国民经济和社会发展第十三个五年规划纲要［EB/OL］. 广西新闻网，2016-12-18.

理特色，但不能以经济布局为基础，建构区域内的乡村发展的统一模式，各乡村治理影响因素还包括诸多方面，因此必须在具体进行个案研究时，结合个案实际概括总结。

广西农村经济发展以农业为主，主要发展农林牧渔业。2015 年，广西农业农村经济发展表现为农林牧渔业增加值稳定，即种植业生产形势较好、林业生产增长较快、畜牧业生产低速增长、渔业生产总体平稳①。广西历来有“七山二水一分田”的说法，对于山林资源的利用是乡村社会尤其是山区农村发展的主要出路，围绕立体化山林种植业，广西许多山区农村正在进行大胆尝试，一些农业生产合作社，甚至农业生产合作企业应运而生。在发展壮大特色县域经济的基础上，提倡结合农村实际发展“一村一品”的经济发展模式，在农村经济规模化发展的基础上成立新型农民经济合作组织，通过农村经济组织的发展提高村民的民主参与意识，促进村民自治进程的加快。

## 二、经济资源

广西农村特别是山区农村的经济资源匮乏，人均耕地数量较少，属于资源稀缺型地区。根据国务院开展第二次全国土地调查的决定，广西于 2007 年 7 月起全面开展第二次土地调查。全区第二次土地调查于 2010 年底完成。从人均耕地来看，全区人均耕地 1.31 亩，较 1996 年第一次土地调查时的人均耕地 1.44 亩有所下降，低于 2009 年全国人均耕地 1.52 亩的水平，不到世界人均水平的 40%②。依靠山地和水域发展农村经济是广西农村经济发展的主要出口。

经济资源的种类影响乡村治理模式，广西山地农业无法发展大规模的农业经济，由于分散的村屯和不太便利的交通，致使乡村治理更多地依靠小型分散化家庭作坊式农业的“熟人社会”。从经济资源作为进行乡村治理的重要凭借资源来看，村庄占有或能开发的经济资源的数量直接决定村民参与村级事务的热情。由于广西缺少经济发展所依赖的自然、物质及人力资源，缺少优势自然条件，乡村经济资源的数量较少，农村集体经济发展落后。当前农村基础设施建设资金主要来源于政府的项目拨款、少数社会捐赠或村民筹资筹劳，集体经济无法支撑农村公共事务的有效运行。失去共同利益驱动的村民对村级事务参与程度不高，大多对乡村事务无主动关心的兴趣，即使关注度较高，有的也是在

① 广西日报. 2015 年广西农业农村经济发展情况分析［R/OL］. 广西新闻网，2016-12-18.

② 中华人民共和国国土资源部. 广西第二次土地调查结果公布［R/OL］. 中华人民共和国国土资源部官网，2016-12-18.

有限的经济利益的驱使下，为了个人或家庭、家族的经济利益而试图掌握村庄公共权力，村庄共同体日益瓦解，村民自治难以推动。在经济资源有限的环境下，内生的经济精英较难产生，外生的经济精英在乡村治理中就能发挥重要的影响作用，往往只要经济精英有兴趣，即可成为乡村治理的权力结构主体，为乡村治理提供丰富的外来资源，但这种外来资源在无法带动内在经济资源发展的情况下，无法实现村庄经济资源的常态化增长，甚至还可能产生部分经济精英对村庄的不良控制。同时，随着城市化进程的加快，广西农村农民工流动频繁，农村“空心化”问题严重，村庄内经济资源缺乏内生动力，极大地削弱了乡村治理所依赖的经济基础。

## 第三节　广西乡村治理的政治环境

张静认为，从政治社会学的立场看，基层秩序仅仅由“经济致富”并不能得到保证。因而需要把基层政权作为一个重要的政治分析单位来认识基层社会的冲突和秩序问题①。因此，政治环境成为研究乡村治理的基本分析单位，村民自治作为自上而下的政治制度设计，本身就是政治环境的一部分，在中央以法确立村民自治权利的基础上，地方政府对乡村治理采取何种态度、如何定位政府在乡村治理中的地位等都成为地方乡村治理的政治环境要素。广西作为少数民族自治地区，民族区域自治为广西乡村治理构建了特殊的政治环境，民族区域自治制度为村民自治制度的发展提供了“自治”理念指导和实践探索。

### 一、民族区域自治制度

民族区域自治制度和基层群众自治制度都是我国的基本政治制度，村民自治制度作为基层群众自治制度的直接民主制度建构，与民族区域自治制度的结合不紧密，民族区域自治制度在乡村社会的贯彻和实施中存在缺失，两者在各自的权力范畴内运行，没有实现实践层面的交集。但两者是否存在互动的可能，民族区域自治制度能够为乡村治理提供何种治理基础？

民族区域自治制度能够为乡村治理提供的首要治理基础是建构统一且多元化的自治理念。广西作为“老、少、边、山、穷”的少数民族自治地区，少数民族乡村社会在长期的发展过程中形成“大杂居、小聚居”的生活结构，在少

① 张静. 基层政权——乡村制度诸问题［M］. 杭州：浙江人民出版社，2000：3.

数民族聚居的农村地区，一个行政村中往往有数个少数民族杂居在一起，自然村与自然村之间的民族差异明显，各民族原子化、分散化的发展特点凝聚了熟人社会式的自治传统，而这些自治传统多带有因自然地域阻隔和民族文化传统差异的封闭性，建立在自然村一级的民族认同与行政村的乡村治理单位设计之间存在民族传统治理习惯与国家乡村单位治理规定之间的冲突，自然村一级的民族治理习惯在积累丰富民族精英式自治管理经验的同时，为行政村范围内整合自治资源设置了自治传统认同障碍，更难以形成广西区域范围内的村民自治文化传统。

《中华人民共和国民族区域自治法》以国家法律的形式建构统一且富有特色的自治理念。该法在确立各少数民族聚居的地方实行区域自治，设立自治机关，行使自治权的基础上，明确保障民族自治地方根据本地实际情况管理本民族内部事务的权力，民族区域自治法保障的是同一性自治权基础上的民族特色性自治权力。这样的民族区域自治理念既符合我国民族区域发展不均衡的多样性特点，也符合因“大杂居、小聚居”导致的多元自主性自治传统文化逻辑。该逻辑延伸到村民自治理念建构中，即在尊重以民族认同维系的自然村一级的自治传统习惯的基础上，在村民自治制度框架内建构各民族自治平等协作的乡村自治理念。

广西虽然至今未建立本民族自治区的自治条例，但却制定了 12 个县的自治条例，为广西民族聚居乡村社会的自治提供了符合本地区发展实际需要的自治权保障，各县的自治条例明确了自治县范围内居住民族的平等自治权，为保留各民族的自治传统和互相尊重各自的自治传统提供了法律依据，民族区域自治制度将自治理念法治化从而成为乡村治理的基础。

此外，民族区域自治制度还在经济、文化、社会发展等各方面为乡村治理提供了发展的必要物质基础和稳定的社会环境。《中华人民共和国民族区域自治法》要求民族自治地方的自治机关根据本地方的情况，在不违背宪法和法律的原则下，有权采取特殊政策和灵活措施，加速民族自治地方经济、文化建设事业的发展。广西 12 个县的自治条例也分别对自治县的经济建设、社会事业等进行了专章规定。民族区域自治制度的实行，使不同民族地区能够利用制度优势，因地制宜地发展地方经济，为民族村落治理提供物质基础。同时，民族区域自治制度提倡的民族团结、民族文化保护等都为民族乡村治理提供了稳定的民族情绪和民族传统文化支撑。

### 二、政治结构

对乡村政治结构的重构是我国实行村民自治制度的改革关键。我国的《村民委员会组织法》明确了乡村社会的政治结构为地方政府与村民委员会之间建立指导、支持和帮助关系。乡村社会在长期的国家控制性发展中走向自主管理的去政治化自治发展治理模式，政府的行政权从农村基层缩回到乡镇一级政府，家庭联产承包责任制释放了农村的经济活力，并改变了政治结构，农村社会开始实现自组织发展。广西作为村民自治制度的发源地，由于民族自治地区民族因素及民族聚居村落落后经济发展现实对村民自治的影响，乡村治理在自上而下村民自治制度的政策指导下实现了制度层面的自治，但实践层面的自治无法摆脱经济束缚及村民自治素质低下、政府主导发展的桎梏，民族自治传统与村民自治现实脱节严重，无法激发乡村治理的内在自治热情。

乡村治理发展的政治结构中农村政治单位为行政村管理层级的村民委员会，而实行家庭联产承包责任制后，乡村集体经济的直接管理单位为自然村的村民小组，并非村民委员会所在的行政村这一管理层级，村民委员会的经济管理职能弱化，也无法直接控制自然村一级的集体经济，再加上民族地区农村经济发展滞后，无法维持村民委员会的日常运转，村民委员会除了在地方政府微弱的财政支持下维持农村社会最基本的公共管理外，很难有所作为。经济结构与政治结构的脱节，导致乡村治理失去了经济结构的合理支撑，政治结构面临合理性危机。广西部分地方政府探索自然村在乡村治理中的基本政治单位作用，百色市田阳县的“屯事联理”激发了自然村在乡村社会治理中的基础性作用，有利于进一步探索各少数民族根据不同民族组成不同自然村的“小聚居”分布特征对乡村治理结构的重新建构。民族自然村成为乡村治理的“最基层”政治结构，有利于运用民族自治传统要素和自然村集体经济资源发展村民自治，突破地方政府因经济支援带来的主导性发展支配作用，建构广西民族自治地区的民族传统自治要素与现代村民自治要素间契合性政治结构，建立符合广西民族自治地区实际发展需要的乡村治理政治环境。

## 第四节　广西乡村治理的法治环境

随着农村经济市场化机制的运行，伴随市场经济而生的法治成为农村社会发展的根本路径选择。农村市场化变革带来农村社会利益的变化调整和重新组合，新的农村利益关系逐步形成，由此产生新的利益冲突和矛盾，农村基层社会不稳定因素增多。村民自治制度作为国家自上而下主导推动的中国特色的乡村社会治理模式，为适应农村经济市场化的要求，法治成为村民自治制度的必然选择，构建法治化乡村治理制度体系、推行法治化基层治理文化是实现乡村治理法治化的路径方法。

## 一、法治化乡村治理制度体系

广西村民自治第一村果作村的《村规民约》和《封山公约》从起源上表现了广西村民自治的法治化特点。从广西村民自治的法治化发展轨迹来看，由于1987—1996年十年间的“撤委建所”经历背离了村民自治法治化的宗旨，广西直到1996年才正式组织了第一届村“两委”选举，随后每三年的村“两委”换届选举工作依法依规举行。2001年，广西在1998年《村组法》的基础上出台了《广西壮族自治区实施〈中华人民共和国村民委员会组织法〉办法》（以下简称2001年广西《村组法》实施办法），并于2002年根据该文件举行了广西全区第三届村“两委”选举，民主选举开始沿着法治化道路前行，民主决策、民主管理、民主监督也在法治化的轨道上探索前进。

为了适应2010年《村组法》的新规定，2013年广西壮族自治区第十二届人民代表大会常务委员会第六次会议修订通过《广西壮族自治区实施〈中华人民共和国村民委员会组织法〉办法》（以下简称2013年广西《村组法》实施办法），并专门制定《广西壮族自治区村民委员会选举办法》，广西乡村“四大民主”的法治化实现了立法保证。

2013年广西《村组法》实施办法分为总则，村民委员会、村民小组的组成和职责、村民会议和村民代表会议、民主管理与民主监督、责任追究、附则，共6章39条，结合广西少数民族自治地区的实际情况，做出了具有地方特色的内容修改。

选举是社会主义民主在乡村社会最广泛的实践形式之一，为了做好2014年广西第七届村委会选举工作，保障农村村民实行自治、发展农村基层民主、维护村民合法权益，根据2010年《村组法》第十五条第五款村民委员会“具体选举办法由省、自治区、直辖市的人民代表大会常务委员会规定”的授权，以及民政部2013年制定的《村民委员会选举规程》，将2013年广西《村组法》实施办法中有关村委会选举的内容剥离出来，根据修订后的2010年《村组法》制定《广西壮族自治区村民委员会选举办法》（以下简称《广西村委会选举办法》），使《广西村委会选举办法》成为2014年第七届村委会换届选举工作的直接依据，与2013年广西《村组法》实施办法共同建构广西乡村社会治理法治化的地方立法体系。

《广西村委会选举办法》共八章内容，对选举工作机构、参加选举的村民登记、候选人产生、选举程序、辞职、职务终止、罢免和补选、法律责任等进行立法规范，以此保证作为村民自治基础的民主选举的合法性。

2013年广西《村组法》实施办法和《广西村委会选举办法》作为广西地方法规，成为广西乡村社会自治法治化发展的实践依据，其法治化发展道路还体现在广西乡村社会自治在民主选举、民主决策、民主管理、民主监督等方面的合法性运行表现。至2014年，广西已规范开展了七届村“两委”换届选举工作，民主选举的法治化模式已基本形成，民主决策、民主管理、民主监督有待进一步建构法治化运行机制。但随着国家法律和广西地方法规的完善，村民会议和村民代表会议在发挥民主决策上逐步规范化和常态化，体现为民主管理的村务公开制度一直是国家和地方确立乡村社会自治法治化的重点。2003年，广西壮族自治区党委办公厅和广西壮族自治区人民政府办公厅联合发布《广西壮族自治区村务公开实施办法》：2004年，中共中央办公厅和国务院办公厅联合发布《关于健全和完善村务公开和民主管理制度的意见》，至此，广西村务公开制度基本确立，民主管理法治化初显成效。2013年广西《村组法》实施办法新增有关村务监督委员会的内容，广西壮族自治区2014年村（社区）“两委”换届选举工作领导小组发布《关于规范村务监督委员会推选办法的通知》，推进了广西乡村社会自治中民主监督的法治化进程。

## 二、法治化基层治理文化

2014年《中共广西壮族自治区委员会关于贯彻落实党的十八届四中全会精神全面推进广西法治建设的意见》中明确要求“推进基层治理法治化”。首先，明确村民自治章程作为村级宪法的法治化保障，制定、修改村民自治章程，将村级事务纳入法治化、制度化、规范化管理轨道；其次，通过开展民主法治示范村创建活动，推进乡村法治的示范性创建功能；再次，发挥村规民约、优良民族习俗和道德传统等传统法治要素在现代乡村社会治理中的规范管理作用；最后，建立基层法治工作机制，推广基层法治干部担任“法治村长”，形成自上而下补充、完善基层法治人员、机构和基础设施的法治工作机制。由此，逐步通过深化法制宣传教育等方式，结合民族边境地区特点，培养乡村社会干部、民众的法治意识，依法治村，促进传统乡村自治理念和自治方式在法治语境下与村民自治的契合性治理作用。

2014年《中共广西壮族自治区委员会关于贯彻落实党的十八届四中全会精神全面推进广西法治建设的意见》中强调“建设具有广西特点的社会主义法治文化”。“广泛开展群众性法治文化活动，鼓励和支持在法治文化艺术作品中植入少数民族语言、方言、民歌、地方戏剧等民族文化元素，推动具有广西特点的法治文化精品力作不断涌现。把民族文化与法治文化结合起来，利用民族民间文化活动，开展法制宣传教育，建设法治文化长廊，支持业余民族法治文化演出，扶持民族法治文化作品出版发行，形成具有广西民族特点、符合时代要求的法治文化。”① 伴随着广西特色基层法治文化的建设性发展，将法治文化的形成与农村社会治理的具体问题结合起来，在进行法制宣传时适当增加村民委员组织法的相关内容，同时将“三农”问题中突出的法律问题“送法下乡”，增强村民的法律意识和法治观念，将乡村法治文化与乡村传统农业文化相结合，注重乡村法治的民间文化资源利用，建构促进乡村社会有序治理的具有民间社会亲和力的乡村法治文化体系。

---

① 广西日报. 中共广西壮族自治区委员会关于贯彻落实党的十八届四中全会精神全面推进广西法治建设的意见［A/OL］. 中国共产党新闻网，2016-12-20.

# 第三章

# 广西民族地区乡村治理的体制内权力主体

立足于国家行政区划层面，乡村治理主要包括乡镇行政区划范围内的乡镇、行政村、自然村在内的三个层级，并包括在此层级范围内的党政组织、村级组织及其他乡村主体之间围绕公共权力资源配置建构的多元治理关系。乡村治理主体就是参与村庄公共权力资源配置的组织、群体与个人。随着乡村社会“多中心”治理模式的逐渐形成，国家、社会、个人三个层面的乡村治理主体在村民自治制度的基础上，由于占有制度资源的程度不同，有的治理主体被制度纳入村民自治体制设计内部，成为法律明确保障的先在的和内在的参与主体，拥有丰富的乡村治理政治资源，在乡村治理活动中占据绝对的优势主体地位。体制内主体的特点就是掌握了村庄治理的正式权力资源，其权力的合法性来源于国家自上而下制定的村民自治制度，通过制度设计和村民选举式认同实现对村庄公共事务的管理，在维持乡村秩序和满足村庄公共需求的过程中得到村民的内生性认可和承认。

体制内主体就是占据乡村社会主要政治资源的治理主体，依据村委会组织法和相关政策规定成为乡村公共事务的决策者、管理者和执行者，分为体制内组织和体制内个人两大类。依据广西区域范围内的乡村治理实际，体制内组织主要包括乡镇政权、村党组织、村民委员会、村民会议、村民代表会议、村务监督委员会、村民小组、村级专门委员会；体制内个人主要包括乡镇干部、村干部、村民代表、村务监督委员、村民小组长。体制内主体的自治定位、态度、行为以及由此产生的对村庄治理的实际作用都直接影响到乡村治理的绩效，是乡村治理的决定性影响要素。

## 第一节　乡村治理体制内组织主体

所谓乡村治理体制内组织主体，是指在乡村社会治理制度内部，享有治理权力、履行治理职能的社会群体，该群体组织化的特征表现为具有共同的治理乡村社会的目标和固定组成人员及机构构成。由于分散化小农的生产经营模式不利于整合乡村治理资源，农村作为治理个体无法独立完成乡村社会的有序治理和村民自治的实现。中国共产党的组织化力量在农村社会的成功实践，自上而下的村民自治制度设计引入组织主体作为乡村治理的主导，在乡镇政权治理主体和乡村政党性组织主体的共同领导和指导下，发挥乡村社会治理中各体制内组织主体的主动性、协作性，完成乡村社会的有序治理。

## 一、乡镇政权

乡镇政权指乡镇的正式权力组织体系，即党委、人大和政府三大班子，乡镇党委居于核心领导地位，乡镇人大是基层地方国家权力机关，乡镇政府是在党委领导下人大的执行机关，本书将三者结合统称“乡镇政权”作为乡村治理体制内主体进行研究，主要有以下三个原因：

第一，乡镇权力一体化。乡镇党委在乡镇权力结构中居于领导核心地位，在实际的乡镇治理体制中，乡镇人大主席和乡镇长都是党委成员，受作为乡镇第一把手的乡镇党委书记的领导，乡镇权力集中。

第二，乡镇政权结构职能不清。首先，乡镇人大地位虚置。在法定的乡镇政权结构中，乡镇人大是最基层的地方国家权力机关，但在基层治理实践中，乡镇人大的法定地位没有得到体现，必须在乡镇党委的领导下工作，由于人大工作中对“党的领导”的强调，党委的领导弱化了人人对党委的法定监督作用，而且乡镇人大在领导权、经费的取得与日常工作的开展等方面都必须依赖党政权力体系。其次，乡镇党政职能重合。依照我国宪法规定，乡镇政府是乡镇人大的执行机关和国家基层行政机关，是乡镇行政管理的具体实施者。然而，在实际的乡镇政权关系中，乡镇党委成为最主要的决策者，领导着乡镇的一切事务，乡镇政府成为乡镇党委的执行机构。

第三，乡镇职能部门职责界限不清。乡镇是我国国家政权的最末端，由于“压力型体制”的政权运行模式，上级政府设置的职能部门在乡镇一级都会相对应设立下属部门，导致乡镇职能部门多、人员少，有的职能部门间只能实行交叉任职，职责界限并不明显，对所辖农村的公共管理多为任务式，各职能部门有各自需要完成的上级指标，但“上面千条线，下面一根针”的工作现实，将乡镇各职能部门融为了“一根针”，共同合作治理更基层的农村社会。

因此，对于乡镇直接治理对象的农村而言，乡镇政权是一体的，老百姓对乡镇政权三大班子的区分并没有清楚认识，他们认为都是“政府”。本书基于乡镇政权在乡村治理中的职能重合实际和老百姓的常识性认识，将乡镇党委、乡镇人大、乡镇政府一体化为乡村治理体制内主体研究乡镇政权在乡村治理中的主体性表现。

（一）乡镇政权的现实执政环境

国家发展重点转向农村社会后，乡镇政权的执政条件和社会环境发生了根本变化，由于我国社会的非均衡发展，地方乡镇政权处于不同的现实执政环境，广西作为欠发达的西部民族地区，区域范围内的乡镇政权处在的现实执政环境具有以下三种特征。

1. 执政基础较薄弱

广西受自然条件、区位优势、资源禀赋等内在因素的影响，经济发展相对经济发达地区而言较落后，大多数乡镇在取消农业税后，不能向下“汲取”，也无法在资源匮乏的本地发展经济创收，国家对农民生产生活的政策性扶持也被分散化到各个农民手里，乡镇政权没有合法理由整合分散的国家政策性扶持资金，造成乡镇财政力量薄弱，经济发展缺乏规模化发展机会。有的地域条件好的乡镇，也是“农民富、乡镇穷”，乡镇政权无力承担为乡村社会提供公共服务的职责，在老百姓心里，乡镇政权就是一个“盖章政府”，除了一些证明材料需要乡镇盖章确认或上面划拨扶贫款需要到乡镇领取，老百姓很少能得到乡镇的“照顾”，就是乡村之间的关系也因乡镇的“悬浮型政权”特质而疏离，乡镇政权的执政基础薄弱，执政能力在经济发展能力欠缺的环境下不断式微。

2. 执政环境复杂化

随着农村税费改革、乡镇体制改革、城乡一体化发展、农地产权制度变革等国家对农村相关政策的调整，国家政策的调整导致农村社会关系复杂化，原有的利益格局被打破，新的利益矛盾凸显，乡镇政权处于各利益冲突的交汇点，执政环境复杂化。复杂的执政环境要求乡镇政权具备合理处理利益矛盾、公平分配社会资源的能力，但乡镇政权在内在发展局促、外在制度挤压、服务能力有限的执政条件下，很难突破现有的执政环境限制，实现乡镇政权在有限权力条件下的服务职能建构。

3. 乡镇政权的执政功能弱化

随着国家对农村政策的宽松，乡镇政权对村一级的调控能力逐渐减弱，相对贫困落后的广西，由于地方综合经济实力不强，除国家财政转移农村发展的支农惠农政策外，地方政府对农村社会公共事务发展的支持能力较低。处于国家行政权力最末端的乡镇，“权小、财弱”，导致乡镇政权缺乏足够的施政能力，一直未能成为一级完备的政府，乡镇各职能部门的主要任务就是完成对口上级部门下达的各项“指标”和“任务”，弱化了乡镇政权满足乡村社会实际需要的公共服务功能。① 乡镇一级责任大、压力大，县级政府的问责机制太过繁重，笔者调研广西某乡时，一位乡镇干部反映，国家本来对乡镇一级只规定了 3 项问责项目——计生、安全生产、基础设施，但县级政府下达的问责项目却高达 22 项，每年都必须进行考核、评估，再加上乡镇各部门人手少、工作多，素质高的人才都不愿到乡镇来工作，好不容易来了大学生，工作时间不长就会被县政府抽调上去，但又无法及时补充人员，导致乡镇政府部门人员空缺严重，所有人都为了应付上级考核而疲于奔命。

乡镇功能弱化在乡镇政权的双重选择两难的挤压中不断深化，一方面，国家政策要求乡镇向服务型政权转型，为农村提供有效公共服务；另一方面，乡镇出于自身利益的考虑，形成体制上的惰性，忽视对农村发展的实际服务功能，而是唯上级的考评马首是瞻。

### （二）乡镇政权对乡村治理的职能性主导

广西作为西部少数民族自治地区，先天的自然资源匮乏导致后天经济发展不足，除少数城中村、城郊村外，传统农业型村庄基本没有集体经济，即使是农民富裕的村落，村庄因家庭联产承包责任制的实施失去了村庄公共经济发展资源，村民自治发展缺乏经济基础，村庄公共服务职能弱化，村民自治依靠乡镇政权自上而下推动。“强乡弱村”是传统农业型村庄，特别是居于偏远山区少数民族聚居村落的村民自治现状，乡镇政权在现有法律框架下，发挥着对村民自治弱化导致的村庄权力分散和资源匮乏的整合作用。乡镇政权在乡村治理中的主导性地位表现为职能性的，在法定职责范围内管理乡村治理范围内的公共事务。主要在以下两个方面发挥其职能性主导作用。

#### 1. 对乡村民主选举的职能性主导

民主选举是实现村民自治的基础，在乡镇政权的主导下，基本实现常态化、规范化。民主选举实施状态良好的一个主要原因是国家政权自上而下的定期规范指导，民主选举成为上级政权考核下级政权绩效的一个主要指标，作为国家政权末梢的乡镇政权则在这种职能性主导下，有组织地指导乡村民主选举。

广西在 2011 年顺利完成第六届村“两委”换届选举，与此前的第五届村“两委”换届选举一样，在自治区党委组织部和民政厅的统一领导部署下，编制

① 郑风田，李明. 新农村建设视角下中国基层县乡村治理结构［J］. 中国人民大学学报，2006（5）：131.

换届选举工作手册，将有关村民民主选举的政策性文件和换届选举工作程序编入工作手册，实行层层发放、层层宣传动员，上下联动、互相监督，以实时层层上报报表的形式完成每一阶段的选举工作任务。选举所需要的经费也是由国家财政统一按选民人数划拨。乡镇干部按片负责几个村的选举工作，指导村选举委员会规范开展选举。广西作为少数民族自治区，各民族杂居情况较多，一个村居住着好几个民族，甚至一个民族的好几个支系，如果一个村落中各民族的人数相近且互相为了各自利益只选本族人时，可能会因票数分散而导致选举失败。选举失败的直接影响则是乡镇选举工作绩效的考核是否合格的问题，为解决此问题，广西许多管辖民族杂居村落的乡镇，采取按民族合理分配村干名额的策略引导选举，在村民间达成共识，保证选举的顺利完成，各民族利益兼顾的选举结果也有利于今后村内工作的开展。

国家对农村民主选举的自上而下职能性指导定位，保证了民主选举的有序常态化发展，但由于政府在民主选举的主导性地位，村庄选民的参与具有被动接受动员的特点，缺乏内在民主参与意识，有的甚至认为选举是浪费自己的农忙时间，外出劳动力基本不会放弃工作时间而回乡参加选举，村庄民主选举更像是乡镇干部、村庄精英为了各自的目的活跃的舞台，真正的主角——村民却无意参与，国家政权职能性取代村民自治性，农村民主选举没有在形式化的自治开端中走向真正的自治实践。

2. 对乡村公共事务管理的职能性主导

广西农村多保留农业型生产模式，少数民族人口多居住在偏远山区，农业发展依然落后，村庄集体经济薄弱，基本没有自我生产村内公共产品的能力，也无力建设村庄日常生产、生活所需要的公共基础设施，村庄公共功能缺失。免除农业税后，国家减轻了农村的负担，却难以在短时间内改变村庄公共职能弱化的现状。随着国家整体经济实力的强大，“三农”问题成为国家政策关注的重点，一系列支农惠农政策出台，乡镇成为国家农村政策的直接实施者，其职能是直接向农村社会提供公共服务并实行对乡村公共事务的管理。财政能力弱小的乡镇本身是无力承担农村公共服务责任的，国家对农村的政策性财政转移支持，为乡镇发展农村公共事务提供了物质条件，但如何发展对乡村公共事务的管理完全取决于乡镇政权的职能性主导。既然是职能就一定附带有行政化考核的约束，特别是本来应该由乡村自主发展的公共事务却成为国家自上而下统一部署实施的行政任务，乡村公共事务在国家政权的职能性主导下成为行政命令式的运动，失去了村民自治的延续性生命力。

2013 年 10 月，《农业部办公厅关于开展“美丽乡村”创建活动的意见》，落实生态农村、美丽乡村建设；2015 年，中央一号文件强调，“美丽家园”新农村建设迈出新步伐。广西壮族自治区党委、政府决定，从 2013 年起，用将近两年的时间在全区广泛开展“美丽广西·清洁乡村”活动。通过两年的集中整治，使全区乡村环境卫生面貌有一个明显的改变，再经过五年多持续不懈努力，使全区在实现全面建成小康社会奋斗目标的同时，乡村环境面貌有一个根本性的改变。“美丽广西·清洁乡村”活动开展三年以来，农村环境面貌确实有了明显改善，各村都新增了垃圾桶等环卫设施，县乡统一安排处理农村的生活垃圾，有的村庄还聘请环卫员打扫村庄卫生并清理垃圾。在新农村建设中，增加环境保护的元素，在房屋设计中改变过去壮族干栏式建筑中人畜不分的房屋结构，实行人畜分离的村庄布局设计：村里垃圾堆积如山的鱼塘被清理干净、每家每户都装上了自来水、河流被清淤等。村民默默看着这样的变化，村庄外的乡镇政权、国家机关、企事业单位等成为这场活动的参与者，除派专人驻村指导外，还以单位对口承包的方式负责村里的卫生清洁，每周一次或每周几次单位工作人员拿着扫帚，开着车下乡扫地，乡镇更是活动的前沿阵地，乡镇干部几乎全部忙于活动的各种事务，当然重要的是有数据、有表格，还要随时做好准备接受上面的检查。村庄清洁了、干部累惨了、村民茫然了，活动确实改善了人居环境，改良了田园生态，改造了水源质量，但依然是国家自上而下的运动式推进，乡镇政权在行政约束下主导开展，当活动一结束，没有了报表、数据、检查，村庄不知道该走向何处。其中最主要的原因是，村庄事务的主角——村民被边缘化，甚至被定位为被服务的对象，而没有从根本上让他们成为活动的主要实施者，许多村没有集体经济，请不起清洁工，光靠单位开着车拉人过来照个相扫了就走，成了局外人的村民只能被动接受并可能产生政府做表面功夫的感觉，更缺少对活动本身深远意义的认同。

现今由于乡镇政权缺乏全面的乡村公共服务能力，却担负着推动乡村经济社会发展的重要职责，特别是财政能力较弱，乡镇政权不可能事无巨细地管理所有的乡村事务，在“压力型体制”下，只能优先选择上面有硬性考核任务的工作，职能性主导乡村社会的治理，无法形成常态化、制度化的乡村治理模式。

### （三）乡镇政权在乡村治理中的合理发展

乡镇政权作为国家权力与基层农村社会的衔接点，随着多主体、多中心乡村社会结构的确立，乡镇政权不再是唯一的乡村治理主体和权力中心，但依然是乡村治理不可缺少的治理主体。在新的乡村社会治理环境下，乡镇政权出现调控手段弱化、治理功能退化等问题，如何实现乡镇政权的合理发展是解决以上问题的关键。

1. 发挥驻村干部在乡村关系中的纽带作用

乡镇向各村派出基层党政官员直接参加村级治理，成为乡镇管理和指导村务的主要方式，驻村干部由乡镇党委、政府和各站所的工作人员组成，通常负责数个村的村务治理，主要工作是督促各村按时完成乡镇交办的各项任务。村民自治制度确立乡镇与村的指导关系，并随着农业税被取消，乡镇与农村社会关系日益疏远，应改变驻村干部“任务型驻村”的现状，建立常态驻村机制，让驻村干部成为乡村关系中的实际纽带。首先，驻村干部要参与日常的村务管理，参加村里召开的重要会议，与村干部沟通一致，使村庄发展与政府规划相互衔接；其次，注意日常与村民的直接接触，了解村民的想法；最后，注重为村庄提供所需的公共服务，发展公益事业，为村务服务。

2. 提高乡镇政权的日常化治理功能

乡镇政权功能弱化的主要原因是其公共服务职能被大量的考核工作所替代，乡镇干部每天疲于奔命的是向上报送各种表格，到村里贴标语、挂各种牌子、建活动室、做宣传等，为了应付上级检查时有东西可看，做材料成为工作的重点，公共服务被挤压忽视。乡镇政权服务型体制建立的关键是提高其日常化治理功能，主要途径应该是改变任务式、考核式工作机制，建立乡镇政权的服务式工作机制，考核标准去形式化，应重点加入群众考核干部的方式。每个乡镇应立足于本地域发展实际，创新社会管理模式，建立真正为群众办实事的制度，避免挂牌后被搁置的制度浪费。广西百色市近年来全面探索乡村社会管理创新机制，“农事村办”就是在距离乡镇政府比较远，群众往来办事不方便的村，或群众居住比较集中的中心自然屯设立“农事村办”服务站，为群众开展生产、文化、卫生、法律、政务、党员“六大服务”①。制度的常态化、实效化可以化解乡镇政权因现实机制转型导致的功能弱化，实现乡镇治理功能的日常化和维护乡村社会的长期秩序。

3. 实现乡镇政权乡村治理策略的长期性

乡镇政权的“权小、责大、财弱”的尴尬困境，使得其职能性主导转向明显，多采取选择性治理策略，乡镇政权日常多侧重于上级政府要求完成的或对自己有利、有影响的工作。维稳一直是中央高度重视的工作，因此也成为基层政府工作的重点，目前信访是维稳工作中最难解决的问题，许多乡镇重点安排

① 郑作广. 农村基层党建工作创新的一大亮点——广西田阳县“农事村办”工作制度的调查［J］. 桂海论丛，2008（1）：25.

专人专职维稳，为了不让本乡镇人员越级上访，一些老信访户则被重点盯防，一旦发现越级上访后及时派人劝离带回，而这样的盯防多带有随机突发性，让专职人员疲于奔命，但信访“一票否决制”的压力让乡镇不得不选择性坚持。乡镇政权治理策略的选择化极大地耗费了乡镇的治理资源，导致其他更重要的服务职责被搁置，改变这种压力型现状的出路在于实现乡镇政权乡村治理策略的长期性，建立长效治理机制。广西百色市田林县创新开展的“农情乡解”工作机制，是指在全县范围内，构建以县（区）“农情乡解”服务中心为龙头，以乡（镇）服务中心、村服务站为基础，以屯级服务点和信息服务户为触角的五级信访联动服务网络体系。信访工作制度化，有利于及时化解矛盾，确保了矛盾不出村、不出乡、不出县，有效地维护了社会的稳定和长治久安。

## 二、村党组织

村党组织作为中国共产党在农村的基层组织，发挥领导核心作用，行使法律赋予的领导和支持村民委员会行使职权的权力。在人民公社时期“一元化”的单中心农村治理模式中，村党组织是绝对的权力主体，村支书也是村庄必然的“掌门人”。由于受党的领导传统的影响，村党支部书记主导村治的乡村治理模式依然是我国目前乡村治理中的一种基本模式。村党支部与村委会的根本区别在于，村党支部的权力来源于党组织内部，村委会的权力来源于全体村民。村民自治制度打破了党领导农村的单中心权力结构，也引发了以下问题：目前村党组织面临何种发展困境？村党组织在乡村治理中如何定位？这些问题在广西民族欠发达地区发展的语境中会表现出不同的区域化特点。

### （一）村党组织面临的发展困境

在广西民族欠发达地区的农村社会，自然资源匮乏引发民主自治观念不足，村党组织作为农村传统政治资源掌握者，依然处于乡村治理的主导地位，但同时也遭遇自身发展迟缓、外在自治制度冲击的双重压力，发展面临新困境。

1. 村党组织自身发展不足

由于农村社会结构变化，人口流动频繁，乡村社会封闭的生活状态被打破，党组织的影响力出现弱化，除了有外在社会发展要素的影响，最根本的是村党支部自身发育不协调，党员新生力量培养出现断层或利益化趋向，党的思想凝聚功能不足，党组织的领导能力不足。

第一，党组织内部结构发展不合理。在广西民族欠发达地区的农村社会，农村经济发展滞后，发家致富是农民最主要的人生追求，同时随着党组织在农村社会影响力的弱化，党员身份认同在普通农民心中失去了原有的权威效用，当前农村社会的党员年龄、性别结构严重失衡。老年党员多，青年党员少；老党员多，新党员少；男党员多，女党员少或没有，有的农村连续好几年都没有发展新党员，党员文化素质低，知识结构老化，接受新事物的能力较弱。由于村干部的报酬低，农村中具有一定文化水平和能力的年轻人大都外出务工，农村党组织无法吸收这部分农村青年优秀人才，党员新生力量培养出现断层。

第二，党组织的思想凝聚力不足。随着农村社会政治经济体制的变革，农民个体化意识明显增强，党组织的高度意识形态化整合能力弱化。一方面，党组织对党员的思想凝聚力弱化。以家庭联产承包责任制为主，实行双层经营体制，赋予了农民极大的生产自主权，人们的就业方式和社会生活方式发生了新的变化，农村党员处在这样的环境中，对党组织的依赖性明显降低，党员身份认同不足。另一方面，党组织对普通村民的思想凝聚力弱化。随着农民生产经营的相对独立，经营方式和社会生活分散，从一定程度上弱化了农民对党组织的依赖。物质化利益追求削弱了党组织的思想凝聚力，党组织的思想动员作用也因个体化小农的结构转型而在原子化村庄中面临着一定的挑战。

第三，党组织的领导能力不足。“谁有能力带领我们致富，我们就服谁”，这是笔者在广西农村调研时老百姓说得最多的一句话，也反映了农民心里最真实的想法和期待。模范带头作用已不再是单一的行政命令式动员，而是能带来村庄和村民实际经济收益的发展指引作用，社会服务功能和经济发展功能成为新的衡量村级党组织领导能力的指标。广西的农村一般缺乏经济发展的自然优势，由于人力资源的流失，年龄结构和能力结构严重不足的党组织结构无法在资源匮乏的农村社会开拓新的发展机会，不能走出传统僵化的思维模式，结合本地实际制定正确的发展规划，带领村民致富，全面推进农村社会经济发展。由于村集体经济的不足，党组织的公共服务能力缺乏，村级党组织领导核心作用有待提升。

2. 村党组织与外部关系的不协调

村党组织作为农村社会内在法定的领导主体，与乡镇政权、村委会、村民之间的关系直接决定了村党组织在农村社会发展中的合理定位，合理的村党组织与其他乡村治理主体关系，有助于建构促进乡村社会发展的乡村治理结构。随着农村社会经济的发展和农村社会政策的转变，乡村社会结构从单一主体模式向多元主体模式转型，乡村社会关系复杂化，村党组织的核心领导面临乡村多元利益化结构的挑战，但是乡村多元参与主体间并不是平行与对等的地位，村党组织在坚持和加强核心领导地位的同时，要提高乡村多元主体的自主发展能力。

第一，村党组织与乡镇政权关系的不协调。村党组织作为农村基层党组织，在党的组织范围内受乡镇党委的领导，《中国共产党农村基层组织工作条例》规定，乡镇党委的主要职责是加强乡镇党委自身建设和以党支部为核心的村级组织建设；村党组织的主要职责是贯彻执行党的路线方针政策和上级党组织及本村党员大会的决议。村党组织除接受乡镇的领导外，在贯彻组织意图的基础上应当以领导本村发展为主要的组织发展目标，领导村民自治的有序开展。然而，村党组织在组织系统的绝对领导下，容易忽视村庄自治发展利益，其日常工作就是为了完成乡镇交给的各项任务，对相关方针政策的贯彻也大多是被动接受和盲目传达，未结合本村实际提高方针政策的现实作用。对于乡镇政权而言，由于村党支部直接受其领导，容易以自上而下要求完成任务的方式开展工作，村庄利益在行政化指标中被忽视。集体经济薄弱的广西农村社会发展主要依靠乡镇政权的主导性推动，村党支部书记作为党领导农村社会发展的传统政治精英，依然是广西大部分农村的实际领导者，党的领导核心地位与村委会的自治实践在村民自治制度不断发展完善中面临不协调的挑战。

第二，村党组织与村委会关系的不协调。《中国共产党农村基层组织工作条例》规定，村党组织的主要职责是领导和推进村级民主选举、民主决策、民主管理、民主监督，支持和保障村民依法开展自治活动；领导村民委员会、村集体经济组织和共青团、妇代会、民兵等群众组织，支持和保证这些组织依照国家法律法规及各自章程充分行使职权；搞好本村的社会主义精神文明建设和社会治安、计划生育工作。村党组织与村委会的法定关系是在支持和保障村民开展自治活动、直接行使民主权利的范围内实现领导与被领导关系。然而，由于村党组织在乡村社会发展中的绝对权威传统，村民自治制度的产生被认为是弱化了党组织的权威传统，村两委关系的协调成为村民自治制度有序发展的关键。广西农村村干部报酬低的现实，致使村两委关系多处于相对平衡或一头独大的非竞争状态。在相对平衡的关系状态中，由于村庄资源的匮乏，对村两委而言无利益激励，村两委缺乏主动承担其职权范围内职能的积极性，都疲于应付乡镇下达的各项任务，因无利益可争而处于相对平衡的关系状态。另一种村两委关系则表现为一头独大的非竞争状态，村级治理延续村支书的权威传统，村委会成为村民自治制度的形式机构而已，实际不掌握村庄发展的自治权；或者在村民自治制度的推动下，村党支部被彻底自治边缘化，村委会独掌自治大权，村两委在一头独大的村庄权力格局下，由一方绝对控制村庄权力，无法形成相互间的制衡发展关系。此外，还存在因个人、家族、利益等要素导致村主任和村支书产生矛盾，并将这种矛盾延伸到村两委的工作当中，形成村两委的矛盾冲突，严重影响村庄公共事务的和谐开展。

第三，村党组织与村民关系的不协调。农村党员的发展困境及党组织在农村社会治理中的功能不协调成为村党组织与村民关系不协调的主要影响因素，利益化选择趋向使党员村民的身份认同力下降，农村党员发展陷入新的困境。党随着村党组织在乡村社会治理中组织能力的降低，行政命令式组织习惯对村民失去原有的约束作用，村民自治的制度挤压也弱化了村党组织的一体化治理格局。广西目前由于政治资源的缺失、集体经济不足，许多村级党组织严重疲软涣散，村民对村党组织的信任度随之降低，有的村党组织只停留在完成上级任务上，缺乏提供村庄公共服务的能力，而村民的务实性评价标准使得村党组织无法满足村民的致富发展要求，村支书即使在传统权威的习惯思维下，依然保持较高的权威，但这只是停留在基本的村民情感层面，村民更深层次的物质追求无法通过村党组织获取，村党组织如何在政治发展的领导者基础上实现在经济建设中的引领作用，是化解与乡村内结构不协调关系的关键。

### （二）村党组织在乡村治理中的功能定位

新时期农村社会转型过程中，农村基层党组织原有功能的实现空间随着农村社会经济的发展而逐渐缩小，应转变村党组织功能以适应农村社会发展的实际需要。农村基层党组织从革命时期到新中国成立后的计划经济时期，在单一的农村治理结构中，依靠思想政治工作实现行政化控制功能：改革开放后村民自治制度的实行，多元农村社会治理结构要求农村基层党组织功能实现从“行政化”向“政党化”的转变①，单一的思想政治手段应与服务引导群众相结合。党的十八大提出，加强基层服务型党组织建设，充分发挥推动发展、服务群众、凝聚人心、促进和谐的作用，而农村基层党组织的领导核心功能是其他功能发挥作用的根本。这是党在新时期根据农村社会发展新情况对基层党组织提出的新的功能定位，也是农村基层党组织克服困境的路径选择。

#### 1. 领导核心功能

《中国共产党农村基层组织工作条例》对农村基层党组织的地位和功能作了界定，即“乡镇党的委员会和村党支部是党在农村的基层组织，是党在农村全部工作和战斗力的基础，是乡镇、村各种组织和各项工作的领导核心”。《中国共产党党章》第五章第三十三条指出，“街道、乡镇党的基层委员会和村、社区

---

① 杨雅涵，殷焕举. 近年来农村基层党组织功能研究综述［J］. 科学社会主义，2010（5）：80.

党组织，领导本地区的工作，支持和保证行政组织、经济组织和群众自治组织充分行使职权。”党的纲领性文件对基层党组织在组织体系内的功能地位进行了明确界定，农村基层党组织不论是在革命战争年代还是在社会主义建设时期，都发挥了重要作用，受到了农民的真心拥护，并且成为农村各种组织和各项工作的领导核心①。农村基层党组织这种领导核心功能延伸到村民自治制度后的新时期，体现其在乡村治理结构中的主导地位。然而，2010 年《村组法》对村党组织的领导核心功能进行了全新法理界定，在确定多元治理主体法定地位的基础上，明确“中国共产党在农村的基层组织，按照中国共产党章程进行工作，发挥领导核心作用，领导和支持村民委员会行使职权；依照宪法和法律，支持和保障村民开展自治活动、直接行使民主权利”。因此，农村基层党组织的核心领导功能在农村社会治理层面上应保持一定的权力边界，在组织原则范围内依法发挥领导核心功能。

2. 推动发展功能②

《中国共产党农村基层组织工作条例》明确了村党支部在经济建设、精神文明建设方面的推动发展功能。首先，在推动发展农村经济建设方面，村党支部应坚持以经济建设为中心，深化农村改革，发展农村经济，增加农民收入，减轻农民负担，提高农民生活水平；应领导制定本地经济发展规划，组织、动员各方面力量保证规划实施，调整完善本地产业结构，实现本地农村经济可持续发展，推动农村发展内生动力。如 2016 年中央一号文件中提出“大力发展休闲农业和乡村旅游”，村党组织的推动发展功能应结合本村绿水青山、田园风光、乡土文化等资源，指导本地村民建设一村一品、一村一景、一村一韵的魅力村庄，确立村党组织在推动发展村庄经济建设中的引领作用，避免发展经济过程中偏离村庄实际情况的不良经济发展规划。其次，在推动发展农村精神文明建设方面，村党支部应当制定社会主义精神文明建设规划，保证社会主义物质文明建设和精神文明建设协调发展，促进农村经济和社会的全面进步。党一直是通过思想教育手段实现其领导作用，新时期应进一步加强和改善党对“三农”工作的领导，深化农村精神文明建设。2016 年中央一号文件要求“深入开展中国特色社会主义和中国梦宣传教育，加强农村思想道德建设，大力培育和弘扬社会主义核心价值观，增强农民的国家意识、法治意识、社会责任意识，加强

① 吴梅芳，周建庆. 农村基层党组织的主要功能与实现路径［J］. 求实，2010（4）：26.

② 王志国. 新形势下农村基层党组织的功能定位与实现路径的探析［J］. 中共福建省委党校学报，2010（34）：22-23.

诚信教育，倡导契约精神、科学精神，提高农民文明素质和农村社会文明程度”。农村基层党组织的推动发展功能应立足于农村社会发展的内外部条件，挖掘农村社会的本土经济资源、文化资源和社会资源，制定农村社会发展的总体规划，发动其他治理主体的积极性，在农村多元治理主体的互动发展中，实现党组织的推动发展功能。

3. 服务群众功能

“以服务群众、做群众工作为主要任务，加强基层服务型党组织建设”是十八大报告对全面提高党的建设科学化水平提出的创新基层党建工作要求，如何正确处理“领导”与“服务”的关系，是正确有效发挥“服务群众功能”的关键。“服务群众”的功能指向客体是“群众”，满足服务范围内群众的实际需求，是提供服务的农村基层党组织在转变党组织工作机制中应确立的目标。2014 年，中共中央办公厅发布《关于加强基层服务型党组织建设的意见》，认为建设基层服务型党组织，要坚持服务改革、服务发展、服务民生、服务群众、服务党员。其中，“服务群众”就是自觉践行党的根本宗旨和群众路线，既认真倾听群众意见，维护群众利益，按照群众的需求和意愿提供服务，又充分运用民主协商、耐心说服和典型示范等方法教育引导群众，团结带领群众共同创造幸福美好生活。在此基础上，广西制定《广西壮族自治区关于加强基层服务型党组织建设的实施意见》，要求突出服务群众，建立完善听取群众意见、解决群众矛盾、维护群众利益的工作机制，发挥好群众说事室、党代表工作室、党群活动中心等机构的功能作用，创新网格化服务载体，畅通民意表达渠道，改进服务群众、做群众工作的方式方法，根据群众需求和意愿提供精细化服务，维护好群众利益。结合农村发展实际，要求农村基层党组织要重点围绕推动农村科学发展、培养新型农民、带领农民致富、密切联系群众、维护农村稳定、“美丽广西”乡村建设等搞好服务。“农事村办”和“一办三中心”成为广西建立农村服务体系和服务机制的典型工作机制建构，结合实际设立农事服务站、服务点、服务户，构建覆盖县、乡、村、屯、户的五级服务网络，搭建集党务、政务和社会事务于一体的服务群众综合平台①。

广西农村基层党组织服务群众的工作机制建构，结合广西农村分布分散化和边远山区的地理特征，送服务下乡到群众身边，通过深入村屯的服务机制建构，推动服务群众常态化，便于为群众提供精细化服务。该工作机制在发挥服

① 中共广西壮族自治区委员会办公厅. 广西壮族自治区关于加强基层服务型党组织建设的实施意见［A/OL］. 中国共产党新闻网，2016-12-20.

务群众功能的基础上，同步实现党的政治功能与社会功能，在自上而下的服务组织机制建立中，发挥农村基层党组织的实际服务群众功能，实践化党的服务群众理念，深化党的社会工具性特征，通过服务进一步达到凝聚人心的组织建设功能。

4. 凝聚人心功能

通过思想指导实现凝聚人心，是中国共产党在革命战争时期和新中国成立初期国家建设中的成功实践成果。新时期社会发展伴随多元化社会结构的产生，党的单一革命动员式思想堡垒被分解，随着社会结构的复杂化和社会利益的多元化，人们的认识突破单一思想认知的束缚，在各自的利益范畴内确立新的认知选择，凝聚人心成为重构村民对农村基层党组织思想认同的关键。

实际上凝聚农村社会人心的路径在于为农民提供实际有效的服务，除建构服务群众的服务机制外，加强思想舆论宣传是凝聚人心的另一路径选择。宣传引导、统一思想，是党一贯以来贯彻实施的思想动员路线，新时期应结合农村社会现有的社会资源，建立基层服务型党组织典型，充分运用报纸、广播、电视、互联网、远程教育站点等各类媒体，采用群众喜闻乐见的方式①，宣传党的方针政策及先进基层党组织的典型做法，在提供实际服务的基础上将宣传落到实处，让群众在接受服务的过程中提高对党的思想认同，实现凝聚人心的功能。而凝聚人心的功能发挥中科学发展农村党员也是力量的源泉，农村党员个人魅力型的思想引领作用逐渐被法理型权威诉求所取代，知识结构、发展能力、对外认知、法治意识等都成为新时代党员发展的标准，通过具有新时代标准的党员典型引领，促进群众对党的积极认识，实现党员模范带头凝聚人心的功能。

5. 促进和谐功能

伴随农村社会发展而来的是农村社会关系利益的复杂化和社会矛盾的凸显，城乡一体化建设引发新的农村社会矛盾，农村各利益主体在不均衡发展状态下为争夺农村社会资源不断发生冲突，"三农"问题进入新的不和谐状态，村党组织作为乡村社会的领导核心，应正确面对农村问题复杂化的现状，积极发挥促进农村社会和谐的功能。

首先，通过党的思想动员能力，整合各农村利益主体的利益诉求，培养集体主义意识，化解个人主义主导引发的矛盾冲突；其次，通过党的服务机制建构，解决因农村资源匮乏导致的利益争夺，结合国家支农惠农政策为村民提供

① 中共广西壮族自治区委员会办公厅. 广西壮族自治区关于加强基层服务型党组织建设的实施意见［A/OL］. 中国共产党新闻网，2016-12-20.

发展所需的资源，并结合服务建立矛盾化解机制；最后，将党内民主协商机制引入乡村治理，引导群众通过正确的途径表达利益诉求，以民主平等的方式处理村民之间的利益关系，提高协调和处理农村社会矛盾的能力。

广西在提高村级党支部领导核心作用上，大多通过选举有能力、有威信的能人来担任村党支部书记的方式来实现，也有通过创新党组织形式来提高领导力的案例。广西隆林县平班镇肖村成立了桂黔跨省区域管肖板坝联合党支部，两个村中间隔着一个平班水库，根据当地人的说法，两省是以河的中间为界的，两边以是否过界来确定各自所管辖的事务，经常出现各类纠纷矛盾，联合党支部的建立旨在化解矛盾造福两地乡民。建立联合党支部的原因主要有以下五点：一是为了处理群众纠纷。由于一河之隔的贵州板坝村离镇政府所在地有 40 多公里，交通很不方便，平时的生活所需、求医问药以及小孩上学都很难在本地解决，只能到相隔更近的广西境内解决自己的生活所需问题。板坝村甚至距离县城比肖村更近，板坝村都是布依族，肖村都是壮族，生活习惯都一样，但由于不同省份间的隔阂，彼此间难以形成统一的认同。以前贵州那边的农民经常过来这边赶圩，就跟这边的村民起冲突，特别是喝酒了以后就互相打群架，谁管都不合适。现在成立了联合党支部后成立了调解委员会，两边一有纠纷矛盾就由调解委员会来统一调解，同时也宣传告诉群众，两边都是一家人，不能有偏见，这样就很好地以统一的方式调解了彼此的纠纷和隔阂。二是为了解决板坝村学生的读书问题。贵州板坝村学龄儿童都来肖村学校读书，为板坝村学龄儿童的求学提供方便。三是解决了板坝村村民的农村医疗问题。板坝村村民可以手持贵州的农村合作医疗卡来平班镇医院看病，回去可以报销。四是分设联合党支部办公区，各自管辖有利于纠纷解决。由于两边都各自设立了一个联合党支部办公楼，以河为界确立纠纷调解管辖范畴，这样就可以达到就近管辖易于纠纷解决的目的。五是有利于政府统一引导农业产业发展。板坝村由于离政府太远，但地理环境跟肖村几乎相同，因此政府利用两边自然资源相似的情况，由联合党支部统一规划和引导他们在一起搞产业，现在已经统一一起培育辣椒和西红柿苗 120 亩，有力地促进了两边农业产业的共同发展。

联合党支部开展工作的主要方式是联合党支部成员定期开会交流工作开展情况，联合党支部的书记由贵州巧马镇人大主席担任，副书记则由平班镇党委组织委员担任，双方就经济、文化、治安等方面共同发展的问题商议解决方案并联合实施。这既是乡村党建的一种组织创新，也是让乡村党组织成为乡村社会经济建设的引领者、社会矛盾的化解者、公共服务的提供者的实践探索。

## 三、村民委员会

村民委员会是乡村社会的体制内法定治理主体，作为村民自我管理、自我教育、自我服务的基层群众性自治组织，实行民主选举、民主决策、民主管理、民主监督。村民委员会的合法性权力来源于《中华人民共和国村民委员会组织法》，由村民直接选举产生。广西作为民族欠发达地区，地方政府通过自上而下的统一规划组织，并通过制定地方性法规，实现区域治理范围村民委员会产生、发展的制度化。那么，在乡村治理实践中，村民委员会到底扮演怎样的角色？村民委员会的自治实践是如何运行的？

### （一）村民委员会在乡村治理中的角色定位

根据赋予村民委员会合法性权力来源的《中华人民共和国村民委员会组织法》，村民委员会在乡村社会的合法地位被界定为基层群众性自治组织，其特点就是与群众直接联系，由群众在自愿的基础上根据居住地区，自己组织起来管理自己居住范围内的公共事务。“群众性”“自治性”应该成为村民委员会的角色特性。然而，在我国农村一体化治理传统的影响下，“行政化”一直处于与“自治化”的博弈竞争中，再加上农村自治基础薄弱、农民自治意识不足等原因，村民自治制度依靠国家主导推行，难免带有“行政化”特色，而村民委员会这一自治组织，在乡村社会中难免扮演政府代理人的行政助理角色，同时作为村庄当家人的自治主体角色又在维护本村的自治权益。徐勇将村民委员会定位为“双重角色”①，村干部由此被赋予了两种矛盾的身份职能，在实际上扮演着国家和政府的代理人，又扮演管理本村事务的当家人双重角色，承担着延伸国家行政权力和行使村民自治权力的双重功能。

广西的村民自治在因农村经济基础薄弱而缺乏自治自觉的语境中，停留在政府自上而下主导的被动实施状态。村民委员会的组织设置除了民主选举体现的内在性，相对于农村社会内生性要素而言，具有外嵌式制度安排的特点。因此，在村民看来，村民委员会是乡镇政权行政化权力在农村的延伸，“村财乡管”也是村民委员会缺乏自治基础的制度反映，村民委员会主要承担政府不同时期下达的行政任务，但村民委员会作为法定的基层群众性自治组织，掌握着村庄集体公共资源，是农村集体资源的支配者，同时由于国家支农惠农政策和“一事一议”制度的实施，村民委员会在集体经济薄弱但国家扶持农村的政策环境下，根据村民委员会在乡村治理中的实际作用，同时承担政府行政任务执行

---

① 徐勇. 中国乡村村民自治［M］. 武汉：华中师范大学出版社，1997：219.

者、农村集体资源支配者、村庄公共事务服务者的三种角色。

1. 政府行政任务执行者

取消农业税后，乡镇政权虽然从汲取型政府向服务型政府转变，但我国基层政权的压力型体制却没有变化，党和政府各种政策的贯彻和治理目标的达成还是要通过压力型体制贯彻执行下去①。村民委员会是乡镇政权完成新农村建设、维持社会稳定和乡村经济发展等上级政府指示命令的具体执行者，控制村委会，变“乡政村治”为“村务乡治”，通过村委会来实现对村级治理的主导②。广西多数农村没有集体经济，缺乏自我发展的资金保障，村干部工资通过财政转移支付获得，乡镇根据各村的任务完成情况对村干部进行考核，决定其年度绩效奖金，由此实现乡村之间的支配关系。村委会作为村民自治事务的实际执行者，2010 年《村组法》规定：“村民委员会应当宣传宪法、法律、法规和国家的政策，教育和推动村民履行法律规定的义务、爱护公共财产，维护村民的合法权益，发展文化教育，普及科技知识，促进男女平等，做好计划生育工作，促进村与村之间的团结、互助，开展多种形式的社会主义精神文明建设活动。”然而，在实际的考核工作中，各地依据地方社会治理需要，细化考核内容。2015 年，广西对村委会的年度考核围绕政务服务、村务公开、政府工作、基层建设、党风廉政建设、计生、综治、经济 8 个方面 50 项指标，采取自查、听取汇报、召开座谈会、查阅资料、现场检查等方式对村委会进行整体工作考核③。透过这 50 项考核指标发现，村委会每年承担繁重的政府行政任务，而这些考核内容大多具有乡镇政权的选择性治理特点，并具有临时性、权益性乡村治理的特点，未真正体现乡村内在的治理需求，而大多数项目的实施旨在应付上级的检查，浪费村级自治资源，相较于法律对于村委会维护内在村庄公共权益的职能规定，考核内容更多地体现了外在行政任务安排。村民委员会作为政府行政任务执行者的这一角色定位，弱化了村委会作为基层群众性自治组织的“自治性”特性，导致村委会的“附属行政化”。

2. 农村集体资源支配者

村民委员会作为法定的基层群众性自治组织，法律赋予其对农村集体资源

---

① 陈晓莉. 新时期乡村治理主体及其行为关系研究［M］. 北京：中国社会科学出版社，2012：138.

② 陈晓莉. 新时期乡村治理主体及其行为关系研究［M］. 北京：中国社会科学出版社，2012：138.

③ 广西日报. 玉林市陆川县开展 2015 年度村委会（社区居委会）绩效考核工作［EB/OL］. 广西政府法制网，2016-10-5.

的实际支配权力。农村自治的最高权力机构应该是村民会议，但由于广西农村社会人口资源流动频繁，村民会议难以召开，即使符合条件设置村民代表会议的农村，也因授权或村民代表会议运行中的失位，而由村民委员会实际掌握了应由村民会议决议的涉及村民利益的重要事项，成为农村集体资源的支配者。2010年《村组法》第二十四条规定，"涉及村民利益的下列事项，经村民会议讨论决定方可办理：（一）本村享受误工补贴的人员及补贴标准；（二）从村集体经济所得收益的使用；（三）本村公益事业的兴办和筹资筹劳方案及建设承包方案；（四）土地承包经营方案；（五）村集体经济项目的立项、承包方案；（六）宅基地的使用方案；（七）征地补偿费的使用、分配方案；（八）以借贷、租赁或者其他方式处分村集体财产；（九）村民会议认为应当由村民会议讨论决定的涉及村民利益的其他事项。"这些事项均涉及村庄集体资源的分配，其分配结果涉及全体村民的实际利用，村民委员会通过实际控制村民会议或村民代表会议的召集权，以及弥补农村社会村民会议名存实亡的现实，村民委员会充当了农村集体资源实际支配者的角色。在实际保证农村集体资源有效分配的同时，也增加了"自治代表性"弱化的风险，村民委员会在法定执行权基础上扩大了决策权，实际控制了本该由全体村民控制的集体资源，容易产生农村集体资源的不公平分配。

3. 村庄公共事务服务者

彭真提出，村民委员会"作为人民群众自我教育、自我管理、自我服务的组织，办理公共事务和公益事业，调解民间纠纷，协助维护社会治安。这些工作中有许多由他们来做比由政权机关来做更适当、更有效"①。随着农村产业结构的调整和经济的快速发展，农村土地效益明显增加、水资源日益匮乏，广西的农村土地、山林、水利权属纠纷近年来呈明显上升趋势。同时，随着城乡一体化建设进程的加快、农村基础设施工程的推进，征地补偿问题引发的社会矛盾日趋增多，村民委员会的纠纷调解功能凸显，也成为国家避免大规模农村群体性事件发生的纠纷自我化解组织。广西少数民族地区的农村社会较多带有民族、家族等传统熟人社会的特点，化解纠纷作为一项事关农村社会稳定的公共事务，民族精英、家族精英等传统社会精英也起到一定的作用，但随着农村社会的现代化发展，村民意识中逐渐产生"传统的归于传统，现代的归于现代"的现代制度性观念，村民委员会作为村庄体制内权力主体，实际成为村庄社会矛盾的纠纷解决者。同时，村民委员会成为村庄公共事务服务者的另一个原因

① 彭真. 彭真文选（1941—1990）［M］. 北京：人民出版社，1991：477.

是，其作为乡村社会治理的实际操作者，是乡镇政权在农村社会的代理人，服务型基层政府在实施国家支农惠农政策的过程中必须依靠村民委员会具体执行，农村基层设施建设、“美丽乡村”建设、新农村建设等重大农村社会发展工程都必须通过村民委员会的积极配合来实现。村民委员会通过为村庄公共事务提供服务，实现其作为群众性自治组织的组织功能，通过利用农村的人力、物质、资金、市场、文化以及政府政策、法律，发挥农村集体力量、合理配置资源、加快自治发展进程。

### （二）村民委员会的自治实践

村民委员会的自治实践是通过其法定的职责性保障实现的。2013 年广西《村组法》实施办法第九条规定了十六条有关村民委员会的主要职责，而其职责在国家法律规定“四大民主”内容的基础上，立足于广西乡村社会治理的实际需要，增加了反映现实广西农村发展方向和国家政策有关农村治理内容的职责规定。

第一，2013 年，广西全面实施“美丽广西，清洁乡村”活动，为了从源头上建立起清洁乡村的长效机制，规范村民委员会作为“美丽广西，清洁乡村”活动具体实施主体的职能。2013 年广西《村组法》实施办法第九条第五款规定，村民委员会按照村庄规划和建设清洁乡村的要求，组织开展农村生产、生活服务设施建设，引导村民合理建设住宅，整顿村容村貌，搞好公共卫生，改善居住环境。

第二，加强村民委员会积极推进民族团结互助的职责。2013 年广西《村组法》实施办法第九条第六款规定，有多民族村民居住、非本村户籍公民居住的，应当教育和引导村民增进团结、互相尊重、互相帮助。

第三，完善村民委员会的乡村社会管理功能，建构广西乡村社会管理创新机制。2013 年广西《村组法》实施办法第九条第七款规定，村民委员会依法调解民间纠纷，代表本村处理与邻村的纠纷，维护村与村之间的团结；协调处理村民小组之间的关系；协助有关部门维护社会治安和生产生活秩序；协助有关部门对社区矫正人员和刑满释放人员进行教育、帮助和监督。

第四，明确村民委员会在解决农村新问题中的作用。2013 年广西《村组法》实施办法第九条第十三款规定，村民委员会有义务协助有关部门开展农村富余劳动力转移就业培训；2013 年广西《村组法》实施办法第九条第十五款规定，村民委员会依法维护外来务工人员就业、经商、居住等权利，以及依法享有的公共服务和参与社区管理的权利。

广西地方性法规在国家相关法律的基础上细化了村民委员会的工作职责，进一步促进了村民委员会自治功能的实践有效性。“乡村清洁”是目前广西乡村治理的主要工作，村民委员会则成为“乡村清洁”的实施主体。2016年1月29日，广西壮族自治区第十二届人民代表大会第五次会议表决通过了《广西壮族自治区乡村清洁条例》，标志着广西乡村清洁管理上升至法规层面。条例规定了乡村各治理主体在“乡村清洁”工作中的法定地位、法定职责等，“乡镇人民政府具体组织实施乡村清洁工作”，“村民委员会负责组织村民开展清洁家园、清洁水源、清洁田园、绿化美化村容村貌等乡村清洁活动”，“村民委员会根据本村实际情况组织制定和完善乡村清洁村规民约”，“村民委员会、村民小组应当建立日常卫生保洁制度，按照谁受益谁付费的原则和村规民约向有关单位和个人收取保洁费”。村民委员会的自治实践在乡村治理制度化的基础上走向法治化轨道，通过强制性法规为村民委员会的自治实践形塑行为模式，进而深化其自治意识，实现村民委员会的主动自治职能。

## 四、村民会议

村民会议是我国乡村治理的权力机构，是实现民主决策的机构载体。在村民自治制度设计中，乡村民主表现为直接民主，村民会议由本村十八周岁以上的村民组成，村内涉及村民利益的重大公共事务都由村民会议民主决策才具法律效力。直接民主的制度设计满足了乡村社会基层群众性自治的要求，但现实的农村社会条件却无法为村民会议的运行提供实践条件。最根本的原因在于无法保障村民会议的正常召开。由于目前农村人口流动性强，在广西这样的西部欠发达地区，有劳动能力的青壮年基本上外出务工，老人、小孩成为农村留守人口，他们恰好是农村人口中文化程度最低、缺乏民主参与意识的群体，这些情况使得村民会议形同虚设，无法依法运行，村民自治制度的设计遭遇运行的现实困境。

### （一）村民会议的实际运行困境

2010年《村组法》规定，召开村民会议，应当有本村十八周岁以上村民的过半数，或者本村三分之二以上代表的户的代表参加。法律赋予村民会议广泛的决策权，也是村民自治直接民主理想的实现途径。但根据村民自治的实际运行状况来看，民主选举、民主决策、民主管理、民主监督等越来越成为村民自治工作的重点，作为村民自治直接民主的村民会议却很少召开或难以召开。其主要原因如下：

第一，地理环境条件不利于村民会议的召开。一个行政村往往由几个自然村组成，自然村与自然村之间相隔较远、坐落分散，行政村的地域面积大多较广阔，村民居住分散。广西作为西南边疆少数民族地区，农村大多地处偏远山区，自然村分散在大山阻隔的山区，有的自然村村民前往行政村村部要翻山越岭，甚至赶几十里山路，恶劣的地理条件为村民会议的召开设置了无法克服的自然屏障。

第二，分散化小农经济模式增加了村民会议召开的人员整合难度。农村实行家庭联产承包责任制后，农民以家庭为单位组织生产，普遍建立分散化小农经济模式，各家自主经营，无法统一时间召开村民会议。

第三，农村劳动力的外向流失使得村民会议的法定召开人数难以满足。作为少数民族聚居地区的广西，由于自然条件恶劣，为了生计，农民多外出务工，农民工群体占据了农村人口的大多数，他们常年在外，村内生活的多为老人、小孩、妇女，村民会议缺乏召开的人数保证，即使采取户代表的形式，也因每户常住人口的身份特性而缺乏参会资格或缺乏民主参与意识及参与兴趣，村民会议召开难几乎成为广西农村社会的一种常态。

第四，村民会议的召开与农民对利益追求的脱节。农民参与政治的目的大多是为了追求政治利益，而村民会议的召开虽然是为了决策村中涉及村民利益的公共事项，但与农民个人和家庭现实可获得的经济利益相比，无法直接体现既得利益。古希腊思想家亚里士多德在《政治学》中论述平民政体中最优秀的平民——农民时，认为农民“由于没有多少财产，他们没有闲暇，因而不能经常出席公民大会”①，“生活劳作对于他们来说是舒心的，所以他们不关心政治和官场，做官之类的事情并不能带来显著的收获”②。今天的中国农民与亚里士多德平民政体中的农民虽然有根本的差异，但农民对参与政治生活的选择倾向却几乎相同，村民会议无法为农民带来显著的利益收获。首先，村民会议无法为村民提供生产、生活需要的实际公共服务。村民会议只是通过会议形式讨论公共事项是否实施、如何实施的问题，并不实际产生公共服务。其次，有的村民会议的召开是为了让村民筹资筹劳或出让土地建设村内公共设施或公益事业，不但无法为村民提供收益，还要求村民让渡利益，村民一般不会愿意参加这样的村民会议。

---

① 亚里士多德. 政治学［M］. 颜一，秦典华，译. 北京：中国人民大学出版社，2003：213.

② 亚里士多德. 政治学［M］. 颜一，秦典华，译. 北京：中国人民大学出版社，2003：214.

第五，村民会议法定的讨论事项，在有的农村没有可讨论的内容。如 2010 年《村组法》规定的经村民会议讨论决定方可办理的事项中有“从村集体经济所得收益的使用”“村集体经济项目的立项、承包方案”“以借贷、租赁或者其他方式处分村集体财产”，这些都涉及村集体经济，但广西农村集体经济很少，“土地承包经营方案”也由于土地承包的几十年不变或长久不变而失去短时间内开会讨论的可能，讨论对象的缺失让村民会议本身无召开的必要。

第六，村民会议由村民委员会召集的法律规定，为村民会议的召开设置了障碍。村民没有法定的自主召开村民会议的权力，村民委员会作为村民会议决议的执行机构，是村民会议决议中的直接利益关联者，由其决定村民会议是否召开，难免可能出现村民委员会为了自身利益阻止或专门不召开村民会议的情况，村民会议因不予召集而无法召开。

第七，村民会议的议事效率不高。目前，广西村民会议的顺利召开一般都发生在村“两委”换届选举期间，主要完成民主选举事宜。在日常的农村社会管理中，村民会议基本被搁置，除了有难以召开的实际情况，村民会议的议事效率也不高，村民会议需要决策的事项缺少利益关联性，议事村民“各怀心事”，整合意见较难，结果可能在一片争议声中草草结束会议，什么事都解决不了。村民关心自我在利益分配中的比重超越理性协商合作可能对村庄整体利益的满足，村庄公共项目谁受益、谁先受益等成为与会者争议的焦点，民主决策因民主合作的缺失成为一场“议而难绝”的闹剧。再者，大家都不关心所议之事，作为召集者的村委会怎么提议，大家就怎么附和，民主决策演变为盲目举手，村民逐渐丧失参与的兴趣，认为村委会决定就行，不必浪费大家的时间再召开村民会议。

### （二）村民会议的发展路径

村民自治的实质既不是村委会自治，也不是村民代表会议自治，而是全体村民的自治。分散化小农的村庄发展逻辑让村民缺乏合作的先天禀赋，当前“协商合作困境”的解决策略，只能依靠探索召开村民会议的路径，是保障村民自治实现的基础，也是通过直接民主完成民主决策的必然途径。鉴于村民会议难以召开的现实，当前学术界提出了以下三种方案：

第一种方案是可以以村民小组会议替代村民会议。村民小组是由人民公社的“三级所有，队为基础”的生产队演变而来，生产队又大多是依传统自然村落为基础设置的，是农村社会村民生活的共同体，也是农民行动的基本单位①。村民小组会议更易在熟人社会的频繁互动中及时召开并得到村民小组成员足够的重视。但从法律规定层面上而言，村民小组会议决议不具有村民会议决议的法律效力，村内各村民小组会议的决议相加不能简单等同于全体村民的意见结果，为了运行方便而草率以村民小组会议取代村民会议，将会损害村庄直接民主对村民权益的保护。

第二种方案是可以以村民代表会议替代村民会议。法律规定村民会议可以授权村民代表会议讨论决定由村民会议讨论决定的事项。但村民代表会议属于代议制民主的范畴，明显不同于村民会议的直接民主。而且虽然村民代表由村民民主选举产生，但其代表性无法得到保证，未必能代表普通村民的利益，可能会演变为少数村落精英的联合会，以少数人的意见代替多数人的意见。

第三种方案是 2010 年《村组法》关于村民会议召开的法律要件中规定“本村三分之二以上的户的代表参加”。然而由于农村人口的外流，村内常住人口的老龄化、儿童化问题严重，户代表的会议召开形式也不能很好地得以贯彻执行，即使户代表比全体村民容易召集，但户代表的代表性在村民民主意识逐渐增强的时候无法完全保证其对本户家庭成员意愿表达的真实性。

以上三种方案中涉及的村民小组会议、村民代表会议和三分之二户代表会议都无法从根本上取代村民会议实现直接民主，以间接民主取代直接民主的做法与村民自治制度的设计初衷相违背。村民自治基层直接民主——村民会议制度的实现，应从以下四个方面进行：

一是培养村民的民主参与意识，逐渐让村民意识到参加村民会议的重要性。当前国家对农村社会发展的政策性支持转向，支农惠农政策的具体实施成为乡村社会的重大问题，应将支农惠农政策中有关资源的分配决定权赋予村民，以及法律规定应由村民会议决定的事项，都应按照法律规定召开村民会议讨论决定方为有效。只有将村民会议的民主决策权落到实处，让村民意识到村民会议的重要性及与自己利益的相关性，才能激发村民参与村民会议的热情。

二是法律应对村民委员会召集村民会议进行程序化规定，明确村民委员会召集村民会议的条件、召集时间、议题的提出、会议事项的公布、逾期不召开的法律责任等。在法律中可做如下规定：有十分之一以上的村民或者三分之一以上的村民代表提议，村民委员会应当在一个月内组织召开村民会议；村民会

① 贺雪峰，董磊明. 村民组与农民行动单位——安徽肥西县小井村调查［J］. 中国农史，2005（4）：97-108.

议的议题可以由村民委员会提出，也可以由村民单独或联名提出，经村民委员会同意后列入会议议程，十分之一以上的村民或者三分之一以上的村民代表联名提出的议题，必须列入会议议程；村民委员会逾期不召开村民会议的，乡镇政府督促村民委员会按时召开。经督促，村民委员会仍不召开村民会议的，村民可以在乡镇政府的指导下召开村民会议①。

三是明确村民可以组织召开村民会议或确定村民会议的议题。有十分之一以上的村民或者三分之一以上的村民代表提议，村民可以自行选举产生村民会议临时组织机构，组织村民会议的召开并确定村民会议的议题，按照法定程序完成村民会议。

四是建构村庄内理性协商合作的民主决策机制。村级治理的所有活动特别是重大问题的决策，都必须通过村庄治理主体集体合意实现。主体间的理性协商合作是村民参与治理村庄公共事务的有效渠道和根本前提，要建构村庄内理性协商合作的民主决策机制，以村民与村务管理者之间的充分信任与合作为基础。由于村民是村庄公共事务的直接利益关联者，民主决策解决的就是村民与村民之间的利益分配问题，建立村民与村民之间合作协商是解决村庄各种分歧和矛盾并实现村民利益最大化的根本途径。

### 五、村民代表会议

古希腊的直接民主形式都发生在人口和地域范围较小的城邦社会，我国村民自治制度建立的目的就是为了在农村社会实行直接民主，村民会议就是直接民主的实现形式。然而，自村民自治制度实施几十年来，直接民主在我国的大部分农村并未很好地贯彻实现，作为间接民主的村民代表会议制度被广泛采用，并被立法逐步完善。1987 年《村组法》并未规定村民代表及村民代表会议的设立，1998 年《村组法》规定了“人数较多或者居住分散的村，可以推选产生村民代表，由村民委员会召集村民代表开会，讨论决定村民会议授权的事项”，但却未明确村民会议可以授权村民代表会议讨论决定的事项。2010 年《村组法》进一步完善了村民代表会议可被授权讨论的具体事项。村民代表会议的间接民主形式在法定的权力保障下实际取代村民会议成为行政村的最高决策形式。从理性选择理论来看，这可能是村民自治实践理性选择的结果②。贺雪峰认为：

① 唐鸣．村民会议与直接民主［J］．华中师范大学学报（人文社会科学版），2009（6）：25.

② 包先康，朱士群．村民自治视野下村民代表的权威［J］．西北农林科技大学学报（社会科学版），2013（3）：32.

“从一般图景上看，村民代表会议制度是当前村级治理中最容易获得收益的制度安排，这种收益可以让村民、村民代表和村干部三方受益，即让村庄利益和秩序得到好处。”① 但村民代表会议在实践中却面临诸多问题：村民代表会议的实际设置与法定设置条件的对应性应如何把握？村民代表会议的代表性决策是否具有广泛代表性？村民代表会议在法定授权决策事项限制下，实际决策效能如何？是否存在越权或代表权缺失？导致这些问题产生的原因有哪些？如何解决村民代表会议的实践发展困境？

（一）村民代表会议的发展困境及原因

村民代表会议是村民自治制度推行 10 年后才确立的村庄代议制民主形式，与村民自治制度推行的直接民主存在民主发生形式的差异，是村民会议形式直接民主在乡村社会运行面临被虚置的困境的主动制度性调整，但两类民主实质意义上的差异导致间接民主形式的村民代表会议在直接民主的村民自治语境中面临试图有效运行与现实发展偏离的困境。

1. 村民代表会议的设置定位不明确

2010 年《村组法》第二十五条规定，人数较多或者居住分散的村，可以设立村民代表会议。2013 年广西《村组法》实施办法也做出相同规定。但两者均未对“人数较多”做出具体规定，具体人数多少才算是较多？相对而言，“居住分散”似乎更易理解和把握，但也未对地域面积、自然村分布、人口居住等情况做具体规定，给村民代表会议的设置留下了较大的自由选择空间。针对村民自治制度的基层群众自治性质定位，在这个自由选择空间范围内，是否设置村民代表会议由村民自主选择。但我国村民自治制度自上而下的推行传统，国家定方向，地方政府实际指导实行，统一化的推行模式，让具体制度的建构难免脱离某些地方的特殊发展实际，2014 年广西村“两委”换届选举在全区范围内选举产生各村村民代表并组成村民代表会议。广西的大部分村落符合分散化的特点，但鉴于分散化不明确，无法判断是否均符合分散化情形。“人数较多”也未明确具体的人数要求，但现实的行政村建制已经按地域对自然村进行了整合，广西虽然农村居住分散，行政村人均人数基本都达到 1000 人以上，从民主议事的组织层面上看，1000 人以上的村落设置村民代表会议是合乎便于运行的制度设计目的的。

---

① 贺雪峰. 村级治理中的村民代表——关于村民代表会议制度效能的讨论［J］. 学习与探索，2002（3）：28.

2. 村民代表的推选不规范

2010年《村组法》只规定了要选举村民代表会议，却未规定选举程序。2013年广西《村组法》实施办法也未做相关规定。选举程序的缺失使得各地在推选村民代表时存在违法或程序混乱的情况。2010年《村组法》规定，村民代表由村民按每五户至十五户推选一人，或者由各村民小组推选若干人。但有的村却未严格按照法定比例选举产生村民代表，村民代表数量明显低于法定数量要求；选举过程中没有遵守严格的选举程序，不进行推荐候选人、会议投票等形式，而是直接由村干部拿着选票挨家挨户发选票，票数多的即当选，有的代表只得了很少的几票就当选，没有法定最低票数要求；更有甚者，由村干部指定当选代表，村民认为村民代表既无权也无钱，就缺乏选举意识，对村干部的指定行为视若无睹。由于选举程序的不规范，村民代表因故离任后的增补也不及时，法定村民代表人数得不到保障。

3. 村民代表会议的代表广泛性欠缺

第一，村干部指定、缺乏村民推荐和集中投票的选举程序、达不到法定人数等选举程序的不规范导致村民代表会议的代表广泛性欠缺。村干部指定导致村民代表极易被利用，不能代表村民的意志；缺乏村民推荐、集中投票的选举程序，导致村民代表与村民的利益关联松散，无法代表村民的问题；达不到法定人数，则说明代表广泛性明显不足。

第二，法定选举单位无法保证村民代表会议的代表广泛性。2010年《村组法》规定，村民代表由村民按每五户至十五户推选一人，或者由各村民小组推选若干人。以户为推选单位，符合中国农村社会以家庭为生产和生活单位的特点，家庭内部的利益诉求易于整合，以户为单位的推选方式能突出村民利益表达的代表性。但以户为单位也会导致所代表的人数的不均衡性，因为有的户的人口较多，有的户的人口较少，每个代表所代表的的人数就不相同，以户的广泛性代替人数的广泛性，以放弃村民的个体性为代价，寻求将村民个体附属于家庭的降低利益整合成本目的。以村民小组为单位推选村民代表，村民小组有的由一个自然村组成，有的几个村民小组组成。村民小组是由原生产队发展而来的，具有集体经济组织的属性。村民小组作为经济利益共同体和熟人社会，容易选出村民都了解并能及时沟通的村民代表，以村民小组为推选单位能提高代表与选民之间的联络。但无论是以户为单位还是以村民小组为单位推选村民代表，其代表广泛性的关键还在于村民代表会议议事过程中对代表广泛性的保障。

4. 村民代表会议的决策效能较低

所谓决策效能，就是指决策者运用自身对决策事项的高水平理解与把握，达到最佳决策的目的，实现决策运行的利益最大化。村民代表会议的决策者是村民代表，村民代表素质的高低直接决定村民代表会议决策效能的高低。笔者在广西LH瑶族乡的白裤瑶村落调研时，以白裤瑶聚居的HL村为例，由于白裤瑶村落闭塞，民族文化保存完整，但村民文化水平均较低，村民代表整体文化水平也比较低。该村共有村民代表42人，其中小学以下文化水平25人，占59.5%；初中文化水平12人，占28.6%；高中水平5人，占11.9%。从年龄结构上看，50岁以下的仅有6人，占14.3%；51—60岁的15人，占35.7%；61—70岁的17人，占40.5%；70岁以上的4人，占9.5%。平均年龄约61岁。该村村民代表组成人员年纪偏大、学历偏低的原因是村庄年轻劳动力外流使然，较低的文化水平和较高的年龄结构直接影响了村民代表会议的决策效能。村民代表素质能力低下，制约了他们参与村务决策的能力，导致村民代表会议决策效能较低。虽然相对于一般村民而言，村民代表的一般素质较高或社会影响较大，但村民代表对要决策的事项缺乏解决能力，他们因为年龄大没有精力管事，知识水平和理解能力有限，对复杂的公共事务决策事项也无法准确把握和理解到位。

5. 村民代表会议议事规则不完善

第一，村民代表会议的法定召集条件存在缺陷。2010年《村组法》规定，村民代表会议由村民委员会召集。这则规定看似规定了村民代表会议的召集主体，有利于村民代表会议的规范组织，但“最高权力机构”却由对它负责的执行机构来召集开会，显然是一个无法合理解释的规定①。而且2010年《村组法》还规定，村民代表会议由村民委员会成员和村民代表组成。村民委员会成为村民代表会议召开的决定主体，极易导致村民委员会为了自己执行中的利益而控制村民代表会议的召开及会议决议的内容，召开村民代表会议只是完成民主决策程序化的要求。村民代表会议无法真实代表村民的意愿，更多的是村干部等村庄精英意志的表现。

第二，法律有关村民会议对村民代表会议的授权无明确规定，容易导致村民代表会议的越权代表行为。法律规定了村民代表会议必须在村民会议的授权下才能拥有民主决策权力。但法律只是做了笼统的授权规定，却未具体规定授

① 陈晓莉. 新时期乡村治理主体及其行为关系研究［M］. 北京：中国社会科学出版社，2012：208.

权的程序，无法保证被授予民主决策权力的合法性、正当性。由于授权程序不明确，有的村民会议未授权的事项，村民代表会议也会越权决策。再者，由于村民会议召开难的问题，在许多农村特别是中西部农村普遍存在，授权主体都无法运行，授权行为就无法实施，但村民代表会议却作为农村民主决策机构，履行着民主决策职能。很多村民代表会议根本没有经过村民会议的授权程序，就替代村民会议就决议事项开会决策，或者对未授权的事项进行民主决策，导致越权行为严重泛滥。

第三，村民代表的缺席代表违反民主决策程序。中西部地区农村外出务工人员较多，许多村民代表也成为务工大潮中的一员，代表到会率较低。2010年《村组法》规定，村民代表会议有三分之二以上的组成人员参加方可召开。最低开会人数的规定在现实中难以实现，村民代表无权，也不领工资，有的自己并不想担任，碍于村民选了自己不得不勉强担任，但为了家庭的生计无法履行职责，不到会是常有的事情，村民代表会议往往在零星几个村民代表参加的情况下，由村民委员会召集宣读一下决策事项并举手表决了事，无法整合全体村民的利益实现最佳决策的目的。

6. 村民代表会议的民主监督行为缺失

2010年《村组法》规定，村民会议可以授权村民代表会议审议村民委员会的年度工作报告，评议村民委员会成员的工作，撤销或变更村民委员会不适当的决定。村民代表会议作为乡村治理体系中的代议制民主机构，通过村民会议的授权对村民委员会实施监督权。但村民代表会议被村民委员会召集才能召开，监督主体对被监督对象实施监督行为，还需要被监督对象召集才能完成，成为村级民主监督的一个悖论，只能是有民主监督之名，无民主监督之实。再者，由于村民代表会议本身在召集、议事、村民代表素质等方面存在一些问题，村民代表会议存在诸多运行困境，民主决策权尚难保证，民主监督成为一种制度的理想设计，需要完善法律规制和提高村民代表会议的实际运行效力才能实现。

### （二）村民代表会议的发展路径

村民代表会议作为被授权的民主决策主体，由于法律规定不明、代表能力不足、实际运行偏离等问题，代表性和民主决策效能均受到影响。村民代表会议作为民主决策常设机构，成为村民会议这一直接民主形式遭遇困境后的补充制度选择，提高了民主决策的运行效力。因此，要克服村民代表会议在实际发展中的诸多困境，在村民代表推选、代表效能提高、完善议事规则、实现监督职能等方面探索出村民代表会议合法性与合理性并存发展的路径。

1. 村民代表推选的规范化

第一，明确合理的推选方式。村民代表推选应采取村民会议或村民小组会议的方式推选。从保障村民的知情权与参与权角度来看，以召开村民会议的方式推选，可以参照村民委员会的选举程序，同步进行选举，确保村民代表真正代表村民的利益。但为了解决现实中村民会议召开难的问题，又为了保障“代表性”，村民小组作为村级生产生活的熟人社会建构，以村民小组人数为标准确定每一个村民小组的法定村民代表人数，由于村民小组内部村民间千丝万缕的利益和交情，村民小组会议选举村民代表有利于村民选出自己熟悉和信任的村民代表，村民代表也因为信任和荣誉更勤于履行代表义务。

第二，规范法定推选程序。参照村民委员会选举办法，在村“两委”换届选举期间，村民选举委员会成立、选民登记完成后，村“两委”换届工作开展前首先展开村民代表的选举工作。由村民选举委员会组织选举，明确各村民小组村民代表的人数，组织村民小组选民推选候选人，确定正式候选人后，按法定选举程序召开村民小组会议进行正式选举，并规定村民代表辞职、职务终止、罢免、补选等程序。

2. 提高村民代表会议效能

村民代表会议效能的直接影响因素是村民代表结构和村民代表素质。因此，优化村民代表结构和提高村民代表素质是提高村民代表会议效能的发展路径。

（1）优化村民代表结构

年龄结构老化是村民代表结构不优化的主要原因。村民代表大都年龄较大，当选的主要原因是年龄大的村民在村庄内的威信较高，并且多有奉献精神，能够真正用心为村民办事。还有一个原因就是，村内青壮年劳动力大多外出打工，没时间和精力，也没兴趣担任村民代表，而且村民代表没有任何工资报酬，也没什么实际权力，只是浪费时间开会而已，村里的事还是村支书和村主任说了算的。因此，村民选举时也产生了不耽误年轻人出去挣钱且选了也不会做的共识，年龄结构老化就成了村民代表结构的普遍特点。解决村民代表年龄结构老化的主要途径如下：

第一，确立村民代表的报酬保障机制。虽然这对于集体经济薄弱的农村难以达成，但作为国家对农村治理发展的一项大事，可纳入政府财政预算拨付的范畴。当然，长久之计是发展农村集体经济，为村庄治理运行经费保障建立坚实的物质基础。

第二，提高村民代表身份的荣誉感。可以有意识地提高村民代表当选村“两委”成员的比例，真正选出有能力的村民代表充实村“两委”的后备力量。

可以提倡农村有为青年担任村民代表，并吸引其加入村党组织。或者通过党组织的教育引导功能，培养年轻党员担任村民代表，通过双重身份的培养加强其荣誉感，提高农村年轻人对担任村民代表意义的认识，优化村民代表年龄结构。

（2）提高村民代表素质

相对于一般村民而言，村民代表多为声誉较高、素质较好的村民。但知识文化水平偏低仍然是村民代表素质不高的主要原因。与优化村民代表结构一样，提高农村有文化、有能力的青年担任村民代表才能从根本上解决此问题。此外，还要加强对村民代表民主决策能力的培训，采取政府统一集中培训的方式，要求村民代表学习国家法律政策、农村治理知识培养参政议政能力、经济发展能力等，提高村民代表的依法治理观念、民主参与意识、议事能力，以及为所代表村民解决问题的能力。

3. 完善村民代表会议议事规则

第一，改革村民代表会议的召集条件。村民代表会议由村民委员会召集的法定条件应当改革。与前述村民会议的召集改革路径一样，明确村民委员会召集村民代表会议的条件、召集时间、议题的提出、会议事项的公布、逾期不召开的法律责任等。在法律中可做如下规定：有五分之一以上的村民代表提议，村民委员会应当在一个月内组织召开村民代表会议；村民代表会议的议题可以由村民委员会提出，也可以由村民代表单独或联名提出，经村民委员会同意后列入会议议程，五分之一以上的村民代表联名提出的议题，必须列入会议议程；村民委员会逾期不召开村民代表会议的，乡镇政府督促村民委员会按时召开。经督促，村民委员会仍不召开村民代表会议的，村民代表可以在乡镇政府的指导下召开村民代表会议①。

第二，应明确村民会议对村民代表会议的授权事项。法律规定村民代表会议的唯一授权主体是村民会议，但是又无法克服村民会议难以召开带来的授权虚置化问题。因此，以村民代表的选举主体村民小组为单位，召开村民小组会议确定其应由村民代表会议决议的事项，先由本村民小组选出的村民代表对决议事项进行调查、讨论、制作议案，涉及两个以上村民小组利益的，则由有利益关系的村民小组的村民代表共同调查、讨论、制作议案，而后再经过全村村民代表会议讨论表决。

---

① 唐鸣. 村民会议与直接民主［J］. 华中师范大学学报（人文社会科学版），2009（6）：25.

4. 发挥村民代表会议的民主监督作用

改变由村民委员会召集村民代表会议的规定，避免被监督者自己召集监督者来监督自己的制度怪圈，在此可以引入村务监督委员会的监督职能，由村务监督委员会负责召集村民代表会议审议村民委员会的年度工作报告，评议村民委员成员的工作，撤销或者变更村民委员会不适当的决定。真正发挥村民代表委员会的民主监督职能，通过监督职能的实现保证村民代表会议的民主决策职能的发挥，督促村民委员会依照法律规定按期、按时召开村民代表会议，同时可以深化村务监督委员会的监督功能，建构村务监督委员会与村民代表会议协同合作的村务监督机制。

## 六、村务监督委员会

法律确立的村务监督委员会制度，实质上是在原有村级组织基础上增设一个专门性民主监督机构——村务监督委员会，在我国村民自治体系中形成“三委两会”格局（“三委”即村党支部、村民委员会、村务监督委员会，“两会”即村民大会和村民代表会议），初步建立了村党支部的领导权—村委会的自治权—村务监督委员会的监督权的三权制衡机制，以保障农村充分享有知情权、参与权、表达权、监督权①。然而，村务监督委员会作为新制度设计，其初衷是为了保障村民对村“两委”工作的监督权，由于村“两委”的发展相对成熟，村务监督委员会的发展面临与村“两委”的权力制衡博弈，以及与村庄内部资源的契合性发展问题。

2013 年广西《村组法》实施办法第三十条规定，村应当建立村务监督委员会。广西将建立村务监督委员会通过地方性立法强制推行，是村民自治制度发展到一定时期后，出现“强选举、弱管理和监督”的制度发展弊端，必须根据现实乡村治理需要进行制度修复的选择。近年来，由于农村民主监督缺位乏力，导致村干部腐败时有发生，而因村财务不公开、决策不民主、管理无规章等引发了不少村民上访事件。村干部如何监督？乡村社会的民主监督如何实现？这些问题成为深化村民自治制度法治化发展的关键。2010 年《村组法》将村务监督内容纳入法律文本，2013 年广西《村组法》实施办法规定村应当建立村务监督委员会，2014 年广西第七届村“两委”选举在 2013 年广西《村组法》实施办法的基础上增加选举村民监督委员会的环节。村务监督委员会的理想制度设

① 杨郁，刘彤. 村务监督委员会的虚置化困境及出路［J］. 农村经济，2014（2）：109-112.

计是：村委监督委员会和村党支部、村委会形成相互制约、相互促进的民主治村新格局，促进村“两委”依法依规开展工作。村务监督委员会具有何种组织功能？广西村务监督委员会的现状如何？村务监督委员会的现实表现与制度设计之间存在何种差距？如何完善村务监督委员会的发展路径？

### （一）村务监督委员会的组织功能

村务监督委员会的组织功能是指村务监督委员会作为法定的村务监督机构，发挥制度化民主监督职能，通过监督村务运行、村干部行为、村务公开及沟通村民、民主评议等机制，促进村务的有序开展。从2010年《村组法》和2013年广西《村组法》实施办法来看，村务监督委员会具有民主监督、协助村务管理、沟通信息、民主评议等组织功能①，通过组织功能的实现来建构村务决策权、管理权、监督权的相互独立、相互制约的新型乡村治理机制。

1. 民主监督功能

民主监督功能是村务监督委员会的制度基础，2010年《村组法》规定村务监督机构负责村民民主理财，监督村务公开等制度的落实。2013年广西《村组法》实施办法细化了村务监督委员会的职责，明确其是一个“独立的监督机构”，代表村民对村委会成员、村务、村账、村重大民主决策情况行使权利，进行有效监督制约。广西地方政府结合自身乡村建设实际，合理定位村务监督委员会民主监督职能，建立完善村务监督委员会管理制度、章程、工作例会制度、监督制度、工作流程等具体制度，其职责重点是“加强对‘人、财、物’的监督，并对村务、财务及‘三资’等具有审核权”②。

首先，对村务公开的监督。村务公开是实现民主管理的重要机制，但一直以来存在落实不到位的问题，大多数农村都依规设有村务公开栏，但公开栏内的公开内容却不及时更新，有的村的村务公开栏基本形同虚设，老百姓信息获取渠道不通畅，村级民主管理受挫。原因在于村务公开的实施主体是村委会，公开内容除了对上级政策文件的宣传，就是涉及村民利益的由村委会具体实施的重大事项，或村级财务的使用情况、农民应享有的政策性支持或财政支持等内容，大都具有强烈的村级利益分配特点。村委会作为利益分配执行者，在此担当自我行为自我公布的双重身份，当缺乏监督时，村委会为了自身利益往往

---

① 刘诗林. 我国村务监督委员会的运行困境及对策建议——基于11省700名乡镇纪委书记问卷调查的实证研究［J］. 理论探讨，2015（1）：128-131.

② 韦荣荣. 广西柳州市全面推行村务监督委员会制度［EB/OL］. 柳州市纪检监督网，2016-10-15.

会选择不公开的方式，特别是村委会主任或村党支部书记一头独大且为了个人利益侵占村集体财产的村落，村务基本不公开，即使公开也是为了应付上级检查的“做样子”而已。监督就成为实现村务公开实践化的制度选择，村务监督委员会的民主监督功能旨在“坚持对村两委每季度的党务、村务公开的时间、内容、形式和落实情况进行审核、检查、监督”①。

“广西平南县大新镇大黎村 76 岁高龄的村民粟其芳作为村里村务公开监督小组成员之一，由于村里要修建两条水泥路，他负责监督两条路的财务使用以及施工质量、进度等。说起监督修路的事，粟其芳算了一笔账：村里修建两条水泥路，计划总投资 34.17 万元。通过‘一事一议’，上级配套资金 22.17 万元，不足的 12 万元，都是经过村务公开、村务监督委员会开会讨论、村民代表一致同意后，由我们村民集资凑齐的。粟其芳说：‘修路资金每一笔支出情况，都经我监督，还进行公开，这样大伙心里踏实啦’”②。

村务公开的有效监督，拓宽了村民了解村情的渠道，激发了村民参与村务民主管理的主动性，保证村务在阳光下运行。

其次，对村民关心的村务问题的监督。村级财务的收支是村民关心的热点问题，也是当前农村干群矛盾引发的根源及村干部腐败产生的源头，村务监督委员会是村民赋予其监督权的机构，代表村民实施监督权，村民关心的问题应当是其监督的基本方向。村级财务分配是关系全体村民利益的直接村务问题，通过监督处理好村级财务问题是保证村务合法有效运行的关键。

广西柳州市“督促村委建立《村级财产物资管理制度》《村级财务民主监督管理制度》《村级集体资产资源承包、租赁、出让制度》等制度，为村集体‘三资’管理加上一道‘安全锁’，有效防止了村干部‘乱用权’和‘乱花钱’的现象”③。此外，近年来由于国家支农惠农政策逐年增多，涉及农民利益的国家政策性补贴项目也是农民关注的重点问题，也必然成为民主监督的重点对象。柳州市要求“重点对农村低保、危房改造名单确定的方式和程序进行监督；对粮食综合直补，计生补贴，家电、汽车、农机下乡补贴、农村卫生改厕补助、农村公共事业资金、扶贫和救灾资金物资等各项惠农资金发放方式、程序进行监

---

① 韦荣荣. 广西柳州市全面推行村务监督委员会制度 [EB/OL]. 柳州市纪检监督网, 2016-10-15.

② 广西壮族自治区人民政府. 广西壮族自治区大力推进村务公开民主管理显成效 [EB/OL]. 中华人民共和国中央人民政府网, 2016-10-15.

③ 韦荣荣. 广西柳州市全面推行村务监督委员会制度 [EB/OL]. 柳州市纪检监督网, 2016-10-15.

督检查"①。

最后，对村"两委"工作的监督。村务监督委员会成员成为独立的专职监督人员，有利于监督职能的有效发挥，在监督内容上也由村务公开、对村级财务的监督延伸到对政策落实、村务决策、村务执行等广泛领域的监督。村"两委"是实际开展乡村公共事务的主体，其工作行为直接关系到村庄利益分配结果，普通村民却被隔离在公共事务运行机制之外。村务监督委员会的成立，赋予其主动介入重大事项或重要村务活动的权力，以村务监督委员会为中介，构建村"两委"与村民的民主协商机制，村务监督委员会通过直接参与或监督各项惠农政策落实工作，督促村"两委"按政策办事，提高村民的满意度。质询村"两委"决策，村务监督委员会推进村务管理民主化、科学化，柳州市规定："村监委会对有 5 名以上村民代表、20 名以上村民联合提出监督事项或提出质询的事项，以及村监委会选定涉及全村经济社会发展、民生工程和'三资'管理的重大监督事项进行质询，村'两委'按规定时间作出答复。如柳南区新云村监委会通过召开质询会议，督促村委会从 2011 年 1 月起给每位领养老生活补助金的老人每人每月增加 50%的补助金，有效促进了村'两委'决策的科学化、合理化。"②

2. 协助村务管理功能

民主监督功能是村务监督委员会的显性职责表现。此外，村务监督委员会作为常设监督机构，在监督功能基础上应发展协助村务管理功能，拓展与村"两委"协作管理村级公共事务的能力。既有监督也有管理，通过监督完善管理，通过管理促进监督，两者有效互动促进村务监督委员会在村务管理中的积极作用。

那坡县德隆乡各村务监督委员会成立以来，深入宣传，发挥党的方针政策宣传员作用。各村务监督委员会将实施村务监督委员会的制度、目标、措施和"清洁乡村"活动政策认真宣传到每家每户，努力营造民主管理、民主监督村级事务的浓厚氛围。

关注民生，发挥民意调研员的作用。各村务监督委员会坚持"以人为本"的理念，关注民生，从群众最关心、最直接的问题入手，积极为群众办实事、

---

① 韦荣荣. 广西柳州市全面推行村务监督委员会制度［EB/OL］. 柳州市纪检监督网，2016-10-15.

② 韦荣荣. 广西柳州市全面推行村务监督委员会制度［EB/OL］. 柳州市纪检监督网，2016-10-15.

好事，切实维护群众的利益。据相关统计，自“美丽那坡·清洁乡村”活动开展以来，各村务监督委员会共为群众办好事实事19件，深受群众赞扬。

维护稳定，发挥矛盾纠纷调解员的作用。各村务监督委员会积极协助村两委抓好农村社会治安综合治理，共参与矛盾纠纷排查和化解12件，有效消除了农村不稳定因素，有效维护农村社会稳定和谐，为“美丽那坡·清洁乡村”活动的顺利开展提供保障①。

3. 沟通信息功能

2013年广西《村组法》实施办法第三十一条第八款规定村务监督委员会的职责之一为：收集、听取村民对村务公开和民主理财的意见和建议，并及时向村民委员会、村民小组反映。因为村务监督委员会为了实现民主监督可以列席村“两委”会议，了解村务决策的相关产生依据、背景，可以向有质疑的村民解释，以独立监督的身份获得村民的信任，便于沟通，实现理解。同时，村民因信任便乐于向村务监督委员会主动沟通自己的想法，有利于及时掌握村民的心理动态，与村级权力主体沟通调整相关政策实施方法，实现乡镇政权、村“两委”、村干部与村民之间的信息沟通，真正做到村务决策的民主协商，减少因沟通信息不畅导致的干群关系紧张。

“广西百色市那坡县德隆乡各村务监督委员会成立以来，切实履行职责，扎实工作，团结群众，积极为‘清洁乡村’活动出谋献策，为群众办实事、办好事，在机关干部和农民群众之间架起了一座党群、干群‘连心桥’”②。村务监督委员会的独立性、中立性、代表性身份赋予其作为沟通信息的中介角色，一定专业知识技能的任职要求增强了其在村民中的公信力，使得村务监督委员会的沟通信息功能成为乡村治理中国策村情上传下达、干群间民主协商的机制构建基础。

4. 民主评议功能

2013年广西《村组法》实施办法第三十一条第八款规定村务监督委员会的职责之一为：主持开展民主评议工作。民主评议功能是对村民委员会成员工作进行民主监督的制度化平台，形成对村民委员会成员的权力制衡机制。

广西柳州市要求：“每年底，村监委会成员均参与村‘两委’干部述职述廉

---

① 广西新闻. 广西那坡县村务监督委员会助推“清洁乡村”活动［EB/OL］. 党风廉政建设网，2016-10-06.

② 广西新闻. 广西那坡县村务监督委员会助推“清洁乡村”活动［EB/OL］. 党风廉政建设网，2016-10-06.

会议，并与村民代表、党员代表一起，对村‘两委’干部进行民主评议”①。“如融安县大良镇村监委会成立以来，共收集到关于村‘两委’干部行为的意见或建议 15 条，并由各村监委会或包村干部逐步解决落实，有效加强了对村干部的监督”②。

村务监督委员会作为监督机构设置，对村“两委”权力制衡必须依靠民主评议功能完成，通过对村“两委”干部职务行为的评价实现对其具有约束性后果的制约，使得村干部在具体决策与行为时不得不考虑最终的民主评议结果对自身职业发展、年终绩效、个人威信等方面的直接影响，民主评议功能成为民主监督、协助村务管理、沟通信息等村务监督委员会组织功能实现的保障性功能设定。

（二）村务监督委员会的发展困境

2014 年广西第七届村“两委”换届选举，选举出第一届村务监督委员会。以环江毛南族自治县为例，2014 年以来，环江毛南族自治县在全县 143 个村（社区）中成立村务监督委员会（简称“村监委”）。“村监委如何产生？环江以点带面，先在 3 个村（社区）试点，然后向全县推广。由村民会议或村民代表会议在村民中推选产生村监委成员，努力选出 3 名有群众基础、有法纪知识、财务知识和政策水平的村监委成员。其中，每个村监委选出主任 1 名”③。村监委的产生方式采取试点推行，国家依然是制度的主要创造者，乡镇政权成为具体的制度推行者和主导者，在形式上完成制度设计内容，即村监会的产生方式、组织结构、成员要求等，为了确保村监委成员身份的代表性和合理性，还明确规定村“两委”成员及其配偶、直系亲属和近姻亲不得担任村监委委员。

村委监督会制度发展的一个背景要素是：在乡村社会治理实践中，对村“两委”、村干部的监督一直是难点。环江通过在村“两委”之外设立独立的村监委，进一步延伸了纪检监察机关在农村基层的触角，成为乡镇纪委工作的延伸，被群众形象地称为“乡村纪委”，在村干部监督、村务公开中发挥越来越大的作用。“相当于在村干身边设置了独立的‘监督哨’，打开了村务公开、预防村干腐败的‘探照灯’。”④ 这是对村监委的角色设定，反映了村监委与乡镇政

---

① 韦荣荣. 广西柳州市全面推行村务监督委员会制度［EB/OL］. 柳州市纪检监督网，2016-10-15.

② 韦荣荣. 广西柳州市全面推行村务监督委员会制度［EB/OL］. 柳州市纪检监督网，2016-10-15.

③ 广西新闻. 环江设立村务监督委员会小记［EB/OL］. 广西新闻网，2016-10-06.

④ 广西新闻. 环江设立村务监督委员会小记［EB/OL］. 广西新闻网，2016-10-06.

权之间的上下级关系，村监委超越法定村民自治制度的民主监督主体地位，成为乡镇纪委在农村的延伸机构，村监委的监督职能走向“行政化”发展轨道。

村务监督委员会“行政化”发展的一个表现是：乡镇政权成为村监委制度运行的主导力量，村党支部领导村监委的工作。“村纪委”受乡镇纪委和村党支部双重领导，以乡镇纪委业务指导为主，主要通过村委决策的事前、事中、事后决策监督，促进村务阳光运行。“为激发‘村纪委’成员的积极性，环江县在全市率先落实‘村纪委’监督津贴，由县财政每月补助‘村纪委’主任津贴200元，给2名委员各补助津贴150元。同时，环江县还组织对‘村纪委’成员开展任前业务培训，出台《村务监督委员会主任定期报告制度》等管理文件，确保村务监督工作取得实效”①。

由此可见，广西环江毛南族自治县村务监督委员会的发展逻辑是：采取自上而下的制度设计模式，以乡镇政权为制度发展主导者，确立村务监督委员会作为乡镇纪委工作的延伸行政机构地位，在国家财政的支持保障下，依照国家基层政权设定的工作机制发展运行。虽然环江毛南族自治县的村务监督委员会能够有序发展，但相对于村庄内部而言，缺乏内生性发展动力，与制度设计存在一定差距，表现出村务监督委员会作为村级自治组织结构的功能缺位，以及与村庄内在自治要素之间的契合性不足等问题。

1. 村务监督委员会成员的业务水平和履职能力不高

法律规定村务监督委员会成员应具备财会、管理知识，但实际选举产生的成员素质却无法完全符合法律的规定。农村人口外流导致农村年轻人、能人跳出土地的束缚成为追求美好富裕生活的“城里人”“外乡人”，无意牺牲外出务工可观的收入而回乡承担监督职责，特别是集体经济薄弱、自然环境恶劣、资源匮乏的村庄，人力资源缺失严重，即使留在村里的有能力、有文化、有声望的人被选入村“两委”，由其余的部分村民组成的监督委员会因成员的业务水平和履职能力不高等局限，不懂监督、不会监督，无力使监督委员会正常运转，许多村的村务监督委员会的设立也是上级政府统一组织民主选举的结果，目的在于应付上级政府的指标检查，实际人员构成是否符合要求并实际产生监督作用，未成为制度发展的必然要求。

2. 村务监督委员会的监督定位不准

监督谁？监督什么内容？这是村务监督委员会明确监督定位的关键。制度

① 卢庆徐. 加强党风廉政建设 环江143个村设立村务监督委员会［EB/OL］. 广西新华网，2016-10-06.

设计的初衷是对村“两委”权力的制衡，监督村级财务收支、村务公开、村务管理执行等内容，但村务监督委员会在实际发展中却因为村庄发展实际情况不符合制度设计的监督对象现实，存在监督定位不准的问题。村务监督委员会监督的重点就是村庄集体经济的收支情况，这是村民对村务、对村干部行为进行监督的动力所在，① 因为这关系到村庄资源的合理分配问题，事关每个村民的根本利益。但集体经济不发达或集体经济根本缺失的农村，如广西地处偏远山区的少数民族村落基本无集体经济可言，村民多以分散式小农经济为生产模式，并以外出打工为家庭主要收入来源，村民较少存在利益交叉点，认为没有什么可监督的。监督内容缺失导致村务监督委员会被认为是多余的机构，而对于其直接的监督对象——村“两委”，村务监督委员会表现出地位被虚置的现实困境。村务监督委员会的制度设计确立于 2010 年《村组法》，相对于村“两委”在 20 世纪 80 年代已在农村社会确立权力的正当性而言，明显基础薄弱，面临新生制度的适应性问题，对村“两委”权力的服从性习惯早已根深蒂固，监督的主体性地位缺乏认同基础。村民委员会和村党支部在村庄内部都拥有深厚的治理基础和村民认同感，要实现对村“两委”的权力制衡，首先必须确立村务监督委员会在村“两委”权力框架下的独立性和平权性地位，但在实践中村务监督委员会并未获得制度运行必需的主体地位，村党支部和村委会仍然掌握着村庄的权力资源，村党支部作为乡村治理的领导核心，直接领导村务监督委员会，并未明确两者的领导与被领导地位的界限，村务监督委员会在被领导地位下，在未能掌握村庄权力资源的处境中，导致监督定位不准，甚至监督流于形式。

3. 村务监督委员会的职权不清

2013 年广西《村组法》实施办法在 2010 年《村组法》的基础上进一步明确了村务监督委员会的具体职责，但职责只是明确主体应承担的工作责任，而职权则是主体在职位上拥有的权力。2013 年广西《村组法》实施办法虽然明确了村务监督委员会的职责，但对于职权却未做具体规定，有职责无职权，职责的履行即失去权力保障而无法真正落实。村务监督委员会职权不清的困境主要表现为以下两点：一是村务监督委员会与村“两委”的权力义务关系不清、责任不明；二是村务监督委员会本身在履行各项监督职能时的权力不清。这两项内容的缺失，容易导致村务监督委员会与村“两委”权力制衡的失衡，民主监

① 杨郁，刘彤. 村务监督委员会的虚置化困境及出路 [J]. 农村经济，2014 (2)：109-112.

督机制缺乏运行的制度保障。如村务监督委员会的“审核村财务账目”职责，未明确其要求相关主体交按要求提交账目进行审核并保证账目真实性及账目失实或不予配合应承担的责任等。同时，如果村务监督委员会的监督行为侵害了村集体或村民的合法权益时，并没有规定其应当承担的法律责任等，缺乏对村务监督委员会的事后惩处机制。

4. 村务监督委员会的程序不明

法律公正性依靠程序来保障，制度的有序运行依然需要程序明确制度主体的行为方式、步骤等，保障制度内容的实现。2013 年广西《村组法》实施办法罗列了村务监督委员会的职责内容，但却未对监督的具体实施进行程序化规定。当村务监督委员会实施职能时，各主体该如何行为？怎样行为？通过程序性规定确定各主体的权力、义务与责任，以及合法行为和非法行为的界限及法律效力等。2010 年《村组法》和 2013 年广西《村组法》实施办法显然都缺失对村务监督委员会运行的程序性规定。

（三）村务监督委员会的发展路径

村务监督委员会在法律规定的层面上，通过政府自上而下的方式推行。因此，法律规定与政府是决定其有效运行的关键要素，要摆脱村务监督委员会的发展困境，整合农村权力关系，建立权力监督制衡机制，必须完善法律规定内容和乡镇政府的整体性权力整合指导、提升村务监督委员会的成员素质，这是村务监督委员会发展路径的关键所在。

1. 提升村务监督委员会的成员素质

村务监督委员会成员素质的提升要从以下两个方面展开：一是严把选举关，选举出符合村务监督业务素质要求的成员。在推选村务监督委员会阶段，对候选人在年龄结构、个人能力、知识水平等方面做出硬性要求，积极动员符合标准的党员、入党积极分子、女性、致富能手等担任村务监督委员会成员，严格遵守“应当具备财会和管理知识”“村委会成员及其近亲不得担任”“任何组织或者个人不得指定、委派或者撤换村务监督委员成员”的选举规则，在选人层面即注重提升村务监督委员会成员素质的考量。二是采取培训的方式，培养村务监督委员会成员的业务能力。各乡镇应采取集中培训的方式，多组织村务监督委员会成员进行党的路线方针政策、法律法规、村级事务、村“两委”各项规章制度和财务管理等方面的学习，同时结合村务管理需要加强土地承包、租赁、担保、出让及工程项目招投标等方面的培训，提高村务监督委员会成员的监督水平和能力。

2. 理顺村“两委”与村务监督委员会的关系

理清两者关系的关键是确立双方的权力平衡地位和独立地位。由于村“两委”在乡村治理中的稳固地位，村务监督委员会应从以下两个方面确立其独立性①。

首先，独立于村民委员会。法律规定村务监督委员会向村民会议或村民代表会议负责并报告工作，并规定村民委员会成员及其近亲属不得担任村务监督委员会成员。其中的关键要素是转变村务监督委员会成员对村委会的习惯性服从逻辑，明确两者的权力义务关系及违反法定权利义务关系后的惩罚机制，特别要加强民主评议的落实，实现民主监督的效力。

其次，独立于村党支部。将村党支部的领导核心作用限制在政治、思想和组织层面上，应明确两者的业务独立性，规定村党支部假领导之名行干涉监督之实的法律责任。同时，在村党组织内部完善民主监督功能，应规定村务监督委员会可列席村党支部会议，或通过村务监督委员会的党员委员，进行党组织内的监督。提高乡镇政府运用行政力量，使其科学干预和指导村务监督委员会制度运行的能力。乡镇政府运用行政力量干预和指导的科学性体现在行政权力的适时介入和退出。

首先，乡镇行政权力应在制度推行初期进行主导性制度输入，严格依照法律规范确立村务监督委员会的强制性设置，自上而下建立选举规范严格村务监督委员会的产生程序，通过驻村干部监督指导选举产生后的村务监督委员会机构实现监督职能。同时，为了提高村务监督委员的业务能力和积极性，以财政支付报酬的形式促进村务监督委员的工作积极性，并采取强制参与集中培训的方式提升其业务水平。

其次，乡镇行政权力应在村务监督委员会正常运行后，由行政干预转为工作指导，适时弱化对村务监督的行政控制。村务监督是村民自治制度中民主监督的体现，乡镇行政权力的过度干预会打破村务监督制度追求的村级权力制衡格局，当村务监督制度运行完善后，乡镇政权应适时通过培训、检查等方式，督促和提升村务监督委员会的制度运行能力。

3. 完善村务监督委员制度的法律规定，明晰权责，增加程序化规定

一是应对法律有关村务监督委员会的职责规定，对应性地建立主体间的权力义务设定；二是增加村务监督委员会成员履行职责的程序规定；三是规定妨

---

① 杨杰，于超，张红囡. 实施村务监督委员会制度的现实困境及其应对策略［J］. 中共济南市委党校学报，2012（1）：75.

碍村务监督委员会履行职责的权利救济机制；四是村务监督委员会不依法履行监督职责侵害村民或村集体合法权益时，规定受侵害主体的权利救济机制；五是村务监督委员会成员违法行使职权行为造成损害时，应承担相应法律责任。

## 七、村民小组

贺雪峰认为，村民小组是村民基本的认同单位，也是社会互助人情往来的基本单位①。从历史变迁来看，村民小组由人民公社时期的生产队演变而来，在十一届三中全会以后，全面推行家庭联产承包责任制，财产公有、紧密合作、集中劳动的生产队体制瓦解，在以村委会为主导的基层组织管理模式下，结合原有的生产队为基础地域、人员因素，相继成立了村民小组，即一个或数个生产队划分为一个村民小组。村民小组是农村最基层的集体经济组织，是村民委员会管辖下的行政编组，多以自然地形设立村民小组，有的一个自然村就是一个村民小组，有些大的自然村分设几个村民小组。村民小组分别由几户、十几户、几十户组成，人口稀疏的西部地区农村有的村民小组就由几户人家组成。村民小组可以说是与村民关系最密切的乡村治理体制内组织主体，我国目前对村民小组无明确的法律定位，但现实中，村民小组作为诉讼主体参与诉讼的情况有很多，明确村民小组的性质特征，对乡村治理的主体性认定非常重要。村民小组在现行乡村治理中发挥何种作用？面临哪些发展困境？村民小组制度的未来将走向何处？这些都是在目前的制度环境下发展村民小组制度应解决的关键问题。作为少数民族自治地区的广西，在村民小组制度的大发展环境下，表现出怎样的自我发展特色？

### （一）村民小组的性质特征

村民小组同乡镇、村农村集体经济组织一样，其性质特征体现在以下三个方面：

一是基层群众性自治组织。2013 年广西《村组法》实施办法第十三条规定，村民委员会可以按照便于村民自治的原则，根据村民的居住状况、集体土地所有权关系等设立若干个村民小组。村民小组作为村民委员会下设的基层群众自治组织，在村民小组这个人际关系紧密、利益关联密切的熟人社会圈子里，为村民自治构建了村民间认同与合作提供了民间基础。

二是民事法律主体的其他组织。它依法律和政策规定而建立，有自己的名

① 贺雪峰，董磊明. 村民组与农民行动的单位——安徽肥西县小井村调查［J］. 中国农史，2005（4）：106.

称和场所，虽然同大多数村农民集体经济组织比较而言，村民小组没有明显的组织机构，只有小组长，但就该村民小组农民集体而言，拥有独立的财产（土地）和自主进行生产经营的能力，并能在一定的财产范围内（土地所有权除外）独立承担民事责任，符合民事主体的资格条件，因此具有民事权利能力和民事行为能力。它与法人相似，但在设立程序和条件、终止条件、生产经营方式和目的、财产（主要是土地）处分、管理职能等方面却又不同于法人。故其作为民事主体，有别于自然人和法人，只能把它作为其他组织对待。

三是集体土地权利主体。1962 年《农村人民公社工作条例修正草案》第二十一条规定，生产队是人民公社中的基本核算单位。它实行独立核算，自负盈亏，直接组织生产，组织收益的分配。其还规定，生产队范围内土地，都归生产队所有。即说明了“村民小组”的前身“生产队”具有自己独立的财产，拥有相关土地的所有权和使用权；而依据《中华人民共和国土地管理法》第十条规定，农民集体所有的土地依法属于村民集体所有的，由村集体经济组织或者村民委员会经营、管理；已经分别属于村内两个以上农村集体经济组织的农民集体所有的，由村内各该农村集体经济组织或者村民小组经营、管理。《中华人民共和国农村土地承包法》第十二条规定，农民集体所有的土地依法属于村农民集体所有的，由村集体经济组织或者村民委员会发包；已经分别属于村内两个以上农村集体经济组织的农民集体所有的，由村内各该农村集体经济组织或者村民小组发包。前两条法律规定均体现了村民小组对已经分别属于村内两个以上农村集体经济组织的农民集体所有土地享有经营管理的权利，并可由其向村民发包该土地，因此可以说明村民小组对相关土地享有所有权、使用权和发包权①。

### （二）村民小组在乡村治理中的功能作用

相对于管辖范围较大的行政村一级而言，村民小组内的居民居住于同一自然村范围内，相互联系密切，在行政村的半熟人社会化趋势日益明显时，村民小组维持着传统中国农村熟人社会的生活模式。村民小组在乡村治理中担当重要的整合各要素发展的角色，是村庄公共事务的具体执行者，具有对村民小组内重大事项的决策功能、公共利益维护功能、信息沟通功能、维护社会秩序功能等。

---

① 孙建宏. 村民小组的法律地位及对土地确权登记的影响 [EB/OL]，中国国土资源报数字网，2016-10-21.

1. 重大事项的决策功能

2010年《村组法》第二十八条第三款规定，属于村民小组的集体所有的土地、企业和其他财产的经营管理以及公益事项的办理，由村民小组会议依照有关法律的规定讨论决定，所做决定及实施情况应当及时向本村民小组的村民公布。这是村民小组作为集体土地权利主体的功能表现，也可以作为一个独立经济单位自我管理。广西目前许多村民小组虽没有共同的集体经济发展事务，但土地的分配、承包、发包以及被征用等事项都是以村民小组为单位集体协商决策的。由于国家支农惠农政策的增多，各项农业补贴政策、农村低保扶贫政策、一事一议制度等的具体落实都以村民小组为单位，根据村民小组内居民的实际情况进行合理分配，由于“一事一议”项目多涉及村民小组内居民的利益，如何申报、筹工筹劳等都需要村民小组进行平衡、整合、协调，最后决定项目的具体开展。

2. 公共利益维护功能

村民小组内村民间形成紧密的利益共同体，相对于作为行政区划分割的行政村，村民小组内的公共利益关联性更强。修路、水利建设、自来水等公益设施的建设都关系到每家每户的利益，农村税费改革及农业税被取消后，乡镇政府缺乏为农村提供公共服务的能力，村民小组在行政村一级的利益分配中作为基本的利益分配单位存在，是本村民小组内公共利益的真正提供者和分配者。“一事一议”制度作为目前农村最重要的公益事业建设制度，以直接受益群众为议事范围，村民小组则成为制度运行的基本单位，村民小组会为了本村民小组的公共利益独立或与其他村民小组之间乃至整个行政村共同申报“一事一议”项目，建设村内公共设施，为村民提供公共服务。

开展“美丽乡村”活动后，村民小组成为最基层的实际实施主体。《广西壮族自治区乡村清洁条例》第十六条规定，村民委员会、村民小组应当定期组织开展村屯公共区域、庭院卫生整治和公益卫生活动，清理乡村溪流、池塘、沟渠、道路的垃圾、淤泥、粪堆，保持村屯公共区域、庭院整洁卫生。村民小组作为紧密的生活集合体在乡村清洁活动中理应承担本地域范围内的具体工作，维护村民小组内公共卫生，利用村民小组内村民的利益关联性和生活设施相关性，整合乡村清洁的设施资源和人力资源，共同完成清洁乡村的各项任务。

村民小组发挥公共利益维护的另一个功能是其作为民事法律主体，采用法律的手段维护本村民小组的公共利益。目前有许多因农村土地租赁、承包、侵权纠纷等问题进行诉讼的案件，村民小组作为原被告成为诉讼主体，承担着维护本村民小组公共利益的责任。

3. 信息沟通功能

2013 年广西《村组法》实施办法第十五条规定，村民小组长应当召集本组村民传达村民委员会的有关决定；向村民委员会反映本组村民的建议、意见。信息的上传下达与沟通是实现村民自治的基础，每个村民都应该了解自治涉及的各项事务，但由于行政村一级管辖的范围较广且村务公开一定程度的不到位，村民小组便成为村民了解信息和反映情况的中介。村民小组长在参加完村委会召集的相关会议后，会将会议信息传达给本组村民。村民对村庄治理或有关村庄决议有意见和建议的，直接找村委会干部反映，一个村干部由于面对全村村民，没有过多的时间和精力去听取并及时处理村民反映的意见，村民可以通过关系最密切的村民小组长反映自己的诉求，村民小组长能处理的即可自行处理，处理不了的应报告村委会及时处理，让问题得到快速解决。

村民小组的信息沟通功能可以让村民及时了解村务，意见得到及时反馈并处理，畅通村民利益表达渠道，增强村民自治意识，化解因问题不及时导致的矛盾纠纷，实现乡村社会的有序治理。

4. 维护社会秩序功能

村民小组是农民认同和共同行动的单位，可以利用熟人社会的潜在约束机能，以及因血缘、地缘形成的行动和思维逻辑规范村民的行为。乡村社会生活的亲密性也会导致交往过程中的一些矛盾纷争，处理矛盾则成为村民小组作为乡村治理主体的一个重要职能。对于熟人社会的村民间矛盾而言，牵扯到太多的人情往来，无法以片面的正确或错误来评价和处理，要顾及人与人之间的理解和宽容，村民小组可以利用本土资源解决矛盾，并让村民间在相互认同的环境中，在信任的村组干部的调解下，解决社会矛盾，平等地分享社会资源，维护社会秩序。在中国传统的“以和为贵”、疏于诉讼的农村社会，老百姓有了纠纷不会首先诉诸司法救济，一怕伤了和气，二怕诉讼成本太高承担不起。民间传统权威就成了纠纷矛盾求助的首选对象，一可节约成本，二可通过大家共同信任的权威式调解，实现不伤和气的内部和解。民间传统权威在国家村民自治制度的框架下，有的退出社会治理的舞台，有的通过民主选举的现代治理手段将民间传统权威演变成现代乡村治理主体，而村民小组符合传统权威生存所需要的环境条件，村组干部某种程度上继续在本村民小组范围内履行民间传统权威的社会秩序维护功能。

### （三）村民小组面临的发展困境

在村民自治制度发展背景下，村民小组被置于尴尬的发展境地，村民小组是村民委员会按照便于村民自治的原则设立，在村民小组范围内有一定程度的自治权，但其实质上不能如村民委员会般具有作为基层群众自治组织的独立完整自治权，而是村民委员会为顺利有效推行村民自治设立的下属执行组织。因此，其尴尬之处就在于既要实施本村民小组范围内的自治职能，又不实质掌握村庄内的自治权力资源，在集体经济薄弱的广西农村，村民小组甚至面临运行难的困境。

1. 村民小组运行缺乏物质基础

广西农村发展大都保持原子化的家庭式农业生产模式，行政村一级除国家下拨的每一年村委会的办公经费和上级拨款建设的村委会办公楼及办公设施外，村一级财政基本赤字，集体经济在实行家庭联产承包责任制后即无任何保留。村民小组的情况更为糟糕，连国家财政支持经费都无法下达村民小组一级，有的村民小组有集体土地的还可以通过土地承包等形式获得村民小组发展的集体资金，但大多数村民小组是无任何集体资源的，有的可能保留有几分水田，也作为对村民小组长的报酬分给村民小组长种植收益了，而村委会下达任务要求完成时并不同时拨付任务完成所需要的资金，村民小组内公共事务大都公益性完成，缺少资金保障运行。在物质保障缺乏的情况下，有的村民小组几近瘫痪，缺少资金和必要的公共事务服务和行政任务完成条件，村民小组的熟人社会治理资源正在面临物质条件匮乏的挑战。

2. 村民小组运行缺乏人力资源

物质条件匮乏的连锁反应是人力资源的流失或难以整合。村组干部的选举难是村民小组运行难的一个根本原因，而选举难的决定因素仍然在于物质保障不足，无报酬或报酬低。

笔者在广西农村调研时发现，一些没有集体经济的村落，村民小组运行缺乏人力资源的现象非常普遍和突出，乡镇政府对此也有认识，但无能为力。由于广西劳动力外出务工比例较大，村民小组长又是吃力没报酬或报酬极低的工作，基本没人愿意做，现任的村民小组长有的是多年担任，出于村民对自己的信任坚持做的；有的村民小组由于没人愿意干，就采取轮流坐庄的形式，以户为单位轮流出来任职。乡干部和村干部对此都很无奈，因为村民小组长不领工资，村里召集去开会有时也没有补贴，联系工作还要自己掏电话费，条件好的村民小组最多有几分田可以分配给村民小组长耕种，但比起外出务工，确实收入太少，杂事又多，从“成本—收益”的经济学角度衡量，外出务工或在家专注干农活是大多数人的选择。村民小组因物质匮乏导致人力资源匮乏，运行效能大打折扣，作为村民自治制度运行的实际执行组织，没有优秀的人才资源保证高效运行，既是村民小组目前的发展困境，也是村民自治制度的发展困境。

3. 村民小组运行缺乏制度保障

2010年《村组法》规定了村民小组会议的召开、村民小组长的推选、村民小组的职责范围。2013年广西《村组法》实施办法规定了村民小组的设立原则、村民小组组织构成及选举办法。这些都是产生村民小组的规定，法律和地方性法规对村民小组的实际运行都未做出具体规定。如村民小组的具体职责、村民小组会议的召集程序、村民小组内公共事务的具体管理办法、组务公开、组务监督等问题，都应当进行制度化规范，但目前的村民自治大多停留在民主选举阶段，民主决策、民主管理、民主监督普遍较弱，村民小组的运行是有效民主管理的直接反映，再加上村"两委"的村民自治主导地位，村民小组被忽视或根本缺乏关注的资源条件。在此困境下，地方性村民自治制度应当对村民小组的有效运行进行制度改革，建构一个包含物质条件、人力资源、运行程序等各方面内容的制度发展机制。

（四）村民小组的发展路径

既然村民小组的实际发展面临诸多困境，也存在当前无法解决的很多问题，从制度发展的逻辑而言，对制度发展进行理想化设计是引领制度有效发展的根本方法，村民小组的重要性在村民自治制度中不言而喻，但疲软运行却是事实，应从以下三方面进行制度发展努力。

1. 提高村民小组的实际自治权力

一个权力组织的实效性保证就是拥有实际的权力，村民小组是依照"便于村民自治"的原则设立，由于村民小组的特殊地缘优势、情感集合优势，特别是一个村民小组就是一个自然村的建制，村民自治可以以此为依托更好地得以落实。2016年中央一号文件在"创新和完善乡村治理机制"的内容中建议，在有实际需要的地方开展以村民小组或自然村为基本单位的村民自治试点。因此，可以考虑村民小组作为基层自治组织独立存在，虽然从行政村建制上考虑，村民小组独立化难免造成基层自治组织偏多，农村资源难以整合的问题，但可以在保留行政村建制的前提下，探索村民小组自治权独立运行的新模式。

现有法律规定明确村民小组会议为民主决策机构，执行主体为村民小组长，但并未规定民主决策的具体事项有哪些，民主决策的效力如何以及村民小组会议的实际运行程序是什么等，而这些问题都是保证村民小组实际自治权力的关键。首先，细化村民小组会议决策的具体事项应为涉及村民小组全体村民利益的事项，必须经村民小组会议讨论方可办理；其次，村民小组会议由村民小组长召集，有十分之一以上的村民小组村民提议应当召集，会议前十天应通知村民并公布会议讨论的内容，应当有本村民小组十八周岁以上的村民过半数，或者本村民小组三分之二以上的户的代表参加，村民小组会议所做决定应当经到会人员的过半数通过；最后，村民小组会议的召集会因为农村劳动力外出而无法满足参与人数的法定要求，通过规范授权村民小组长会议的形式来弥补村民小组会议无法召集的困难，规定村民小组长会议的组成人员应为村民小组长、本村民小组党员、本组内的村民代表、本组内的村干部。

2. 以村民小组为经济组织发展集体合作经济

既然集体经济缺失是村民小组运行困境的根本，村民小组作为集体土地权利主体，可以整合村民小组范围的土地资源发展集体经济，现有的许多村民小组即通过将本组内土地承包出租的方式获得集体收入，也可以通过“一组一品”等集体化农业经济合作模式，在村民小组内建立农业经济合作社，由村民小组统一提供技术培训、种子定购、产品营销等公共服务，在合作社范围内统一生产、统一经营，本组村民作为合作社成员获取利益，村民小组通过收取服务费的方式抽取一部分资金发展村民小组公共事务，村民小组长也可以领取适当的工资报酬，实现资金利益的统分结合模式，既整合本组资源让村民富裕，又在集体合作经济的基础上为村民小组公共职能的运行提供资金保障。

3. 加大对乡村财政的支持力度

税费改革及农业税取消大大减少了乡村财政收入，财政困难的乡镇政府无力为乡村社会发展提供必要的公共服务，应该坚持中央与地方政府分级负担的原则，中央政府财政投入在提供农业补贴政策的基础上，强化农业社会化服务财政投入体系，采取购买服务的方式，保证乡村治理的有序运行。村民小组运行的困境之一在于缺少提供公共服务的资金保障，通过财政购买服务的方式，将村民小组长的公共服务职能纳入农业社会化服务财政体系范畴，结合村民小组长的实际工作内容进行财政补助，鼓励和引导其参与村民小组公共事务的管理，吸引有能力的村民担任村民小组长，提高村民小组的治理效能。

## 八、其他乡村社会治理体制内组织主体

除以上论述的乡村治理体制内组织主体外，农村社会还有明确分工的其他组织，他们都在履行各自职能范围内完善乡村治理、实现村民自治的努力。2010年《村组法》第七条规定，村民委员会根据需要设人民调解、治安保卫、公共卫生与计划生育等委员会。村民委员会成员可以兼任下属委员会的成员。人口少的委员会可以不设下属委员会，由村民委员会成员分工负责人民调解、

治安保卫、公共卫生与计划生育等工作。然而，由于各村实际情况不同，有的组织设置不尽相同，本书以广西 LH 瑶族乡的白裤瑶村落 HL 村为例，简单阐述村庄内各体制组织的设置及工作职责，其中在村党支部领导下的组织有团支部、妇代会，属于村民委员会下属组织的有人民调解委员会、治安保卫委员会、公共卫生委员会、计划生育委员会。

（一）团支部

村一级的团支部书记一般为半定工干部，他们领取相当于村委会主任或村党支部书记工资收入一半的工资报酬。笔者在广西 LH 瑶族乡的白裤瑶村落 HL 村调研时，采访了该村的团支书小谢，一个 25 岁的小伙子，已婚并育有一子，家里住上了政府出资一半、自家出资一半盖起的两层小别墅，享受新农村建设带来的美好生活，父亲是一名小学教师，家庭生活还算富裕。他跟我说，等到农闲的时候他就会去桂林的旅游景点打工贴补家用，自己一个月 400 多元工资不够家用，另外一个出外打工的目的是出去学一些搞旅游的经验回来，从而将本屯打造成乡村旅游景点。因为小谢所在的屯是乡里的新农村建设试点，全屯共 86 户 362 人，均为白裤瑶族群众，全屯被打造成为具有民族特色的旅游式社会主义新农村，在进行全屯风貌改造过程中，结合本地民族文化元素，利用到了风貌改造的整体建筑上，如房屋上的铜鼓和牛角、瑶王印、花腰带等都是白裤瑶古老的文化元素，突显了白裤瑶民族独有的建筑特色，因此具有打造民族乡村旅游的基础，小谢看准了自己屯的发展前景，希望出去开开眼界，回来为家乡发展做贡献。虽然团支书的职务不允许小谢常年离家在外，但目前离土村干部又何尝只有小谢一个？小谢说：“现在村里的事情有村支书和村委会主任，自己平时要管的事情并不多，现在的信息技术这么发达，即使有事情也可以及时打电话沟通。”或许小谢会成为下一个农村能人，但无法解决村内履职与外出学习的冲突。HL 村村部的墙面上张贴着团支部工作制度，具体内容如下：

1. 在村党支部的领导下，做好团支部工作，根据具体情况制定本支部工作计划并做好总结工作。

2. 结合本支部实际情况认真安排上级团组织的任务和本支部的工作。

3. 抓好团支部自身建设，定期召开团员大会，充分发挥集体的作用。

4. 加强对团员和青年的思想政治工作，动员和组织团员青年为社会主义现代化建设事业勤奋学习，全面成材，建功立业，关心青年利益，密切联系青年群众。

5. 加强对团员的教育和管理，搞好团员统计，按时收缴团费。

6. 做好团员“推优”的联系、培养、考察工作。

7. 组织团员学习上级团组织转发的文件，学习理论、时事政治和团的基础知识。

8. 团支部干部及时了解掌握团员的思想、工作、生活情况，发现问题及时解决。

制度的设计面面俱到，但现实的运行却无法真正落实。团员在农村基本都是青壮年劳动力，小谢说自己村的团员基本都外出打工了，“定期召开团员大会”根本不可能，加强思想政治工作也无对象，有的连团费都是每年春节回来才在团支书的催促下上缴的。农村团支部作为党支部发展的后备力量，是农村新生治理力量的集合地，但现实却无法为这些新生力量提供足够的受教育及发展资源，团支部也就成了乡村治理组织中的薄弱主体，究其原因依然是乡村社会治理缺少发展资源，无法吸引年轻人回村生活，团支部面临发展危机。

（二）妇代会

妇女是农村社会治理中的特殊群体，在中国传统妇女保守观念的影响下，女性在乡村治理中往往处于被动地位。为了保障妇女在乡村治理中的主体地位，提高妇女的参与率，2010 年《村组法》规定，村民委员会成员中，应当有妇女成员。妇代会是村党支部领导下的一级乡村治理体制内组织主体，主要职责是组织教育农村妇女形成民主参与意识，提高自身文化素养。广西许多村庄还在妇代会的基础上建立了经常性妇女活动组织——“妇女之家”，制定活动管理制度、工作职责、接待制度等，组织全村妇女集中进行卫生保健、家庭教育、实用技术、文明礼仪等的培训，并集中学习妇女权益保护、未成年人保护方面的法律法规，为妇女提供维权咨询指导、创业就业服务、心理情绪疏导、婚姻关系调适、邻里纠纷调解等方面的帮助①。

HL 村是一个白裤瑶聚居村落，白裤瑶妇女相对文化落后，虽然在婚前有相对大胆的自由，主动追求自己喜欢的男性，但进入家庭生活后，其主要的工作就是做家务、生儿育女、孝敬公婆、顺从丈夫，疏于对此以外的村庄公共生活的关注，但妇代会的法定地位及妇女成员在村民委员会成员中的法定性要求，妇女工作得到有效推行。HL 村对妇代会工作职责的内容设定包括以下五个方面：

第一，在村党支部领导下，做好妇女工作，根据本村实际制定妇女工作计划，并实施。每季度组织妇女小组长召开一次会议。

---

① 资料内容来源于笔者赴桂林市五通镇穴田村调研时从村委会获取。

第二，对妇女进行爱党爱社会主义的教育，正确处理好国家、集体、个人三者之间的关系，做自尊、自信、自立、自强的新女性，鼓励妇女学文化、学技术、学科学，大力发展市场经济，在社会主义两个文明建设中发挥作用。

第三，带头守法、用法律武器维护妇女的合法权益，热情接待来信来访，为妇女儿童伸张正义。教育妇女正确处理好恋爱婚姻和家庭关系，积极开展“双文明”活动，提倡移风易俗、婚事新办、丧事简办，破旧习、树新风。

第四，协调学校配合有关部门，做好儿童入学工作和妇幼保健工作。

第五，发动妇女帮助本村贫困妇女脱贫致富，配合有关部门做好计生工作和双拥工作。

妇代会在某种意义上是农村妇女的权益保护组织、文化教育组织，女性由于固有传统观念、家庭角色地位等处于农村社会权力的边缘，但随着农村男性劳动力的大规模外移，我国农村出现了大量的留守妇女，她们不仅是农村生产生活的主要力量，也是参与村民自治和乡村公共生活的新生重要力量，以前所未有的主体角色进入乡村社会治理中心。妇代会则是整合农村社会妇女参政议政和提高参与能力的组织，利用村庄资源为本村妇女提供服务。HL村妇代会主任是一位50多岁的白裤瑶妇女，她说，平时做得最多的工作就是给本村妇女做计生工作，偶尔调解一下妇女间的矛盾，开展工作时会走家串户，村里的妇女农闲时会在家织布绣花，上面有任务下达需要做妇女思想工作的，自己就会边参与绣花边传达任务精神，有时会召集妇女小组长开会碰头协商下一步的工作。其实村落留守妇女大多也是中老年，年轻的都出去打工挣钱了，中老年妇女多在家带孙子、干农活，没多少文化，有时工作不好开展。

广西壮族自治区党委组织部、自治区民政厅、自治区妇女联合会《关于在2014年全区村（社区）“两委”换届选举工作中抓好村级妇联组织换届选举工作的通知》中提倡村“两委”班子中的女成员通过法定程序担任村妇代会主任。在少数民族人口比较集中的村，要有一定比例的少数民族妇女干部。同时，要求村级妇联候选人具备的基本条件是思想素质好、带头致富和带领妇女致富能力较强、在村妇女中有威信，并以此为条件，积极创造条件，鼓励致富女能手、回乡女大中专毕业生、女大学生“村官”、外出务工经商返乡妇女和农村产业协会、经济合作组织女负责人积极参与竞选，努力将那些思想好、热心为妇女儿童服务、有文化、有本领，具有开拓精神，能够带领妇女增收致富的优秀妇女选进村级妇联组织班子。女性作为乡村治理的主体，依法被纳入体制内主体范畴，随着社会经济的发展，农村女性经济精英和社会精英逐渐增多，她们的细心、耐心能更好地实现与村民的沟通，容易获取村民的信任，也容易凝聚和激发农村妇女自我意识的觉醒以及民主参与积极性的提高，带动乡村妇女为乡村发展贡献力量。

（三）村民委员会下属组织

人民调解、治安保卫、公共卫生、计划生育委员会是法定村民委员会可以根据需要设立，但也规定了人口少的村庄可以不设立，由村民委员会成员分工负责。2013 年广西《村组法》实施办法第七条也规定，村民委员会根据需要设人民调解、治安保卫、公共卫生与计划生育等委员会。各委员会主任一般由村民委员会成员兼任，其他成员由村民委员会提出，经村民会议或者村民代表会议讨论通过。人口较少的村，可以不设下属委员会，由村民委员会成员分工负责有关工作。

人民调解与治安保卫是化解社会矛盾、维护本村社会秩序的组织建构，广西大部分村民委员会均有设置，并且有专门的人民调解室等固定工作场所保证调解工作的顺利开展。公共卫生和计划生育则是管理村民日常生活的组织，在国家“清洁乡村”活动和计划生育国策的语境下，两大委员会承担重要的社会日常治理协调功能。

1. 人民调解委员会

由于国家对农村社会稳定的重视，农村社会矛盾的及时化解以维护稳定，是农村基层治理的重中之重。村民委员会下属的人民调解委员会专司调解村内民间纠纷、协调村内矛盾、开展法制宣传。广西 B 县是一个人口达到 181.29 万的广西第二人口大县，客家人口比例占总人口的 90%以上，还是世界第一大客家人聚居县。人口多、密度大也使得当地社会纠纷和矛盾呈现出多样化与频发的态势，村级人民调解则成为维护农村社会稳定的重要力量，B 县 MF 村的人民调解委员会工作突出，担任人民调解委员会主任的村支书曾获得中央宣传部、司法部颁发的“全国法制宣传教育先进个人”、广西壮族自治区司法厅办法的“全区人民调解工作突出贡献奖”等荣誉。MF 村人民调解委员会的工作职责如下：

（1）及时调解各类民间纠纷，并通过调解工作宣传法律、法规、规章、政策等，教育公民遵纪守法、遵守社会公德，及时向上级汇报调处情况。

（2）做好纠纷预警工作，及时排查各类矛盾纠纷、掌握辖区内各种不安定因素，做好教育疏导工作，防止激化，并及时汇报重大不安定事件。

（3）对辖区内所发生的各类民间纠纷，由首次调解责任人调解，若二次调解不成功，可以向本级或者上一级调委会反映。

（4）依据法律、法规、规章、政策进行调解，法律、法规、规章和政策没有明确规定的，依据社会公德及时调处纠纷。

（5）在双方当事人自愿、平等的基础上进行调解。

（6）尊重当事人诉讼权利，不得因未经调解或调解不成而阻止当事人向人民法院起诉。

（7）调解纠纷时，应当在查明事实、分清是非的基础上充分说理，细心疏导，消除隔阂，帮主当事人达成协议。

（8）调解纠纷应当进行登记，制作笔录，签订调解协议，调解协议书应当有当事人和调解人员的签名，并加盖调委会公章，生效后，统一保管。

（9）认真完成上级布置的各项任务。

MF 村人民调解委员会有一套完整的工作机制，并隶属于 MF 村司法行政服务工作室，共同提供人民调解、社区矫正、安置帮教、法律宣传、法律服务、法律援助等服务项目，依法调解程序规范，调解卷宗制作规范，处理村内大量的有关坟山纠纷、土地纠纷、房屋建设纠纷、交通事故经济赔偿纠纷、打架纠纷、宅基地纠纷等，以及本村与外村产生的民事纠纷，有的外村无法解决的纠纷也会邀请 MF 村人民调解委员会主任前往调解。MF 村因此被评为市级和谐村屯。人民调解委员会在依法治理的背景下，通过乡村治理主体或民间权威人物的威信和在村落中长久确立的人际关系，实现民间情感约束与法律规范之间的契合，人民调解委员会作为体制内组织主体发挥了维护乡村社会稳定的作用。

2. 治安保卫委员会

社会治安在目前人员流动频繁的农村社会的重要性日益凸显。其职责如下：

（1）宣传教育群众增强法制观念和安全防范意识。

（2）组织群众进行治安联防、治安巡逻和安全检查等工作，落实群众性防盗、防火、防破坏和防其他治安灾害事故的防范措施。

（3）对有违法犯罪行为的人进行帮助教育，对被判处管制、缓刑、假释以及保外就医的犯罪分子进行监督、考察。

（4）协助公安机关保护发案现场，积极提供破案线索。

（5）配合有关部门及时疏导和调解可能激化的民事纠纷。

（6）向政府及综合治理组织反映群众对社会治安综合治理工作的意见和要求。

（7）劝阻制止违反治安的行为。

（8）制定治安公约，落实安全责任制。

（9）揭发检举坏人、坏事，扭送被通缉或被发现的罪犯。

(10) 协助公安机关做好流动暂住人口、特种行业、枪支弹药等危险物品和各种要害部位的治安管理工作。

治安保卫委员会是农村社会治安管理的实际执行者，成员多为村委会成员，从其职责内容中可以看出，治安保卫委员会是集法制宣传、治安防范、帮教犯人、人民调解、公安协助等于一身的基层治安保卫机构。广西河池市天峨县认识到农村治安防控的重要性，在治安保卫委员会的基础上，“探索构建‘一村一站一民警、一屯一点六大员’的农村社会治安防控网，在全县 94 个行政村社区建设了 94 个警务室（站），在全县 1555 个自然屯设立了警务联络点，组建了集人民调解、治安信息收集、法制宣传、交通安全、义务防消、抢险救灾六种职责于一身的‘六大员’，构建了派出所—农村警务室（站）—‘六大员’—屯级警务联络点—治安中心户五级联防网络，把握了农村防控工作‘第一条射线’”①。

“天峨经验”从农村基层社会入手，整合基层社会资源，加强治安保卫基础建设，构建农村一体化防控体系，实现了从传统管理模式向社会管理与村民自治的有机结合。

3. 公共卫生委员会

广西目前的村级公共卫生委员会更多地服务于“美丽广西·清洁乡村”活动，并结合乡村卫生医疗建设，全方位开展乡村公共卫生管理和整治工作。

广西自 2016 年 7 月 1 日起施行《广西壮族自治区乡村清洁条例》，标志着广西乡村清洁管理上升至法律层面，农村公共卫生委员会的职能突显，依法组织村内的清洁管理工作，农村公共卫生委员会隶属于村民委员会，其成员也由村民委员会成员组成，有的村并未设立专门的公共卫生委员会，村内公共卫生职能由一名村干负责。目前，广西许多农村都制定了专门规范村内环境卫生保护的村规民约，各级政府及相关职能部门负责乡村清洁设施规划与建设管理工作，《广西壮族自治区乡村清洁条例》规定各级人民政府要“因地制宜建设乡村卫生厕所、垃圾和污水处理等乡村清洁设施，配备符合要求的卫生保洁专用设施、设备”，“村民委员会负责组织村民开展清洁家园、清洁水源、清洁田园、绿化美化村容村貌等乡村清洁活动”，村民是“美丽广西·清洁乡村”活动的主体，村级公共卫生委员会作为农村村民委员会内专职从事村级卫生管理的组织主体，实际履行村“两委”的清洁乡村公共服务职能，监督村级卫生整顿、环境清洁等工作，承担提高本村卫生绩效考核成绩的重任。

---

① 河池日报．天峨公众安全感连续 5 年居全区前三［EB/OL］．人民网，2016-10-28.

《广西壮族自治区乡村清洁条例》第十四条规定："村民委员会、村民小组应当建立日常卫生保洁制度，按照谁受益谁付费的原则和村规民约向有关单位和个人收取保洁费。经村民会议或者村民代表会议讨论决定，村民委员会、村民小组可以从村集体经济所得收益中提取一定比例用于本村屯日常卫生保洁。县级人民政府对乡村日常卫生保洁给予适当补助。保洁费应当专款专用，其收取和使用应当至少每季度公布一次，接受村民监督。"村民委员会根据工作职能的分配，一般由公共卫生委员会负责对保洁员的工作情况进行监督。《广西壮族自治区乡村清洁条例》第十五条规定："保洁员主要承担以下职责：（一）乡村公共区域的清扫保洁；（二）生活垃圾收集、分类和清运；（三）乡村清洁设施的日常维护；（四）协助村民委员会或者村民小组收取保洁费；（五）乡村清洁的日常宣传教育；（六）制止、举报影响乡村环境卫生的行为。"笔者在2015年赴桂林市L村调研，由于这里是一处景点，村委员张贴保洁人员岗位职责，并明确保洁员及监督电话，"美丽乡村"活动开展后，许多农村都制定了保洁员的岗位职责规定，保证村内公共卫生工作长效机制化。

4. 计划生育委员会

计划生育是我国的一项长期基本国策，农村一直是我国计划生育工作的前沿阵地，乡镇政府在村一级会专门设置计划生育委员会，《广西壮族自治区人口和计划生育条例》第十条规定，村民委员会应当有专人负责人口和计划生育工作。2013年广西《村组法》也规定村民委员会有推动计划生育的义务。村一级往往会配备计生专干作为村一级计生情况信息员，向村民宣传计生知识和政策，对违反计生政策的情况及时向上级反映。计生专干直接隶属于乡镇计生办，并获得计生办专项经费支付的报酬。

如何将计划生育工作与村民自治的民主管理相结合，是目前农村计生工作面临的新问题。《广西壮族自治区人口和计划生育条例》第十二条规定，农村村民委员会应当将计划生育工作纳入村民自治内容，落实计划生育的各项制度和措施。村民委员会可以将计划生育列入自治章程、村规民约。村民委员会可以与村民签订计划生育合同，明确权利、义务和奖励、扶持内容，并专门制定了《广西壮族自治区农村计划生育家庭奖励扶助办法》。

广西农村地区强烈的"传宗接代"生育观念使得计划生育依然是基层政府的工作重心，实行二孩政策后，农村的计生工作依然严峻，农村外出务工人员的生育现状难以掌握，"多子多福"的想法还在延续，计生问题还是农村社会的重要问题。"诚信计生"是在广西农村社会全面推行的计划生育工作方式，即"将政府和育龄群众在计划生育中应履行的权利和义务通过诚信承诺的形式约定下来，并依靠双方的信誉去保证承诺的兑现。其基本内容是政府在奖励扶助、免费服务、扶持发展生产等方面给予诚信计生家庭以优先优惠待遇，做出承诺；已婚育龄妇女自愿组合，组成诚信小组，在按政策生育、选择节育措施等方面做出承诺，相互守信，做到“政府诚信、群众守信、村民互信”①。“诚信计生”被纳入村民自治的范畴，要求遵循双向承诺②、充分自愿③、依法自治④的基本原则，实施的基本方法有以下五个：一是开好五个会，即党支部委员会、村委干部会、村民代表大会、计生协会会员会、已婚育龄妇女座谈会，建立村“两委”干部分片包干责任制，做好分片包干群众的宣传动员工作；二是利用广播、电视、报刊、网络等多媒体加强宣传；三是修改《村民自治章程》《村规民约》，讨论制定《诚信计生承诺书》；四是自愿组合成立诚信小组，民主选举诚信小组长；五是签订《诚信计生承诺书》。建构农村诚信计生五级网络：村两委（计生协会会长）—村计生专干（计生协会副会长、秘书长）—村人口管理员（计生协会小组长）—诚信小组长（计生协会会员骨干）—诚信小组成员（计生协会会员），明确各级人员的工作职责。

广西的“诚信计生”在区域型计划生育政策环境下，结合农村社会管理实际，将原计划生育政策实施中的被动客体——农村已婚育龄妇女及家庭纳入诚信计生组织，成为制度运行的参与者，改变原来自上而下“围追堵截”的初级粗暴方式，通过各方合意建立契约关系，明确各方的权利和义务，在运行中依法依规、互相监督，形成各主体参与、组织结构严密、权利义务明确的诚信计生机制。同时，将村级计划生育工作纳入村民自治章程和村规民约的方式，以

---

① 有关“诚信计生”的资料来源于笔者 2012 年 7 月 23 日赴广西桂林市荔浦县青山镇调研时在镇政府计生专栏中了解的内容。

② 双向承诺：乡镇计划生育办公室和村民委员会向已婚育龄妇女承诺依法兑现实行计划生育的奖励扶助、优先优惠政策，育龄群众承诺自觉按政策生育，落实避孕节育措施，按时参加妇检康检。

③ 充分自愿：已婚育龄妇女在互相信任的前提下，由 10—15 人自愿组成诚信计生小组，民主推选产生诚信小组长，小组长携小组成员与乡镇计划生育办公室和村民委员会签订《诚信计生承诺书》，形成自我管理、自我教育、自我服务、自我监督的运行机制。

④ 依法自治：在法律法规的范围内，诚信计生小组每个成员自觉履行《承诺书》中规定的义务。参加诚信小组并守约的计划生育家庭享受有关奖励优惠政策及《承诺书》中当地政府、村民委员会承诺的优先优惠措施。诚信小组成员违反人口与计划生育法律法规，出现违法生育等行为，违约者本人除按人口与计划生育相关法律法规规定处理外，不能享受相关优先优惠政策；其他成员应当积极主动做好其说服劝解工作，动员其落实补救措施和接受人口与计划生育法律法规政策规定的处罚；诚信小组成员出现违法生育，其他成员应当按照《承诺书》要求承担违约责任。

民主决策的形式成为村级范围内有约束力的规范，并通过组织村民签订计划生育合同的方式，明确权利义务内容，监督约束村民的计生行为。计生专干还必须全面了解本村的计生情况，保证将符合计划生育奖励扶持的家庭及时上报乡镇政府给予必要的奖励、扶持。计生工作作为乡村社会治理中的重要内容，由于与村民与生俱来强烈的家庭血缘延续观念有关，处理是否得当直接关系到农村社会的稳定，村级计划生育委员会必须依据规范的计生工作办法开展琐碎的计生工作，实现乡村社会的有序治理和人口稳定发展。

## 第二节 乡村治理体制内个人主体

乡村治理体制内个人主体是指乡村社会的实际管理者，即乡村政治精英，他们首先是村落中的民间精英，而后被村民自治制度赋予治理村庄的权力，掌握农村社会中的制度性资源，主要包括乡镇干部、村干部、村民代表、村务监督委员、村民小组长，他们通过运用政治资源，在乡村社会治理中发挥领导、管理、决策、整合农村社会的功能。广西乡村治理体制内个人主体构成与村民自治制度设计的主体构成基本相同，由于民族发展的传统逻辑实际影响了体制内主体的被选择倾向，主要表现为农村民间精英的选择标准不同，广西民族村落的传统民族领袖权威较容易演变为体制内主体，融合民族村落的文化资源与政治资源，实现传统情感认同与现代制度设计的结合发展。同时，随着农村社会经济的快速发展，产生新的衡量民间精英的标准，即掌握经济资源者成为新兴的乡村社会治理力量，经济精英回归村落掌握政治资源，成为体制内个人主体，将经济资源与政治资源相结合，为村落发展开辟道路。因此，体制内主体与体制外精英的身份发生重合，文化精英与政治精英的身份重合，经济精英与政治精英的身份重合，在不同的村落发展实践中，以体制内个人主体身份管理村庄公共事务，建构不同方式的乡村社会发展路径。

### 一、乡镇干部

本书前述的乡镇政权指党委、人大和政府三大班子，对应的乡镇干部也即指这三大班子中的领导干部及工作人员，他们是乡镇对农村社会管理职能的实际履行者，相对于村“两委”干部而言，他们是国家基层政府权力的执行者，领取国家工资，享受国家公职人员的各项福利。乡镇作为国家政权的“最末端”，较之中国古代的“皇权不下县”，国家政权延伸到乡镇一级，从新中国成立初期的乡村行政一体化转变到村民自治制度确立后的农村管理“去行政化”，但乡镇并不是“全身而退”，而是被赋予对村民委员会的工作给予指导、支持和帮助的职能，乡镇干部就是实际的指导者、支持者和帮助者。乡镇干部作为最末端行政权力的执行者和保持相对距离的农村治理指导者，如“夹心饼干”般，需要处理好对上和对下的界限，特别是我国“强国家、弱社会”的社会治理传统会影响乡镇干部对界限的合理把握，上级的行政命令式任务如何在农村社会推行及有效完成，结果固然重要，过程的合法性则是关键。由于本书中乡镇干部作为乡村治理体制内个人主体成为研究对象，因此将研究问题定位为：乡镇干部在村民自治中担当什么角色？如何实际开展乡村治理指导工作？面临怎样的工作困境？

### （一）乡镇干部在村民自治中的角色定位

笔者在调研采访广西百色市隆林各族自治县 SC 乡的乡镇干部时，问：“乡镇干部应该具备怎样的能力？”他们的回答都是要具有融入基层、了解基层的经验和能力。他们认为，一个合格的乡镇干部首先是非常了解村里情况的人，最好能清楚每个村民的情况，甚至要清楚村民何时怀孕、何时生孩子，要经常下村接触群众，跟群众建立一定的感情联系，形成互相信任的关系，他们戏称乡镇干部为“小百科”（笔者认为最贴切的形容应该是“乡村小百科全书”）。村民自治制度实行后，特别是农业税取消后，乡镇干部明显感觉工作开展是否顺利决定于与村干部或村民感情的亲疏，因为乡镇已经失去了对农村的直接行政控制权，乡镇与村庄的物质关联性弱化，税费改革让乡镇失去了为农村提供公共服务的物质基础，乡村间制度化的相互关系逐渐疏离，但乡镇干部必须完成上级下达的有关农村社会治理的一系列行政任务，感情的维系在农村社会是成本最低、效果最直接的行为处事方式。于是，乡镇干部既具有行政体系范围内的“公家人”身份，又担当与村民关系密切的“自家人”身份。乡镇干部就是在这两种身份的共谋性发展中，完成在村民自治制度中的指导者、支持者和帮助者角色。

广西的乡镇干部大多为“走读干部”，他们多半不住在乡镇，平时上班会住在乡镇的临时宿舍里，周末一般会回县城居住，有的乡镇干部一辈子所奋斗的就是在县城购买一套住房。SC 乡的组委跟笔者说起了他们“走读”的无奈，原因是现在的乡镇基本无法在本地解决乡镇干部的住房福利问题，为了让小家生活更好一些，乡镇干部大多把家安在县城，忙时就住乡里的集体宿舍，不忙时一到下午四点左右乡政府就只剩孤零零的一两个值班人员了，没有住房就无法安家，就没有归属感。“走读”不仅走读的人很累，跟老百姓的接触也少了。由于乡镇干部都是分片管理，每个人有自己负责联系的村，只有下村才是乡镇干部近距离接触老百姓的机会，由于“走读”以及升迁调动的频繁，接触成为无法延续的短暂片段。现在的乡镇干部很多是外地人，即使是本地人也不常住本地，只有很少一部分年纪较大，家又在本地的乡镇干部才长期维持着与本地百姓的交往。但这部分乡镇干部基本已退休或接近退休，他们所维持的传统情感交流式工作方式已经随着对乡镇干部知识水平和学历的要求而逐渐退出历史的舞台。笔者有幸在SC乡遇到该乡人大的杨副主席，他就是SC乡MC村人，素苗，家也安在MC村，平时工作不忙时会下班回家干农活，周末也会回家，他现在是MC村的挂村干部，因为2008年村“两委”换届选举的时候，由于候选人在民族搭配和地域结构分配上的不合理，导致经历三次选举。鉴于以上情况，考虑到杨副主席的本村人身份，易于开展工作，就调整人员将其安排为MC村的挂村干部。杨副主席说，其实本村人身份让自己更难处理“公家人”与“自家人”的身份冲突，明确了指导地位后，还要考虑村里的实际情况适当运用自己的本土知识巧妙进行村务管理引导，其在2011年的村“两委”换届选举中，就将法定的选举原则与本地实际相结合，制定选举策略。首先做好摸底调查工作，然后在了解群众的选举意愿后科学地引导村民选举，具体方法就是以民族和村落居民分布地域为基础，让MC村4个片区都能选出自己的村干部，这样既有利于方便群众办事，又有利于化解民族矛盾，让群众都选出自己的“代言人”。杨副主席说，这样的“引导”并不是乡镇干部对民主选举的主动干预，现在的乡镇干部都具备一定的法治意识，但为了今后工作开展的方便和村里利益的平衡，必须灵活地进行策略性指导，利用自己对村里情况的了解，知道利益纷争点和矛盾焦点在哪里，就可以利用自己与村民的熟人情感，与自己作为“公家人”的政治资源相结合，在为村里人解决实际问题中建立他们对自己的信任，进一步合理指导村落公共事务的运行。

杨副主席作为“本地人”干部，弥补了“走读干部”的很多不足，但却构建了理想的乡镇干部在乡村治理中的合理角色定位。“地方性本土知识资源”与“国家政策性制度知识”的结合，是乡镇干部在指导村民自治中必须具备的知识能力，在村民自治的法治语境中，合理协调“公家人”与“自家人”的双重身份，将传统情感与现代程序相结合，成就乡镇干部在村民自治中的指导者、支持者和帮助者角色认同。

### （二）乡镇干部在乡村治理中的工作困境

乡镇干部是基层治理的主体，是乡镇政府运行的主要动力，在国家治理和基层社会治理中扮演着重要角色，发挥着基础性作用，但任务重、责任大、权力小、收益小使得其面临诸多工作压力。

在我国现行的“压力型体制”中，乡镇处在压力的最末端，繁重的工作任务，诸多的一票否决，使乡镇干部承受着极大的压力。乡镇干部既要应对自上而下的目标任务，又要回应群众自下而上的各类“小事”，在广西这种经济欠发达的民族地区乡镇，财政资源匮乏，几乎只能依靠上级的转移支付，而在“项目制”下，许多专项资金是由县级职能部门负责发包和实施，乡镇只是配合和协调矛盾，几乎没有财政自主权①。在这样的处境下，乡镇干部必须面临“对上”与“对下”的工作责任。笔者在调研时了解到，乡镇干部的工作状态基本就是：白天下村，晚上回乡政府加班做材料。这是对乡镇干部两头忙的最好写照。

“对上”方面，由于上级政府的“一票否决”考核方式，工作任务与基层实际应对能力不相符，乡镇干部工作绩效欠佳；行政部门管理的条块分割，导致基层行政职能过多，而基层人手有限、资源有限、权力有限，乡镇干部疲于应对。对乡镇干部而言，最大的困境在于：在权责利不匹配的情况下，乡镇干部很难通过常规的方式来完成上级的任务或落实国家的政策。于是就产生了“对下”的乡村关系的紧张困境。

“对下”方面，后税费时代，乡镇政府没有了过去乡村治理中的“三提五统”、征收农业税等政策性任务，却为乡镇政府提出了新的乡村治理课题——征地、提供公共服务等。乡镇干部承担着完成新课题的直接责任，如何依法完成此新课题又是对乡镇干部的新考验。由于现在的农民是“传统与现代”的结合体，他们的法治意识、民主意识开始萌芽，市场经济影响下强烈的个人利益意识，强化了他们在遇到问题时，逐渐以利益代替情感，这对乡镇干部原有的在乡村治理适用的“情感路线”是一个大挑战，无法用说理的方式来解决村民严重的“搭便车”行为或土地征用对抗、无理上访等问题。老百姓也对乡镇干部产生了不信任，因为乡镇干部在确认各个具体农民的利益时，一般是以具体的政策法规为依据，追求普适的合法性；而个别农民在要求其权益时，追求的是特殊的合理性。在正常情况下，合理、合法是统一的，但在社会主义法治发展进程中，合理的东西有可能还没有上升到合法的程度，合理的未必合法；而合法的又只体现一般要求，体现不了特殊要求，未必很合理。乡镇干部在处理这类事情时，只能以法律为依据。合理与合法冲突，农民与乡镇干部发生矛盾和冲突，

① 欧阳静. 乡镇干部的真实生态［J］. 中国党政干部论坛，2016（1）：71.

以致矛盾深化、上访不断。目前许多乡镇干部一半以上的精力已用到调解纠纷上，几乎没有时间和精力去考虑整体的发展和政府职能所要求的其他服务①。

### （三）乡镇干部在乡村治理中的法治服务身份塑造

如果说“走情感路线”是乡镇干部惯用的乡村治理手段的话，那么将“情感”与“法治”契合实现乡村社会治理法治化，是依法治国语境中，乡镇干部对乡村社会治理的理想工作方式建构。其主要内容是必须对乡村社会采取“依法指导、依法服务”的治理策略，建立法治服务型乡村关系、干群关系，依法合理处理涉及农民利益的各项事务，并为乡村社会发展提供公共服务。

1. 依法指导

乡镇干部在推进村民自治制度运行中，应有意识地转变政府职能，从过去行政化干预转变为合法范围内的指导发展，如村民自治中的民主选举是目前运行最有规律、最规范化的民主自治形式，但村庄还未实现自行组织的完全民主选举自觉，而是在国家政府的推动下规范化发展，乡镇政府在此过程中始终承担接触式指导农村民主选举的任务，而且还是一项行政命令式任务。既然对上是行政命令，那么对下的去行政化则显得尤其重要。2010 年《村组法》只是笼统概括地规定了乡镇政府对村民委员会工作的指导地位，并且限制性规定不得干预依法属于村民自治范围内的事项。这个“度”的拿捏把握会直接影响乡镇干部在村民心中的形象。前述的广西百色市隆林各族自治县 SC 乡的 MC 村，选举失败的原因除了有民族支系间的嫌隙，直接的导火索其实是提名候选人阶段，挂村干部在一次与村民喝酒的时候，承诺让某一村民当选，此事不胫而走，村民们知道后深感不满，于是就有了选自己人的冲动，导致选举的失败。这是一个乡镇干部在村级民主选举中角色失当导致的不良后果。本地的另一个乡干部在不同村庄的做法则显得隐性却实质不当，乡人大黄主席是一个彝族小伙，他负责指导 XM 村的村“两委”换届选举工作，由于苗族是 XM 村的移民，所以在原来的村干部队伍中没有苗族成员，为了平衡村庄权力资源并维护本村苗族群众的利益，黄主席采取了隐蔽的灵活做法，即在确定候选人的民意谈话环节时，有意找那些会支持乡干部指定的候选人的群众谈话，并通过各种机会让指定人选表现自己的才能以让群众了解，后来如愿将一位苗族干部推选上来。虽然黄主席的初衷是为了平衡村庄政治资源的合理分布，但实质上却采取了巧妙干预民主选举的方式达到乡干部的选人目的。这些做法在某种意义上都超越了

① 黄元山. 乡镇干部队伍建设的困境探析［J］. 湖北民族学院学报（哲学社会科学版），2005（6）：90.

依法指导的界限，乡镇干部在民主选举中的角色应该是提供程序合法化指导，并根据相关规定拨付选举经费，指导村民选举委员会有序组织选举工作，处理选举中出现的突发问题等。

除了民主选举，乡镇干部的依法指导还表现在民主决策、民主管理、民主监督中，引导规范村民会议和村民代表会议的决策程序、决策事项、授权等问题，及时处理因民主决策产生的争议；乡镇政府有法定的责令村民委员会依法公开村务的权力，组织民主评议、组织对离任村民委员会成员进行审计并公布结果。这些是我国村民自治制度发展初级阶段，将相关本应属于村民自治的事务赋予乡镇一级政府给予指导、组织的制度化选择，乡镇干部的依法指导在此制度设计范围内应长期发挥推动村民自治制度向自主化方向发展的功能。

2. 依法服务

建立服务型政府是政府职能转变对乡镇政府提出的新要求，而其服务对象就是农村村民。广西百色市田阳县以服务基层群众为目标，创新性开展“农事村办”工作制度，通过整合县乡部门服务资源，使政府的服务职能前移到村屯，在村屯为群众提供党员服务、生产指导、文化娱乐、卫生医疗、法律援助和政务办理六大服务①。然而，法治服务型政府建设的重点如何加强乡镇干部的法治意识和服务效能。

（1）加强乡镇干部的法治意识

领导干部是法制宣传的重点对象，“七五”普法要求切实提高领导干部运用法治思维和法治方式深化改革、推动发展、化解矛盾、维护稳定的能力，切实增强国家工作人员自觉守法、依法办事的意识和能力；把尊法、学法、守法、用法情况作为考核领导班子和领导干部的重要内容，把法治观念强不强、法治素养好不好作为衡量干部德才的重要标准，把能不能遵守法律、依法办事作为考察干部的重要内容。根据“七五”普法精神，应该将法治教育融入对乡镇干部的培训内容中，并结合考核指标的设定监督乡镇干部的法治执行效能，在为民办事时始终坚持合法性，在不与法律规定相抵触的情况下，适当根据现实情况照顾村民的合理性诉求，通过依法行政提高乡镇干部在村民中的威信，让“法治”与“情感”融合创造和谐的干群关系。针对农村各类社会矛盾，要引导群众通过法律程序、运用法律手段解决，推动形成办事依法、遇事找法、解决问题用法、化解矛盾靠法的良好环境。

---

① 郑作广. 农村基层党建工作创新的一大亮点——广西田阳县“农事村办”工作制度的调查［J］. 桂海论丛，2008（1）：26.

（2）加强乡镇干部的服务意识

为乡村提供公共服务是乡镇基层政府转变职能后的主要职能，地方政府创新建立基层公共服务制度，如田阳县创立推行到全广西的“农事村办”制度，然而制度实际发挥效益还要依靠执行制度的人，乡镇干部是其中重要的执行者，他们最终决定制度是否有效运行。“农事村办”将服务窗口往下移，“变过去的群众跑乡镇找干部为干部下村屯为群众办事，变缓办为及时办，变随意办为按制度、按规定办，乡镇干部在为群众服务过程中，通过菜单式、契约式、联动式、代理式、挂钩式、互助式等服务，增强了同农民群众的感情，密切了干群关系”①。乡镇干部将自己从一个自上而下的“管理者”变为一个自下而上的“服务者”，除了有服务程序的设定，注重情感沟通的服务技能培训也是必不可少的，而这种培训无法完全依靠“悬浮”于农村社会之上的课堂培训完成，必须依靠“走进乡村”与村民之间的面对面沟通，理解服务对象的需求，以此整合资源为服务对象提供适时、必要的服务。

## 二、村干部

从村庄资源的实际掌握角度来看，村干部是掌握村庄政治资源的政治精英，但从所掌握资源来分类，农村民间精英还包括文化精英、经济精英，有的时候三者并不是完全孤立的，而会产生身份的重合。如政治精英与文化精英的身份重合、政治精英与经济精英的身份重合、政治精英与文化精英、经济精英的三重身份重合。作为村庄政治精英的村干部，是对村庄政治生活有决定性影响的人，其成员主要以村党支书和村委会主任为代表，包括村党支部和村民委员会的各委员。

广西作为少数民族自治地区，传统民族文化精英在村民自治语境中依靠稳固的情感认同获得在新制度中的权力资源，通过文化资源与政治资源的契合实现乡村社会的有序治理。少数民族领袖主要依靠对民族信仰、传统习惯等民族文化资源的掌握成为具有绝对权威的精英身份，此外，还依靠宗族血缘关系、掌握宗族文化资源实现权威治理的宗族权威。他们在村落历史伦理文化发展的基础上逐渐被认同为民间权威，在村民自治制度实行后，迅速融入制度发展成为制度权威，利用手中掌握的文化资源与政治资源的契合，更有利于民间认同与制度认同的相互融合，有很多村支书或村委会主任就是这两种身份融合的表

① 农国忠. 党委政府由“管理型”向“服务型”转变的一条有效途径——广西百色市“农事村办”调研报告［J］. 中外企业家，2011（1）：33.

现。当然，也有传统政治权威一直延续至今的现象，因为现在的村委会就是生产大队发展而来的，人民公社时期的生产大队长或生产队长等政治权威，由于其丰富的乡村治理经验及深厚的群众基础，通过与村民自治制度的融合实现对村庄政治资源的继续控制。

经济精英与政治精英的身份重合是市场经济发展环境下农村社会越来越普遍发生的一个现象，一部分在农村经济发展中显现较强经营能力、勤劳肯干、头脑灵活的人，逐渐通过自己的努力掌握了大量的经济资源，成为“先致富”的经济能人，这一经济能人型农村社会阶层开始崛起。国家在农村推行村民自治制度，政治上赋予农民管理村庄的基层民主权利，经济上通过各项惠农政策推动农村社会经济的发展和经济能人的产生，鼓励经济能人成为村庄的管理者，带动村庄经济的全面发展和自治事务的有效民主管理。农民的价值观念也随着农村社会转型发生重大转变，“富”成为一个人能力和本领的象征和表现，农民产生强烈的“先富带动后富”的经济利益诉求，经济能人由此在农村社会获得了农民普遍的认同，作为村民自治权力主体的农民大多肯定经济精英对村庄公共事务的管理能力，认为他们更有能力带动村庄经济的发展、带领群众致富。因此，越来越多的农村经济能人凭借其经济和社会资源优势，参与村庄治理的权力博弈，被吸纳进农村党组织和村“两委”领导班子中，担任村党支部书记和村委会主任等干部职务，成为村庄治理运行的主导者，由经济精英成长为村庄公共事务管理经营，形成具有时代特色的能人型村庄治理模式①。

以上是对农村政治精英身份发展的分析，村干部就是农村政治精英，学者们从不同角度对村干部进行了界定，徐勇认为乡政村治格局下村干部扮演着政府代理人与村民当家人的双重角色②；吴毅引入“双重角色”来解释当前村干部的角色，认为当前一些村庄中的村干部很难扮演好双重角色：杜赞奇的“经纪模式”分为“保护性经纪”和“赢利型经纪”两类，认为当前在中国大部分农村中，村干部无法做到两头都满意的情况下，转而采取两头应付的态度，既不积极代理，也不主动当家，而是村庄秩序的守夜人，甚至是做一天和尚撞一天钟的“撞钟者”③。然而，无论做何种角色定位，村干部在不同的村庄发展环境中会表现出不同的身份倾向和行为选择。广西农村集体经济薄弱，大部分村干

① 卢福营. 冲突与协调——乡村治理中的博弈［M］. 上海：上海交通大学出版社，2006：23.

② 徐勇. 村干部的双重角色：当家人和代理人［J］. 二十一世纪（香港），1997（8）：16.

③ 吴毅.“双重角色”、“经纪模式”与“守夜人”和“撞钟者”——来自田野的学术札记［J］. 开放时代，2001（12）：114-117.

部都极力扮演着政府代理人与村庄当家人的双重角色，其中也有一部分村干部特别是在任时间较长的老村干，对村务失去热情，因为老百姓信任又不好推辞不做，难免成为消极对待各项村务的“守夜人”；有的村干部忙于自己小家庭的生计无暇多顾及村务，村干部的一点微薄的收入又无法贴补家用，两者权衡取其私。因此，在广西地域范围内，也无法穷尽所有村干部在村级事务中的角色类型。

那么，在广西的乡村治理语境中，村干部面临怎样的发展困境？村干部之间的关系如何协调？村干部在乡村治理中应如何发挥引领作用？

### （一）村干部的发展困境

贺雪峰等认为村干部工作行为的驱动力主要来自“经济利益与社会声望，至于政治追求，在市场经济条件下，除极少数村官之外，绝大多数村干部均缺少实现政治晋升空间；村干部积极的工作行动，要么是为了经济性收益，要么是为了社会性的收益（如社会声望等），如果什么收益都没有，他是不会按照制度（尤其是自上而下实施的制度）要求来行动的”①。广西农村经济欠发达，无法为农村村干部的选择与发展提供必要的资源，村干部收入窘迫、工作烦琐、激励机制匮乏等，无法吸引年轻有为的人回归本土、服务群众，村干部越来越成为一个“吃力不讨好”的身份象征，面临发展困境。

1. 村干部的经济收益不高

2015 年，广西壮族自治区党委组织部等部门联合下发了《关于提高村干部报酬、村干部养老补贴和村级组织办公经费标准的通知》，对提高村干部报酬等有关事项进行了规定。“从 2015 年 1 月起，全区村干部每月基本报酬最低标准调整为：村党支部书记（兼村委会主任）1100 元，村党支部书记或村委会主任 1000 元，其余村定员全额补贴干部 900 元。业绩考核奖励报酬，根据年终考评情况确定。村定员全额补贴干部考评优秀的奖励 2000 元以上，称职的奖励 1000 元以上。村定员半额补贴干部的基本报酬和业绩考核奖励报酬，参照村定员全额补贴干部的最低补贴标准相应减半，具体数额由各地根据实际情况确定”，“并将村干部养老补贴标准由当前的任期满一年每月给予 8 元调整为 15 元（村定员半额补贴干部的补贴标准减半），与城乡居民基本养老保险金合并发放”②。

---

① 贺雪峰，阿古智子. 村干部的动力机制与角色类型———兼谈乡村治理研究中的若干相关话题［J］. 学习与探索，2006（3）：71-76.

② 广西民政厅. 关于提高村干部报酬、村干部养老补贴和村级组织办公经费标准的通知［EB/OL］. 广西壮族自治区民政厅网站，2016-10-31.

村干部收入较之以前有了一定水平的提高，但比较当下的人均收入和工作投入与产出相比，村干部的经济收益相对不高，而且这只是村定员全额补贴干部的工资报酬，半额补贴干部的收入会减少一半。2015 年，广西农民人均可支配收入为 9467 元①，全额补贴村干部的人均收入虽然稍高于农民人均收入，半额补贴村干的收入则低于农民人均收入，而且比之外出打工者而言，收入明显较低，并且平时工作要付出很多的时间，有的村干说，就是联系工作的电话费都要多出很多。从经济学的“成本—收益”角度计算，收益无法弥补成本的付出。广西作为全国的西部落后地区，村干部对工资报酬依然具有强烈的需求，许多年轻有文化的农民选择外出打工，在家担任村干部的都是一些 50 岁以上年纪较大、文化水平不高的村民，他们能担任村干的另一个重要原因是自家孩子都大了能外出挣钱，相对经济压力较小。无法实现较低的工资收入和烦琐的工作事务两者的平衡，农村人力资源外流严重，村干部后备力量的补充存在危机。

在经济收益方面，除了工资，养老也是一个重要方面，笔者采访村干部有关养老问题时，他们认为，国家干部为国家工作了一辈子，老了还有退休金，他们老了没挣几个工资，还没有退休保障，不划算。村干部养老补贴标准的提高，是国家提高村干部养老保障的一个重要突破，但与现有的消费水平相比，养老补贴标准太低，无法真正为村干部的养老提供实质保障。

2. 村干部的社会收益不高

村干部对社会收益的追求，就是对自己在村落社会中社会地位和个人声望的精神需求。在新中国成立初期到人民公社时期，担任村干部是有很高的社会地位和个人声望的，这种优越性延伸到村庄以外，则是与乡镇的良好关系，以此可以方便获得更多的外部资源，甚至有政治升迁的可能，这是那个行政一体化时期村干部的较高社会收益表现。实行村民自治制度建构乡政村治体制后，农村的行政化治理被村民的自治权利所取代，村干部职能发生转变，由原来的行政命令转为服务自治，社会地位和个人声望失去行政权力的支撑而逐渐失去原有的控制力，老百姓对村干部社会地位和个人声望的认同不再是因为村干部手里的权力，而是因村干部提供服务后对其产生的内心尊重，但这些需要村干部的无私付出才能获得，增加了村干部的获得成本，而且还极大地减少了政治升迁的可能。由于市场经济效益观念的影响，社会收益无法直接转换为经济收益，且获取成本很高，使得村干部职位的吸引力极大减弱，虽然广西实施了从

① 广西统计局. 广西发布 2015 年农民收入调查情况 4 个市农民人均收入超万元［EB/OL］. 广西农业信息网，2016-10-31.

优秀村干部中考录公务员和公开选拔领导干部等激励政策，但能通过此途径升迁的机会相对较小，村干部的社会收益不高直接影响了村干部人员结构和工作效能的优化。

### （二）村干部之间的关系

在村干部关系中，较难处理的是村党支部书记与村委会主任之间的关系，两者之间的关系在不同的村庄中表现不同：一方优势明显就是形成“一头独大”的权力格局；双方势力相当则会产生“对立冲突”或“协商合作”两种权力格局；当然，还存在双方势力均弱后的消极推诿局面。

为了解决村干部之间的各种权力格局的弊端，广西提倡村支书和村主任“一肩挑”，这样不仅减少了村干部的职数，也协调了村“两委”之间的矛盾，有利于整合村庄权力资源，发展村庄公共事务。但“一肩挑”的弊端在于，容易造成权力过于集中后的专制，“一人独大”容易失去对权力运行的监督，造成对民主自治的破坏。广西各地方政府也看到了“一肩挑”的弊端所在，2011 年村“两委”换届选举逐渐降低“一肩挑”的比例，注意实现村庄权力运行的相互制衡。

相对于村支书和村主任，村“两委”委员的权力在许多乡村存在被边缘化的危险，尽管法律规定民主决策的主体是村民会议或村民代表会议，但许多时候村里的大事都是由村支书或村主任说了算，委员们只是在商量的时候被叫去开个会走个形式。这就会产生一个更严重的问题，村“两委”委员索性将权力和事务推给村支书和村主任，有的委员甚至外出打工长年不在村里，这不仅加重了村支书和村主任的工作任务，对村庄民主管理工作也不利，因为村“两委”干部是分片区管理行政村的各个自然村事务的，委员岗位缺陷或边缘化，不利于村庄公共事务的全局化管理。

在村一级必须建构村干部之间“协商合作”的权力运行机制，应根据村庄的实际情况组织村“两委”班子，不拘泥于“一肩挑”的比例，旨在调动各个成员间各司其职、互相合作，发展村庄公共事务，成为村民自治制度的高效执行机构。

### （三）村干部在乡村治理中的引领作用

对村干部选人机制的设定直接影响乡村治理绩效，广西为了改善农村社会经济发展落后的局面，推进村“两委”科学选人用人机制，将致富能人、产业发展带头人选举为村“两委”干部，做到有什么样的优势产业，就选这个产业发展的领路人；有什么样的产业发展潜力，就选这方面的发展能人；有什么样的产业发展定位，就按这个发展定位选人、用人。经济能人成为新时期选拔村干部的首要标准，民间传统文化精英很多已经退回文化领域专司传统文化的传承，即使能进入村庄正式权力结构，也因经济利益的限制而必然与经济能力相结合，经济能人型村治模式越来越成为广西乡村治理的模式选择。

2011年广西村“两委”换届选举中，百色市隆林各族自治县王支书高票当选村党支部书记。王支书现任隆林县政协常委、隆林工商联合会副主席、百色市政协委员、百色市工商联合会会员，创办的应德公司、天桥水泥厂等企业总资产高达9000多万元，累计上缴国家各种税款800多万元；事业成功后，他不忘乡亲，赞助当地教育事业和捐献福利款项达60万元，为新农村建设优惠供应水泥金额达72万元，为库区移民及下岗工人提供了400多个就业岗位，为隆林的再就业工程和经济建设做出了自己的贡献。

王支书的荣誉效应给村庄将来的发展带来的是外在信息和资源的强大注入。“优秀政协委员”“优秀乡镇企业家”等荣誉称号和“隆林工商联合会副主席”“百色工商联合会会员”的特殊社会身份，显示了其强大的社会资源运用能力。在笔者的采访中，王支书表示自己会利用公司的经济实力和多重社会身份的优势，为YC村引进外来资金，实现外资带动村庄内部经济发展的目的。目前，YC村主要发展金银花的种植，王支书利用自己在外面的社会关系，先联系外面的老板进来投资，然后再跟县里和乡里的领导请示批准项目开发计划，寻求政府的政策性支持，现已开发了208亩的金银花高产示范区。

另一个经济能人型村干部的优秀代表是现任凌云县LY村党总支部吴支书。吴支书就出生在LY村这样一个贫困的地方。有经营头脑的吴支书不甘贫困的束缚，先后开采锑矿、办代销店、做收购药材的生意，成为LY村的“富翁”。1999年，吴支书被推选为村党支部书记，上任后他积极带领村民吹响村公路建设大会战号角，陆续修通村里44.8公里的环村公路和近100公里的环屯路，如今的LY村，户户公路到家，进村有环村路，进屯有环屯路，进户有入户路。吴支书还先后发动和帮助乡亲们架设电线、安装卫星电视、建沼气池，让村民过上了舒适的现代化生活。

修路让LY村接通了与外界的联系，吴支书又把精力放到农业产业结构调整上，大力发展特色产业。首先，在LY村先后成立了桑蚕、药材、养殖、劳务输出、党员互助等5个产业协会，会员达60多人；其次，成立LY村农民养猪专业合作社，新建猪舍42间6150平方米，大力发展肉猪养殖；三是带领群众在石头缝里挖掘经济，建构“生态带动农业产业开发”的立体化山地种植模式。LY村主要利用石山进行立体种植，始终坚守一个原则：山顶封死，山腰种果树，山脚种药材，平地搞庭园经济。2008年全村人均纯收入达2948元，成为全县名副其实的文明小康示范村。

从两大经济能人的产生背景来进行定位，吴支书属于内生型经济能人，王支书属于外发型经济能人。两者一开始都通过自己的努力靠做生意、开公司等获取了属于自己的财富积累，只是后来在不断进行财富创造的过程中，两者却在不同的背景下进行。

吴支书成为村里的"富翁"后，即进入村庄公共权力机构担任村党支部书记，承担起了"致富带头人"和"村务当家人"的双重责任，运用自己的经商经验和远见卓识，创造出了在石头缝里挖掘财富的新型农业模式，以村支书的身份带领村民民主管理、民主发展，依托农业合作社的模式让村民都富起来，其经济能人身份表现为在主导村庄经济发展中表现的突出领导能力，因此是内生于村庄经济发展实际的"内生型经济能人"，LY村的"县级文明小康示范村"称号就是吴支书作为村支书的村庄权威身份和作为村庄经济发展领头人的经济能人身份的双重成就。

王支书却是典型的"外发型经济能人"，其财富的发展轨迹一直是脱离于村庄公共权威的体制外纯经济发展模式。探索民营企业的发展道路是王支书经济能力的集中表现，在创办公司和发展公司的过程中，他通过外部信息的积累和运用，以及对现代公司企业的管理模式探索，成为村民中的财富拥有者，虽然其财富也运用于对村庄公共事务的公益支持，但此财富创造过程却是外在于村庄社会的体制外精英的自我塑造，其经济能人身份超越村庄的界限而存在于更大的社会舞台。

致富是目前中国大多数农村的发展目标，经济能人型村治模式是符合农村社会经济发展逻辑的公共治理模式选择。而内生型经济能人拥有完整的与村庄发展相契合的经验，了解村庄经济发展的环境、资源和村民的协同能力，发展适合本地地域实际，依靠村民的了解和信任，动员村民齐心协力建构组织化农业生产模式，吴支书为LY村建立的立体化石山种植产业链，养殖业协会的成立，自己是其中的参与者和协会成员，利益的关联性更能促使内生型经济能人积极投身村庄集体事业。在村民自治上，内生型经济能人更易通过在熟人社会中展示经济实力而建立威信，由于对村庄内在特性的了解，从群众实际需要出发，亲力亲为地处理村庄公共事务。

外发型经济能人模式则因为其成长环境植根于村庄外的世界，虽然能获得较多的外部力量的支持，但由于本身与村庄联系不多，甚至如王支书般平时都不居住在村里，只是以"走读村支书"的身份领导村"两委"的工作。笔者在

YC村实地调研时，采访了村“两委”的几个主要成员，村主任和副主任都表示，村支书平时组织村“两委”开会，商议本村的发展规划，但由于村支书平时忙于自己公司的事务无闲暇顾及，具体事项都交由村“两委”成员、村民小组长等其他成员与村民沟通，实际落实和完成，村支书大多提供资金支持，对村“两委”成员和村民小组长的工作进行绩效考评，然后将自己担任村支书的全部工资用于年终奖励，由村民评定村干部的表现来决定获得奖金的多少，这样既体现公平，也是对比自己多做事情的村干的一种激励。因此，相对于内生型经济能人村治模式，外发型经济能人村治模式缺乏亲自处理村庄事务的经验，始终以一个“外人”的姿态“照看”村庄事务，不易真正把握村庄发展中存在的问题和可寻求的解决办法，由于很少与村“两委”成员“并肩作战”，难免会产生“疏离感”，无法真正建立一支团结一心、互信互谅的村庄领导力量。在村民的心里，也缺少对外发型经济能人的“当家人”认同感，有的只是一个“经济援助者”的身份认同。因此，由外而内的转变是外发型经济能人村治模式真正实现其村治效能的关键，否则难免只成为政府提倡创新“选人渠道”的一面旗帜而已，于村民自治而言并无实际裨益。

## 三、村民代表

“为使贫困户能够真正享受小额贷款的优惠政策，在扶贫小额信贷发放前，广西乐业县新化镇成立了扶贫小额贷款工作领导小组，由村民小组推选德高望重、为人正直、作风正派的群众代表等组成的村扶贫小额信贷工作小组，工作小组负责采集农户信息，填写《贫困户评级授信表》，全面开展贫困户评级授信工作，并经村民代表讨论最后确定贫困户信用等级”①。

村民代表的“法定代表权”在乡村治理实践中的诠释就是了解村民情况、公正代表村民意志，笔者在采访中了解到，村民还是非常重视对村民代表的选举的，希望选出能够真正代表村民意志的代表，而且村民代表的选举单位是5—15户，容易选出村民了解并认为公正的人。广西乐业县新化镇那社村“两委”组织村民代表对贫困户开展评级授信工作，实际就是发挥村民代表的代表性功能，由于行政村半熟人社会的特点，村民代表成为对代表范围内村民情况最为了解的村民“代言人”，他们可以发挥熟人社会的紧密关联性合理分配村庄资源，并通过近距离沟通实现利益平衡。2014年广西第七届村“两委”换届选举要求村民代表的构成要具有一定的代表性和广泛性，其中妇女代表应占一定的

① 黄雅静. 新化镇：评级授信村民代表说了算［EB/OL］. 百色政协网，2016-10-31.

比例。村民代表产生后，要明确村民代表的联系户，并向全村公布。明确村民代表与联系户之间的代表权，此代表权不仅是村民赋予村民代表的权力，也包括村民代表服务于村民的职责，村民代表被赋予“代表群众”与“服务群众”的双重责任，村民代表在村民自治制度的设计中作为乡村治理运行的重要治理主体，是乡村治理的平衡者①。

虽然村民代表制度发展的一个困境在于，村民代表虽为体制内主体，但不领取固定的工资报酬，相对于村干部而言，具有更多的义务性，是村民出于信任而让渡权力给村民代表，让他们成为自己意志的代表。公益性和荣誉性是村民代表的动力资源，对于人力资源匮乏的乡村社会，村民代表作为政治精英依然存在素质不高的困境。许多村民代表成为挂职代表，为了生计常年在外打工，无法正常履行村民代表的职责。老百姓也对此表示理解，认为村民代表本来就不领工资，很多人都要赚钱养家，要是轮到自己也没办法保证能做好。村民代表的“公益性”身份特点，让老百姓对代表履职责任予以宽容对待，村民代表对代表履职责任因缺乏他律的约束而自我懈怠。

村民代表通过参加村民代表会议成为村民会议授权的民主决策权主体，对关系村民利益的重大事项进行决策；同时拥有听取并审议村民委员会工作报告和财务收支情况报告、监督村务管理的监督权；向村民委员会反映村民意见、要求和建议及传达村民委员会工作内容的上传下达职责。但是，笔者在广西村落调研时，村民代表普遍认为自己没有权力，只是村民利益代表，职责就是维护村民的利益。

问：“为什么愿意担任村民代表?”被访者大多的回答是：“村民信任自己。”有一部分村民代表愿意担任的理由很无奈，他们认为村民代表没什么权力，还没有工资，但是村民执意要选自己，没办法只能勉强留任。

问：“为什么不愿意担任村民代表?”被访者的回答分几个方面：一方面认为村民代表没什么作用；另一方面认为当村民代表就是浪费自己的时间；还有的认为村民代表不仅没有益处，还要监督村委会的工作，容易得罪人，代表不好了村民还有意见。

可见，村民代表的身份认同度不高，直接影响村民代表制度的实施效能，首先，改善的根本在于规范村民代表会议制度，提高其决策权效力。其次，应提高村民代表的政治素质，正确定位代表职能。其中最重要的是，顺应人的理

① 陈晓莉. 新时期乡村治理主体及其行为关系研究［M］. 北京：中国社会科学出版社，2012：107.

性选择需求，建立村民代表的报酬机制，通过村集体经济支付、上级拨付等方式给予村民代表适当的报酬，结合村民代表的“情感”动力，促进村民代表工作积极性。

## 四、村务监督委员会委员

2013 广西《村组法》实施办法中规定村应当建立村务监督委员会的内容，2014 年广西第七届村“两委”换届中增加了选举村务监督委员会的环节，普通村民通过选举成为村务监督委员，进入村民自治制度的体制内主体范围。村务监督委员相对普通村民而言，应该具有更高的文化水平和社会影响力，获得更多的村民信任，是村民实施监督权的具体执行者。广西壮族自治区 2014 年村“两委”换届选举工作领导小组《关于规范村务监督委员会推选办法的通知》中规定：“村务监督委员会由 3—5 人组成，其中设主任 1 名。”具体职数根据各村的规模大小和工作任务确定。村务监督委员会委员候选人应当热爱集体，公道正派，有一定的议事能力，其中应具备财务管理知识的人员。

2013 年广西《村组法》实施办法施行前，广西农村的监督主体在名称、设定等方面都不统一，有“村民理事会”“民主理财小组”“财务管理监督小组”“村理事小组”等，成员的选举、职责等都由各村根据实际情况自行设定，组成人员的监督地位无法实现法定，监督约束力不明显。2013 年广西《村组法》实施办法施行后，广西各村基本挂牌成立村务监督委员会，村务监督委员会委员经民主选举产生，主要履行对村内公共事务及村干行为的实际监督。当前我国农村涉农惠农政策项目逐年增多，“精准扶贫”“美丽乡村”等政策性活动的开展均会为农村社会发展带来公共资金支持，村庄公共生活的内容逐渐丰富，一些村内贪污腐败的违法违纪行为随之频繁发生，当村民自治权力失去控制时，自治将沦为无约束力的社会自发性权力蔓延，必然导致自治权力的被滥用、自治权力实际主体权益的被侵害，监督权成为自治权合法运行的必要权力设置。村务监督委员会委员既是村民自治主体中的村民，也是村民通过民主选举产生的监督权授予主体，村务监督委员会除了作为法定主体存在，其运行还需要村务监督委员会委员具备一定的监督素质及组织合理性保障，广西之前虽有各种形式的村务监督组织，但民主监督的法定化运行却刚开始。2013 年广西《村组法》实施办法施行和 2014 年村“两委”换届普遍建立村务监督委员会后，村务监督委员会委员进入村民自治制度运行的体制内，成为法定的乡村治理体制内个人主体，由于民主监督制度化的初级运行，村务监督委员会委员对于制度化的“体制内”定位仍存在认识力、行动力的弱化问题。

首先，村务监督的认识性不足。虽然广西《关于规范村务监督委员会推选办法的通知》规定“村党组织书记、村民委员会委员、村会计（报账员）、村文书及其配偶、直系亲属和近姻亲不得担任村务监督委员会成员”是为了保障村务监督的公正运行而采取的“回避制度”，但制度化规定却遭遇现实中国农村根深蒂固的人情观、面子观等地缘、血缘关联性引发的熟人庇护传统挑战。广西农村社会虽然在农村人口外流的影响下，行政村建置下的乡村社会逐渐“半熟人化”，但人际间往来的紧密网络无法为以权利义务为基础的民主监督权提供运行基础。笔者调研时采访某民族自治县某村村务监督委员会委员，该委员表示：“虽然我被选为村务监督委员会委员，但监督工作不好开展，虽然规定不能与村干有亲戚关系，但大家平时都很熟悉，如果过分注重监督就会影响人情关系，见面了不但不方便，还会影响村民对自己的看法，因为村干大多与村民关系较好，如果没什么大问题就不用监督得太要紧了。我们村基本没出什么大事，村民外出打工的也多，村干愿意做都不错了，我们没什么需要经常监督人家的，大家选了我没办法只能做了。”

其次，村务监督的行动力不足。目前普遍适用于广西农村的村务监督委员会制度，其制度设置来源于“外在动力”，即政府行政权力的强力推动，缺少内在适用基础的村务监督，导致村务监督委员会委员的监督动力出现被动、不监督、监督职能混乱等问题。村务监督委员会委员虽然被村民民主选举产生，但平时与村民的沟通交流较少，其职能表现就是参加村里组织的各种形式的村务会议，混淆了监督与被监督的权力分立职能，村务监督委员会委员应该履行作为第三方监督主体的职能，但现实中却直接参与村庄民主决策、民主管理等事务，有的还在表决决议上签字，成了自己要监督的监督对象，其行动力不足表现在不是不作为，而是没有实现符合其监督职能的作为。

广西各地为加强村务监督委员会的监督职能，采取了一些鼓励性发展举措，如广西环江毛南族自治县为激发村务监督委员会成员的积极性，落实监督津贴，“由县财政每月补助村务监督委员会主任津贴 200 元，2 名委员各补贴津贴 150 元，并开展任前业务培训，提高村务监督工作效率”①。广西目前的村务监督工作处于初级发展阶段，村务监督委员会委员的素质和认识水平参差不齐，政府自上而下的制度建构设计和人员培训，可以解决农村社会内部固有的权力监督内核缺失、人情对监督的消解等问题，但其中尤为重要的问题是除制度建构中

① 卢庆徐. 加强党风廉政建设 环江 143 个村设立村务监督委员会［EB/OL］. 广西新华网，2016-12-16.

的合理监督权运行设计外，村务监督委员会委员的认识力和行动力的提升是关键，培训是理性培养基础，报酬是物质激励根本，村务监督委员会委员应具备基本的村民自治民主监督法律意识，明确村务监督委员会委员的法律责任，特别是同时推动村民民主监督意识的培养，让村民监督村务监督委员会委员的工作，村干有损害村庄集体利益的行为时，村务监督委员会委员与村民可以形成集体监督，提高监督力度，形成合力监督的良性发展状态。

## 五、村民小组长

村民自治制度和税费改革的双重作用，导致村民小组长在乡村治理中的制度性地位被弱化，虽作为乡村治理制度内主体存在，但被排除在村干部权力范围之外。从乡村治理的运行实际来看，村民小组长在当地村庄的治理中起着至关重要的作用，在村民眼中，村民小组长就是主心骨，是国家权力的代表，村民无论是处理与政府相关事务的公事还是家庭内部的私事，首先想到的就是找村民小组长，因为村民小组长可以对应传统村庄发展中以自然村或以集体经济组织为基本行动单位的“带头人”角色，是现实村庄在行政村一级行动力弱化的情况下，整合村庄公共资源发展的根本动力。广西的民族村落发展依然保留传统的秩序格局，法律规定村民小组长由该村民小组会议推选产生，克服了行政村“半熟人社会化”倾向的民主选举困境，村民小组内成员间互相熟悉，甚至是一个家族内成员，彼此间的血缘、地缘关联性较强，内在约束力明显，紧密的关联性可以让村民小组内村民选出他们认为合适的村民小组长，对传统权威的认同观点，使得村民小组内的民族精英权威、经济权威、家族权威等农村民间精英被赋予现代理性的法理权威担当。虽然以民间精英身份为基础的村民小组长被赋予法理意义上的治理组织权，但对村民小组长的权威身份认同大于知识文化素养、治理策略能力等现代法律权威运行所需要的理性品格，在现代法治语境中，传统权威认同治理方式无法适应所有的乡村治理现代化要求。然而，在村民自治制度法治化发展进程中，传统民间精英一直在承担乡村治理的主体角色，传统治理与现代法治的结合发展是必要选择，关键是如何实现两者合理的契合发展。随着传统民间精英的老龄化，他们慢慢退出制度发展框架，新一代的民间精英更易融入法治体制，接受法治化塑造，但又受到村庄本身法治发展进程的影响，“生于斯，长于斯”的发展规律使得村民小组长依然带有“传统”与“法治”契合发展的身份特征。

百色朝里瑶族乡六组村那巴屯共有 2 个村民小组，108 户 436 人，是一个典型的壮族山寨，还成立了那巴壮剧团，并在政府的统一指导下开展新农村建设。

陈组长是那巴屯2个村民小组中其中一个村民小组的小组长，笔者调研时专门采访了陈组长。陈组长说那巴屯的村民基本都姓陈，本家人做什么事都好说，自己平时不领工资，只有村里给的一亩地作为报酬，他说自己是为了寨子的名誉为了把寨子搞好才干的，再加上老百姓觉得自己做事公平值得信任。平时的工作也有很多，除了要完成村里交代下来的工作任务，如种烟动员、土地平整协调工作等，还担任壮剧团的顾问。陈组长说，当时新农村建设之初确实有很多问题，政府就划定一块地，由老百姓自己抽签决定谁家的房子建在哪块地上，这样就占用一些村民的土地了，只能对全屯的土地进行新一轮的调整，所幸群众都很通情达理，很容易说服做通思想工作，几个月就全部搞清楚了，整个屯的建设从2007年开始规划，2010年全部完成。新农村的路面是政府帮做的，房屋由群众自己出资建成，没有统一的样式和标准，政府只起规划、引导作用，不像其他的新农村都是政府出钱帮建，房屋的样式和结构都一样，这里的群众为了建好房屋，就难免有攀比心理，基本没有贷款，都是向亲戚借钱建房，屯里为了解决村民因建房后的经济问题，就发动群众做烤烟产业，还种八角、茶叶、茶油等，屯总收入为150万，因为新农村光有了漂亮房子也不现实，必须要有产业作为支撑，这样才能谋得长远发展。陈组长还有一个想法就是，要准备筹备一个烤烟合作社，种植、技术、销售都由专人指导，形成一定规模的经营，提高市场应变能力①。

村民小组长既是新农村建设政策的执行者，也是新农村发展的规划者与参与者，陈组长履行了协调本小组内各方利益的职责，策略地完成新农村的基础设施建设任务，但带领村民实现真正的“新农村生活”却是对传统信任如何延伸到现代农村引领发展的考验，陈组长选择了以规模化农村经济发展促进新农村建设的道路，让新农村由基本的基础设施和居住环境的改善发展到新农村经济的可持续发展，实现真正意义上的新农村生活模式。

① 2012年7月笔者赴百色朝里瑶族乡六组村那巴屯调研时采访陈姓村民小组长获得相关资料及信息。

# 第四章

# 广西民族地区乡村治理的体制外主体

在乡村治理中，有一部分主体主动或被动参与乡村治理活动，虽然在村民自治制度框架内不占有乡村社会主要政治资源，却是乡村治理的实质主体，具有法定的主体地位。由于中国乡村治理的规范化不可能在短时间内通过农民自主完成，只能通过政府主导和农村社会协作相结合的路径实现村民自治法治化，政府主导下的村庄正式权力资源掌握者即成为体制内主体，农村社会协助主体即成为不直接掌握村庄正式权力资源的体制外主体。

广西体制外主体的发展现状是在政府引导下被动参与乡村治理，依据其参与乡村治理的主体形式可将体制外主体分为体制外组织、体制外群体、体制外个人三大类。各体制外主体因利益关联性不同而分属或交叉性归属不同的体制外主体范畴，分别在乡村治理中发挥协作性作用。

## 第一节　乡村治理体制外组织主体

乡村治理体制外组织主体是指因共同的目的和价值追求聚合而成的社会组织。在广西的农村社会发展语境中，以组织的性质和特点不同可分为经济性社会组织、社会性社会组织、文化性社会组织。经济性社会组织包括农村专业合作社等农村经济合作组织，有的是由政府领导培育，有的是农村自发组织而成；社会性社会组织包括老年人协会、红白理事会等非营利性社会组织；文化性社会组织包括铜鼓队、山歌队、长鼓队等少数民族民间文化艺术组织。

### 一、经济性社会组织

广西农村经济发展主要依靠乡镇政府的招商引资或以“一村一品”为发展方向，整合农村社会经济资源，发展农业专业合作经济。有的村庄在村支书或村委会主任的带领下，发展本村特色经济，村民间合作建立农业专业合作社或公司等。

2005年8月，百色市委下发了《关于在“党员中心户”创建活动中实施“农家课堂”培训工程的意见》，“农家课堂”成为以党员为致富带头人，旨在培养农村实用技术人才，发展农村经济，促进农村增收的一项“以点带面”的农村经济发展工程①。“农家课堂”在以户为培训单位的基础上，促进个体致富，同时在此基础上“以点带面”，将培训与地方重点产业相结合，在受训户的带动下成立产业协会，组织培训其他农户，形成规模化生产经营的区域化经济组织模式。

另有村干部依托本村现有资源发展合作化经济。凌云县LY村党总支部吴支书通过“公司+农户+基地”的形式，建立本村的“铁皮石斛组培苗有限公司”，还带领村民养猪，成立了LY村农民养猪专业合作社。这是由能人引导农民合作发展经济的典型表现。在现阶段我国农村，由能人和大户出资组建的农民合作组织占有较大数量，符合“先富带动后富”的经济发展理念，能人和大户在农村合作经济组织内部由于出资份额占有绝对优势而掌握了管理权和利益分配方式。因此，无论是政治精英与经济精英身份重合的村干部主导型农村经济合作模式，还是单纯以农村经济精英为主导建立的农村经济合作模式，少数农村能人通过经济性社会组织的构建影响农村治理结构及治理实践的开展。

“精准扶贫”是我国“十三五”期间农村社会发展的重要内容，2015年，我国构建了精准扶贫战略与政策体系，农村围绕“精准扶贫”探索新型农业发展模式。广西农村以农业发展为核心经济模式，特殊的自然地理环境有利于生长一些亚热带水果等经济作物，作为“芒果之乡”的百色，抓住“精准扶贫”政策发展契机，旨在实现农业和谐发展，创新经营主体模式，采取“统租分包”“产业联盟”土地流转模式，农户不仅获得“地租+分包工资”“产量提成”收益，还可以从休闲农业中获益如租金收入、劳务收入、分包收入等。田阳县右江河谷果蔬产业（核心）示范区——生态农业休闲体验核心区处于田阳县那满镇百敢村、新立村，引进广西田阳壮乡一品农业科技有限公司为主的6家经营主体，主要种植香蕉、火龙果以及开发生态休闲农业旅游，同时村一级还注册成立各种专业合作社，如广西田阳一丹火龙果种植专业合作社、广西田阳盈收果蔬种植专业合作社等，村民作为社员加入，发展规模化农业经济，农村剩余劳动力外出被吸引回村发展农业，农村合作经济组织超越村庄界限发展为农企

---

① 中共百色市委组织部. 农家课堂：农家小课堂 农村大舞台. 百色市委组织部.

合作的新模式，为村庄发展争取到更多的公共资源，在促进农村增收的同时，有利于解决村民自治发展中经济薄弱引发的治理困境，以经济合作提高村民集体化参与意识，奠定村民自治制度发展的物质基础和促进参与意识培养。

无论是政府引导还是村民在村干部带领下确立的自组织经济合作形式，虽然是为获取经济利益而建立的经济性社会组织，但组织化功能在于整合组织内个体的意志，培养了组织内农民的契约和规则精神，为村民自治的规范化运行提供了协商合作的基础。村庄公共事务可以依托经济性社会组织内部建立的村民间的利益关联性，降低协商成本，提高协作性自治可能。

## 二、社会性社会组织

农村社会性社会组织从事的是与农村社会有关的各种组织活动，不以营利为目的，主要开展公益性或互益性活动，通过其公益性社会活动改善农村治理结构。

在农村社会，典型的社会性社会组织就是老年协会。2012 年，广西壮族自治区出台《创新农村养老服务体系建设工作方案》，将扶持村级老年协会建设作为创新农村养老服务体系建设的重要内容。“截至 2015 年年底，广西财政统筹安排资金 9000 万元，建设示范性村级老年协会 3000 个”，“ 南宁市宾阳县中华镇兴隆村幸福院占地 2000 多平方米，建设有老年学校、娱乐活动室、食堂、舞蹈室；村里还有健身器材、篮球场、舞台等公益设施”，“ 老年协会还组织了‘清洁乡村志愿者服务队’，每天义务巡查保洁”①。广西桂林市临桂区中庸镇穴田村泗林村建立的老年协会有完整的领导班子和组织机构，泗林村是一个自然村，全村有 115 位老人，入会会员就有 112 人，并制定了《老年协会章程》，规定会员的权利和义务、资产管理、监督，并有完善的会议制度、学习制度、活动制度、工作制度、走访制度、财务制度，以实现“老有所养、老有所医、老有所教、老有所学、老有所乐、老有所为”的目标规划。

老年协会作为社会性社会组织，不仅具有丰富农村老年精神文化生活的作用，重要的是激发老年人参与农村社会建设与管理的意识，让他们有组织地参与农村社会公共事务的管理。老年协会的建立是农村社会组织建设的突破口，老年协会作为政府许可的民间组织，在青壮年劳动力大量外流的情况下，老年人作为村庄真正的常住居民，更应关心与自己切身利益相关的公共生活，再加

① 广西文明网. 广西：扶持基层老年协会发展建设推动农村养老［EB/OL］. 广西新华网，2016-11-5.

上中国“尊老”的礼教传统，老年人可以作为发挥社会权威作用的潜在权威存在①。但由于老年协会的政府主导性建立基础，缺乏与政府平等协商进行社会管理的自主能力，甚至在现实中多停留于打打牌、唠唠嗑等农闲消遣，未能真正参与到农村社会管理活动中来。

红白理事会是另一农村社会性社会组织，是农村婚丧嫁娶风俗的宣传者和引导者。2012 年 7 月，笔者在广西桂林市荔浦县青山镇调研时，了解到当地对于农村红白喜事理事会的规范化管理。明确理事会承办的事项为：本村村民家庭婚宴、生日宴、新居宴、小孩弥月宴、丧宴等事项的组织操办。红白理事会是现代制度赋予传统乡村习俗操办者的新名称，中国礼俗传统在农村社会影响深远，传统乡村习俗操办者大多由族长等乡村传统权威担任，不仅具有礼仪祭祀的主持权，进而延伸到村庄治理中，是村庄治理的民间权威，有时村庄正式权威与民间权威身份重合，两者融合成为村庄认同度较高的实际权力主体。红白理事会在村民自治制度中作为社会性社会组织存在，通过引导村风民俗的发展，整合凝聚民心。虽然现状是“传统的归传统，现代的归现代”，表达了红白理事会这一习俗执行主体的处境，但在少数民族习俗盛行的农村社会，民族习俗长老通过通晓仪式程序，获得尊重，依然作为乡村治理潜在权威存在。广西少数民族的长老即寨老（有的称族老、油锅等）是民族习俗长老，村里有什么大事都先要和寨老商量，因为群众习惯听他们的，再者，如果不听寨老的话，可能有家里的祭祀无人帮助打理和主持的风险。

### 三、文化性社会组织

文化性社会组织是农村社会另一非营利性组织，一般是涉及群众文化生活的组织，大家因为共同爱好而集中在一起。广西少数民族村落的主要文化性社会组织一般为少数民族传统文化艺术组织，通过发展民族文化引领农村社会和谐健康发展，成为广西地方政府创新社会管理模式的一个突破口。

百色市田林县根据各村民族文化特色，牵头组建业余壮剧团、瑶族铜鼓队等少数民族农村文娱团队，鼓励群众积极参与，村民纷纷加入文娱团队，利周瑶族乡福祥村支书说：“以前村里赌博成风，大家凑一起除了赌博就没别的了。现在好了，舞龙队、舞狮队壮大了，壮剧文艺队也有了，县里还给建了大戏台，每天晚饭后大家都集中在这里唱戏、表演，没有人想去赌博了，村里风气终于

---

① 于建嵘，翁鸣，陆雷．农民组织与新农村建设——理论与实践［M］．北京：中国农业出版社，2007：87.

好转了。”① “以前利周瑶族乡和凌云县朝里瑶族乡因历史遗留的林地纠纷，交界的几个村群众经常因‘插花地’归属问题吵架、相互砍伐对方种植的果树，关系一直都很紧张，矛盾纠纷长期调而不解。近年来，该县通过邀请凌云县、乡、村民族业余文化团体前来参加‘北路壮剧文化艺术节’、壮族‘祭瑶娘（王）’等民族文化联谊活动，融洽了两县交界的群众关系，尖锐的矛盾纠纷也得到了缓和，双方在利益纠纷上都做出让步，历史遗留的林地纠纷终于得到了顺利解决。”②

笔者在调研时发现广西大部分村落都在发展传统文化社会组织，除了政府指导性建设，基本满足生活需求后的精神需求也成为村民的新追求，对民族传统文化艺术的传承成为广西少数民族村落村民的一种农闲消遣，组织者往往为民族传统文化艺术的传承者，他们将村民中的爱好者组织起来，组成村级文化艺术团体，农闲时就排练，有时还出去交流，有的甚至还受邀到外地表演，最远的还出国表演过。但这些文化性社会组织多为非营利性的业余团体，虽然出去表演有时也会有一点收入，但成员的主业还是务农，只是因业余爱好大家凑在一起排排节目，成员间在节目排练中形成了更紧密的互动关系，组织者则成为他们当中最有威信的人。于是，文化性社会组织成为当下农村社会新兴的体制外主体，他们并不直接参与乡村治理，如果文化性社会组织者恰好是村“两委”干部，则成为正式权力结构的体制外促进力量，正式权力在组织范围内自然实现治理目的。如果组织者为体制外个人，但也因其文化传承者身份而拥有村民的信任与潜在权威性，势必成为正式权力主体团结的对象，于是与正式权力形成合谋性关系，组织者利用自己的权威性影响为正式权力主体乡村治理策略的实施提供民意支持保证，正式权力主体则为文化性社会组织的发展提供资金、对外交流等支持。从百色市田林县少数民族农村文娱团队的积极社会风气建构、矛盾纠纷调整等功能可以看出，文化性社会组织的乡村治理积极性表现在用文化交流代替矛盾冲突，通过文艺形式舒缓人心，让大家在轻松快乐的环境中相互沟通包容，单纯的利益争夺被弱化，有利于建立和谐的人与人之间的关系。

---

① 广西新闻. 田林：弘扬民族文化 促进和谐发展［EB/OL］. 人民网，2016-11-5.

② 广西新闻. 田林：弘扬民族文化 促进和谐发展［EB/OL］. 人民网，2016-11-5.

## 第二节　乡村治理体制外群体主体

乡村治理体制外群体主体，相对于乡村治理体制外组织主体而言，群体缺少明确的目标，但成员间有共同的需求或喜好，或存在一定程度的关联性。社会群体多为通过一定的社会关系结合起来的人与人之间的集合体。在农村社会，群体一般表现为以血缘关系结合起来的群体，如家庭与宗族；少数民族地区也有因族群认同结合起来的群体，如民族与民族支系等。群体作为乡村治理的体制外主体，虽然在村民自治制度赋予的正式权力结构之外，然而其根深蒂固的血缘关联性或民族认同情感，让其对农村社会关系产生实质性影响，人们根据亲疏血缘关系建立相互之间的利益关系，乡村治理涉及村庄各利益主体之间的分配格局，群体作为群体内各利益主体的聚合，易于对乡村治理做出实际的功能反应。

### 一、家庭与宗族：血缘关联群体

贺雪峰以村庄范围内农民的行动单位为分析基础，依据是否存在强有力的建立在家庭联合基础上的行动单位，将村庄分为两大类型：第一种类型是以家庭为单位的原子化农村地区；第二种类型又可以分为行动单位较大的宗族型村庄、行动单位较小的户族型村庄和小亲族村庄、行动单位更小的联合家庭型村庄等①。

广西大部分农村多为联合家庭型村庄，原子化分散家庭生产生活模式决定农民行动单位基础是家庭，户族、小亲族、宗族一般为祭祀、红白喜事等内部合作单位。村民自治相关法律中规定的“户代表”作为自治权利主体存在，某种意义上契合了农村家庭行动单位的实际行动逻辑。家庭作为一个乡村治理体制外群体主体，不仅是乡村社会关系中的核心关系结构，也是农村人口外流导致的大范围血缘关系疏离的必然选择，家庭成为农村社会结构中的基本经济单位和政治单位。

中国乡村都是以松散的基于血缘和地缘关系的群体格局存在的，实行村民自治制度后，制度化组织形式如政党、社会性社会组织等应成为农民的基本行动单位，但是基于中国社会历史发展实际，以血缘和地缘为基础的群体性关联

---

① 贺雪峰. 乡村治理区域差异的研究视角与进路［J］. 社会科学辑刊，2006（1）：44-50.

必然在乡村治理中居于基础地位。中国的宗族传统自古有之，古代西周即建构严密的血缘亲属体系，人们被纳入严密的血缘亲属体系中，建立以血缘亲疏为标准的家族、宗族，其内部不仅有严密的长幼尊卑秩序，还具有团结互助、一致对外的自我保护意识。肖唐镖认为，中国的宗族在乡村治理中的角色特征，经历了从正式治理者到非正式影响者、再到非正式治理者的转变。明清时期是宗族治理的全盛时期，晚清至民国时期是宗族治理的持续期，1949 年到 1978 年，进入宗族治理体制的毁灭期。1949 年之前，宗族在乡村治理中的角色是“正式治理者”，1949 年到 1978 年，宗族在乡村治理中的角色则是“非正式影响者”，即从正式变成了非正式、从体制内转到了体制外①。作为体制外的非正式治理主体，宗族在村民自治制度实施后的乡村治理中失去了正式治理者对乡村正式权力资源的掌控，但随着近年来清明文化的复苏，宗族观念通过清明祭祀得以加强，宗族作为非正式治理主体在乡村治理中承担了诸多治理功能，宗族通过祭祀、严格的宗族谱系和族规家训将村民凝聚在群体内，并规范族内各种关系，协调矛盾，维护乡村社会秩序。

广西的宗族意识在一般的村庄都依然保留，但由于历史发展和现实选择的不同，宗族在不同村落中的影响作用不同。在整个广西区域范围内，北部地区的宗族血缘影响相对较弱，东部少数民族地区的民族意识和宗族意识融合较明显，西南部地区的宗族意识较强。特别是客家族聚居地区的乡村，宗族成为社会结构中的基本单位，个人较强地融入宗族体系中，在紧密的宗族关联中获得利益与让渡利益，并通过整体一致对外，实现利益互助。

广西 B 县是世界第一大客家人聚居县，客家人口比例占总人口的 90%以上。客家是汉民族的一个分支，是古时中原人南迁到赣闽粤间的山区，同化和融合了有关土著居民而逐渐形成的具有独特客家方言、风俗习惯和文化心态的稳定共同体。客家人具有强烈的客家血统意识和客家认同意识，崇尚宗族文化，境内的客家大姓几乎都有自己的宗祠和家庙，族内成员间形成了互帮互助、团结友爱的紧密关系。同姓宗族内部往往建立宗族组织，为了避免外界对宗族的不良印象，有的宗族组织以“×氏研究会”的名称命名，宗族内所有人员必须缴纳年费，以维持宗族组织运行开支，其中大部分资金用于对宗族内子弟考取大学后的“奖学”，宗族内有困难者也可以从中获得支助。宗族内部成员间关系紧密，以宗谱为本实行长幼有序的关系格局，卑者要听从长者的管理和教诲，

① 肖唐镖. 从正式治理者到非正式治理者——宗族在乡村治理中的角色变迁［J］. 东岳论丛，2009（5）：118-123.

“孝”几乎是所有宗族的家训内容，宗族内兄弟姐妹间互利互助也是重要的家规内容，这里的宗族从组织结构和形态，到内在的文化意识，再到各种活动仪式等都十分完备。于是，“抱团”就成了B县宗族的真实写照。因此，团结、彪悍就成了外人对B县人的一致评价，因宗族原因导致的社会混乱也成为B县社会治理的困境之一。

笔者借助与B县人民政府的项目合作，得以深入了解广西这片宗族意识浓厚的土地，从乡村治理的视角分析，宗族虽然形式上为体制外非正式治理主体，实质却掌控着乡村正式权力资源，是乡村社会的实际控制者。笔者采访当地乡镇干部和村干部时，他们说得最多的就是只要处理好了本地的宗族矛盾，其他什么事情都好解决了。笔者从法院和司法所以及村人民调解委员会所处理的案件和纠纷类型中了解到，聚众斗殴等违法犯罪和坟山纠纷等都涉及宗族因素，乡村治理中涉及利益纷争的大多也与宗族有关。而乡镇干部或村干部在工作中求助最多的对象就是宗族族长，客家宗族内分许多“公厅”，每个“小公厅”各自祭祀，而后再往外延伸到“大公厅”，各公厅的成员会听从自己公厅内最长者即最有权威者的意见，如有不听从者会遭到本公厅内部的惩罚或鄙弃。如果某乡镇干部或村干部本身就是宗族内成员，工作开展就更为顺利。笔者在此调研时的一个最深刻体会就是，无论是政府干部还是村干部几乎都讲客家话，这不仅是一种方言的象征，更是客家人身份的象征，它意味着自家人什么都好说。笔者在与当地人的接触中发现他们其实很讲义气，对本族内成员可以倾囊相助，这为乡村治理提供了利益纷争的难题，也为乡村治理提供了以宗族为圆周向外辐射的人情关系网络下的民心凝聚。

### 二、民族或民族支系：族群认同群体

民族是广西作为少数民族地区在乡村治理主体中的特殊表征，笔者调研时发现，广西的民族要素在乡村治理中的影响并不明显，少数民族与汉族村民间很少出现因民族不同而引发的矛盾纠纷，各自尊重对方的风俗习惯，即使双方有矛盾也不是源于不同的民族身份，而是身份外的利益纷争。然而，民族身份所引发的族群认同却是乡村治理秩序化不能忽视的要素。

“马村是一个典型的民族杂居村，地处所属蛇乡政府南部8公里处，属于山区，村民居住分散，全村行政区域面积28.9平方千米，辖11个村民小组（自然村），全村有448户2025人，居住着苗族、汉族、仡佬族、彝族4个少数民族，而本村的苗族又分为偏苗、素苗、白苗、红头苗四个支系。其中，苗族1742人，占总人口的86%；汉族263人，占总人口的13%；彝族14人，占总人

口的0.7%；仡佬族6人，占总人口的0.3%。”①

“2008年广西全区进行第五届村‘两委’换届选举，马村的选举工作进行到候选人提名阶段时，村民在提名候选人时就只提名自己民族支系的人。最后确定的正式候选人中几乎全部是新坝（素苗）和岩谷（偏苗）两个屯的人，因此在最后投票时，素苗和偏苗的村民就只投自己民族支系候选人的票，由于偏苗和素苗人口比例在马村几乎相同，而汉族作为本村第三人口比例的民族的村民即因为无本民族的候选人而全部投弃权票，最终导致票数无法过半，第一次只勉强选出了副主任。第二次投票只选出半定工干部和妇女主任。第三次投票才选举出已当选的村支书为村主任。由于三次选举都是在尊重村民原来提名的候选人所确定的正式候选人的基础上进行的，因此汉族无一人当选，村干部成员全是偏苗和素苗，并集中于新坝和岩谷两个自然村。”②

“2011年6月广西开始第六届村委会选举，乡政府安排家住新坝的现任乡人大副主席杨某为马村挂村干部并负责选举工作。杨副主席是马村人，素苗，现居上届选举中占绝对席位的新坝屯，对马村的整体情况和民族支系间的矛盾十分了解。他认识到上届经历三次选举的原因在于候选人在民族搭配和地域结构分布上不合理，于是以民族和地域为基础，让马村4个片区都能选出自己的村干部。马村以地域为基础将11个屯分为4个片区，各个片区中既有偏苗，也有素苗和汉族及其他民族的自然村，让地域划分消解民族隔阂。以片区为基础的村干选举思路，既有利于方便群众办事，又有利于化解民族矛盾，让各个片区都有自己的代理人，便于当选村干在自己的片区范围内开展工作。”③

“少数民族杂居村落，不同民族、民族支系间会形成各自独立的习俗、文化心理，虽然各自在村庄中会‘相安无事’地生活，但往往会形成内在无形的民族共同体，这一共同体内部的自然凝聚力会让共同体成员在面对外力驱动时产生强大合力。笔者在马村调查时发现，当问及村民的民族时，他们会习惯性地说自己是偏苗或素苗，而不是苗族，平时也会穿反映自己民族支系象征的服饰。但相互间包括汉族都表示会互相尊重彼此的习俗，包括对人数较少的红头苗、白苗、彝族、仡佬族等都没有什么民族偏见。虽然村民们以包容的态度生活在

---

① 陈文琼. 族群认同视角下的乡村民主选举——以广西一个民族杂居村落为例［J］. 农业经济，2015（6）：75.

② 陈文琼. 族群认同视角下的乡村民主选举——以广西一个民族杂居村落为例［J］. 农业经济，2015（6）：75.

③ 陈文琼. 族群认同视角下的乡村民主选举——以广西一个民族杂居村落为例［J］. 农业经济，2015（6）：75.

共同的公共空间里，但内在形成的民族支系情感是指导他们行动的潜在心理认同。村委会选举是村庄公共生活中的头等大事，民族支系情感让村民倾向于选择与自己更亲近的本民族支系的人当村干，因为他们认为共同的民族支系关系会让本支系当选村干在村庄公共资源的分配中更倾向于自己。"①

乡村治理体制外主体可能在现实的乡村治理中还存在许多不同的群体主体，如白裤瑶族的"油锅"，其实也是白裤瑶的家族，一个家族就是一个"油锅"；还有乡村治理的潜在群体，如农村劳动力大量外流后从事第二、三产业的非农产业群体，这个群体依然保留农民身份，但他们的生产和生活方式已"离土离乡"，成为城市中的一员，以及农村先富群体、以外出务工为主的乡村青年群体等②，形成群体观念影响乡村治理。本书只选择性考察家族与宗族、民族与民族支系，原因是结合广西乡村社会发展实际情况，对最具突出特点的宗族和民族、民族支系进行深入考察，以期实现对符合广西乡村治理实际的体制外群体主体分析。

## 第三节 乡村治理体制外个人主体

仝志辉、贺雪峰认为"体制精英—非体制精英—普通村民"是村庄的三重权力结构③，非体制精英和普通村民则属于体制外个人主体的范畴，他们都是个体村民，由于对财富、声望资源占有程度的不同，被分为体制外精英和普通农民。相对于体制内个人主体而言，体制外个人主体不掌握村庄的权力资源，但他们作为村民自治的基本权利主体，将自治权授予体制内主体实行，其参与意识与参与程度直接决定了自治实施程度，也是决定乡村治理绩效优劣的主体考量要素。考察乡村治理体制外个人主体参与乡村治理的意志表现、行为选择等要素，旨在分析乡村治理主体的关系格局。

---

① 陈文琼. 族群认同视角下的乡村民主选举——以广西一个民族杂居村落为例［J］. 农业经济，2015（6）：76.

② 陈晓莉. 新时期乡村治理主体及其行为关系研究［M］. 北京：中国社会科学出版社，2012：107.

③ 仝志辉，贺雪峰. 村庄权力结构的三层分析——兼论选举后村级权力的合法性［J］. 中国社会科学，2002（1）：158-167.

## 一、体制外精英

乡村精英往往有多重身份，他们通过掌握经济资源和以声望来表现的文化资源，有的通过获取政治资源成为体制内精英，实现经济精英、文化精英与政治精英的身份重合；也有不进入体制内，却依据声望热心为村民服务，并通过热心政治影响乡村治理的体制外精英。体制外精英主要指村庄先富能手等经济精英、在群众中具有较高威望的传统民间精英，有的还包括退伍军人、离任村干部等以其特殊身份获得声望的农村社会精英。体制外精英的权威，在很大程度上有其个人背景在支撑，如阅历广、见识多；具有一定的文化水平；经济实力雄厚；具有掌握村庄权力的经历；对外交往多；有一定的家族或家庭背景①。本书立足广西实际，考察经济精英、传统民间精英在乡村治理中的意识选择和行动逻辑，分析体制外精英对于村民自治制度运行的实际影响，以及与其他乡村治理主体之间互动形成的村庄治理结构。

经济精英的定位具有相对性，是较之于普通村民而言，从事农业以外的其他行业，或通过创新农业生产模式取得较高农业生产效益，获取较高生产收入的村民。体制外经济精英与体制内经济精英的区别在于不实际掌握村庄政治权力资源，热心政治或村内公益事业，利用其掌握的经济资源为村民办事，以此取得村民信赖并在村庄内获得较高社会声望。在经济发达的农村地区，由于经济精英所占比例较多，其社会威望不是十分突显，但由于与体制内精英势均力敌，容易引发两者间为维护各自利益的冲突，而在这个冲突中，体制外经济精英往往代表的是村民的利益，通过为民争利建立进一步的社会威信。经济欠发达地区的农村，经济精英数量较少，经济精英容易被村民信赖而当选村干部，成为体制内精英。较少的体制外经济精英社会威望突显，不仅为村庄提供公益支持，还作为村民的利益代言人争取更多的利益资源。广西的许多经济精英被制度吸收成为体制内精英，村“两委”换届选举中要求将那些具有发展现代农业能力、懂经营管理的优秀人才充实到村“两委”班子中。较少的体制外经济精英大多通过捐款修路、完善基础设施建设、修缮祠堂等支助公益事业的方式完成其对乡村治理的贡献，在此过程中获得村民的认同，由于掌握较多的经济资源，就容易建立对外联系网络，可以利用自己手中的外部资源为村庄和村民谋利。体制外经济精英有的一般不长期居住在村庄，但在村中留有祖屋等便于逢年过节回家居住，是离乡不离根的村民，与村民间不存在日常频繁的往来，

---

① 吴业苗. 转型期村落权力结构的分化与互动［J］. 云南行政学院学报，2002（5）：49.

却在村民需要帮助的时候及时提供帮助，通过经济支助、为民与官交涉和以此为基础延伸的其他对村民的影响，实现与村庄的利益关联。

体制外经济精英作为农村社会的先富群体，从群体类型的角度看，也可以归为体制外群体主体。但由于广西乡村社会经济欠发达，经济精英群体化特征并不明显，大都以个体为行动单位参与乡村治理。体制外经济精英的公共参与形式主要是对村民自治“四大民主”的参与，即选举参与、决策参与、管理参与、监督参与。从参与动机看，以私利性参与为主，兼有公益性参与；从参与方式看，以自动式参与为主，兼有第三者诉求式参与；从参与途径看，以制度化参与为主，也有为利益诉求开展的大量非制度化参与；从参与水平看，体制外经济精英的参与水平明显高于普通村民①。

体制外经济精英是农村实行市场经济后出现的新兴阶层，他们依靠获取村庄外经济资源取得声望。此外，体制外精英是源于乡土资源的社会精英，他们通过掌握民族传统文化资源获得较高社会威信，或通过自己是某一群体的首领而获得群体认同，或通过过去掌握政治资源、经济资源等积累的社会威望，在离任后继续延续其威望。在广西少数民族村落，由于传统民族文化记忆的延续，承担民族文化传承责任的传统民族精英对村落社会政治生活具有不可忽视的影响力。

笔者对广西白裤瑶聚居地 LH 瑶族乡 HL 村进行了实地调研。“LH 瑶族乡地处大石山区，居住的 2 万多人口中，1.4 万人为白裤瑶，占总人口的 70%，还居住有瑶、苗、壮、布依、仫佬等 9 个民族。LH 瑶族乡被誉为‘中国白裤瑶之乡’，至今依然保留着相对完整的本民族文化传统，具有白裤瑶民族特色的服饰文化、饮食文化、婚礼文化、丧葬文化，以及白裤瑶传统节日中展现的铜鼓文化、陀螺文化和狩猎、斗鸟等民俗风情，都向世人展示了白裤瑶文明在现代社会的传承和创新。”②

“HL 村位于 LH 瑶族乡东部，距乡政府所在地 5 公里，东与 DJ 村交界，南与 YL 村毗邻，西与 LH 村接壤，北与 JM、JH 村相邻，地处石山，田少地多，目前已基本实现屯屯通机耕路。HL 村是 LH 瑶族乡典型的白裤瑶聚居村寨，全村共有 9 个自然村，19 个村民小组，422 户，2087 人，除壮、汉各有一家外，其余全是白裤瑶。全村有保存完好的白裤瑶原始村寨建筑和原始森林区，由于

---

① 张小绿. 论乡村治理中先富群体的参与形式及其特点——以浙江省温州为例［J］. 兰州学刊，2006（2）：158-160.

② 陈文琼. 传统民族精英与制度精英在村治中的契合性作用——以广西 LH 瑶族乡的白裤瑶村落为例［J］. 贵州民族研究，2014（8）：51.

HL 村的自然环境、社会结构、经济状况和精神生活仍保存在一种较完整的文化生态中，政府于 2003 年在这里建成广西第一座生态博物馆——LH 白裤瑶生态博物馆，将 HL 村所辖的三个屯作为生态博物馆的保护范围。”①

“寨老是白裤瑶村民对村中掌握祭祀仪式、具备本民族传统知识的权威者的尊称，往往一个白裤瑶聚居村落（一般为自然村，以居住的地域范围为限，不同于后来的行政村建制）会有一个寨老，他们作为民族文化的传承与象征，在岁月的流逝中被自然认可为村落的权威者，依靠民族精神的内聚力而成为白裤瑶村落中的自然领袖。寨老作为少数民族村庄内的传统民族精英相对于其他类型的精英分类而言，属传统型的非体制民族精英，他们本身并不参与村庄正式权力组织，却通过在本民族内建立的传统领袖权威发挥着治理村庄社会秩序的作用。寨老作为自然民族权威的化身成为民族自觉治理结构的权力核心，主要以祭祀仪式执掌者、民族文化传播者和纠纷矛盾解决者的三重身份履行对村庄社会生活的治理职责。”② 对于寨老这一白裤瑶村落中的传奇人物，笔者在调研中跟踪采访了 HL 村 WS 屯的何寨老，考察少数民族传统文化权威在乡村治理中如何实际发挥作用。

“随着农村社会向现代化转型，白裤瑶村落在保持原始民族文化记忆的同时，也遭遇现代文明的冲击，白裤瑶特有的服饰文化、铜鼓文化、打陀螺、斗鸡、吹牛角等，也随着白裤瑶世界的对外开放和白裤瑶人走出大山见世面而逐渐变得‘不纯粹’。政府在 LH 瑶族乡建立白裤瑶民族文化生态博物馆，发展民族文化旅游业，在带领贫穷的白裤瑶人民脱贫的同时，也面临白裤瑶文化传承和诠释的问题。WS 屯何寨老家的墙上有他去北京表演白裤瑶传统舞蹈时在天安门前的留影，他说自己也是从师父那里学到的这些‘老东西’（指跳白裤瑶传统舞蹈、主持祭祀的能力等），除把这些‘老东西’传播出去，让外面的人了解自己的民族外，他还教村里的年轻人跳传统舞蹈，希望把自己掌握的‘老东西’教给年轻人，同时还承担为来 WS 屯旅游参观的游客表演铜鼓舞、打陀螺、斗鸡等民族传统节目，现在村里很多小孩都会表演这些传统节目。”③

“寨老作为掌握民族文化精髓的传统民族精英，在民族文化的传播过程中，

---

① 陈文琼. 传统民族精英与制度精英在村治中的契合性作用——以广西 LH 瑶族乡的白裤瑶村落为例［J］. 贵州民族研究，2014（8）：51.

② 陈文琼. 传统民族精英与制度精英在村治中的契合性作用——以广西 LH 瑶族乡的白裤瑶村落为例［J］. 贵州民族研究，2014（8）：51.

③ 陈文琼. 传统民族精英与制度精英在村治中的契合性作用——以广西 LH 瑶族乡的白裤瑶村落为例［J］. 贵州民族研究，2014（8）：52.

唤醒和保留村民们心中的民族身份认同感，通过人与人之间的口耳相传，寨老成为村落社会的民族文化权威者，获得村民普遍的尊重，其在村落社会中的‘尊者’身份，让其自然成为村里最有威信的人。笔者在采访何寨老时，他说自己经常在村民的请求下去处理一些村民间的矛盾纠纷，而他在调解中除以公正的态度化解双方矛盾外，还借助自己在村民中的威信增加村民不服从调解的风险。他认为，‘既然你愿意找我来调解了，那我的话你就要听，如果不服我的调解的话，以后就不要找我了。而且对那些不服的人，以后他家的红白喜事就不用找我去主持了，而且村民对那些不听劝的人都会看不起，大家就会自然的疏远他。所以，基本上我的调解村民还是听的，只要找我基本上都能得到解决’。在这朴实的语言中，我们看到了寨老在村民中的习惯性权威效应，寨老作为民族生活中长久自然形成的正义象征，是村民遇到矛盾纠纷时的自然选择，而寨老的判定也带有自然的约束力，否则不服从的村民就会遭遇‘熟人社会的面子’‘传统权威的放逐’‘村落社会的疏离’的连带惩罚，在此高成本的违背传统权威的境况下，服从寨老的调解是矛盾纠纷双方的最佳选择。寨老因此成为村落社会矛盾纠纷的权威调解者，以其公认的公道形象实现着村落社会的有序化治理。”①

## 二、普通村民

在仝志辉、贺雪峰“体制精英—非体制精英—普通村民”的村庄三重权力结构中，作为第三层权力的普通村民是乡村治理权力的实质所有者，只是因为治理效率的需要将自治权委托给村庄精英们特别是体制内精英行使。在法理上，村民与体制内精英通过民主选举实现自治权力的委托代理关系；在实践中，村民的自治权往往落不到实处。在经济领域，由于村民分散化经营模式无法适应市场经济发展，村民经济力量薄弱；在政治上，由于无法掌控村庄政治资源，组织化水平较低，增加了村民在村级公共事务中的无力感②。

广西农村自然资源匮乏引发的村民外流务工高潮，使得普通村民在村民自治制度运行中处于自治主体意识缺失的状态，由于中国家庭联产承包制经济体制作为经济基础的影响，村民的组织化程度偏低，公共参与观念不足。由于村民自治制度不是中国农村社会原生型的制度建构，制度运行强调的民主观念在

① 陈文琼. 传统民族精英与制度精英在村治中的契合性作用——以广西 LH 瑶族乡的白裤瑶村落为例［J］. 贵州民族研究，2014（8）：52.

② 金太军. 村庄治理中三重权力互动的政治社会学分析［J］. 战略与管理，2002（2）：105-114.

中国根深蒂固的忠君、等级传统观念背景下，缺乏成长的土壤，村民民主观念缺失严重。

当前广西民族地区农村社会治理的难题之一是村民主体意识的缺失以及功利性民主意识导致村民参与乡村治理行为的劣化，主要体现在以下三个方面。

### （一）村民集体主义价值观的缺失

市场经济解放了农村生产力，促进农村社会生活的现代化发展，也导致农村社会的家族、村落、民族等传统道德规范要素的快速解体，村庄公共性被核心家庭化所取代。从集体解放出来的村民，过去相互帮助合作发展的集体主义价值观日渐缺失，代之以为自己谋福利的个人主义，集体化的约束被打破，而以核心家庭为单位的发展模式尚未成熟，乡村社会陷入集体主义缺失的无序和离散状态。农村税费改革进一步减弱了集体对村民个体的约束力，村民变得更“散”，“小农”意识更强，集体完全让位于个人，村庄公共事务无人问津，甚至出现“多数服从少数”的民主怪圈，少数人不同意，村集体公益事业无法开展。

村民集体主义价值观缺失的另一主要原因是城市个人化利益追求对农民工意识的冲击，消磨了他们成长过程中农村熟人社会塑造的集体化人格，在外在的个人主义和内在的集体传统冲突中，价值观不协调导致农民工在回乡后行为的劣化，乡村社会秩序在集体主义缺失、个人主义失范的影响下陷入失序状态。

### （二）农村治理主体的失位

法律赋予村民管理农村社会的自治权利，现实的农村社会中，由于村民主体意识的缺失，大部分村民没有参与村务管理的自治意识，认为村务都是由村干部决定的，自己管不着，也不愿管，这都是吃力不讨好的事情。乡村治理主体的失位具体表现为参与“四大民主”中的失位。

一是村民在民主选举中的失位。每三年一届的村“两委”换届选举，是中国农村按时开展、有序推行、规范监督的村民自治活动，这一时期是乡镇干部下乡最频繁、村里开会最多、群众议论最多的时间段，激发了乡村社会短暂的热烈。村“两委”换届选举成了农村社会“选举时热热闹闹，选举后冷冷清清”的尴尬写照。热闹的民主选举是自上而下层层行政任务式控制的结果，村民被动地成为各级政府上交的任务报表和工作总结中的数据，民主选举的行政化推行在一定程度上背离了制度设计的初衷。村民对民主选举的认识停留在完成乡镇政府的工作任务上，如果选举遇到农忙，村民还会认为这会浪费自己的劳动时间，乡镇干部和村干部不得不选择晚上的农闲时间去村民家中开展工作。

农村人口的大量外流，也是村民在民主选举中失位的主要原因，民族地区由于自然环境恶劣，农业生产力普遍低下，村民生活的主要来源不是农业生产所得，而是外出劳动力打工获得的收入，外出劳动力不可能放弃工作时间专程回乡参与民主选举，因为回乡参选无法获得任何的经济补偿，委托投票就只能成为选举顺利开展的被动选择。

此外，由于民族地区资源匮乏，几乎没有村级集体经济，村干部工资收入较低，当选村干部对村民没有吸引力，再加上农村人口外流的冲击，愿意当村干部的不多，能当的也多是以前的老村干或家庭负担不重的人，近年有乡村经济精英回流的现象，但也大多是当选后因忙于自己的事务无法投入更多精力到村级公共事务中。民主选举因村民主体的失位，成了形式化的民主表演。

二是村民在民主决策中的失位。村民会议和村民代表会议是村民民主决策的法定权力主体，民族地区的农村自然环境差，经济发展滞后，没有什么集体经济，村民会议制度基本瘫痪，村民认为村里的事情有村干部做主就行了。村民会议制度的难以实行有其农村社会的现实条件约束，村民代表会议就成为突破此约束的重要补充制度。然而，其在实现民主决策中的作用在每个村子都各不相同，大多数都未能有效代表村民的意志。村民选举代表的热情普遍不高，虽然硬性要求在村“两委”换届选举时要选出村民代表，但村民代表缺乏与所代表村民的沟通，开会只是走形式，举手表决村委会早已决定了的事项，并且必须有村委会召集才能开会。由于农村人力资源匮乏，村民代表大多年龄大、文化水平不高，受传统思想和管理的影响，部分村民代表习惯于被动接受管理，主体意识缺位，只“代”不“表”或只考虑本户、本组的利益，缺乏整体意识，导致村民代表会议质量不高。

三是村民在民主管理中的失位。民主管理就是村民按照国家相关政策和地方法律法规、村民自治章程、村规民约等对村内社会事务和村民个人行为进行管理。民族地区农村劳动力的外出、村民分散居住隔断了村民的交流，村民缺乏民主管理的意识，对参与村民自治的兴趣不高，民主选举后的冷清致使农村社会的民主管理陷入由当选村干部管理的局面，村民认为选村干部就是让他们管村里的事情的，老百姓没能力也没有时间管，而且管了也没有好处，全体村民自治的民主管理演变成为村干部主导的垄断管理。村规民约、村民自治章程制定中表现出明显的村民失位，村民不了解村规民约、村民自治章程的性质、作用以及制定村规民约、村民自治章程对于村庄发展的意义，因此无意关注草案的内容，由于村民会议召集难的问题，一般采取由村民代表会议表决通过的形式，村民意志表达缺失。再者，村干部主导的村庄公共事务管理，村干部大多按自己的意愿管理村庄日常公共事务，容易形成村干部的独断专行，深化村民在民主管理中的失位状态。

四是村民在民主监督中的失位。民主监督的无效率已成为民族地区农村社会的一种常态，无集体经济农村的村民多半认为没有什么可监督的。有的村民认为有监督的必要，但不知道该怎么监督，村务监督委员会成立后，较少与普通村民沟通村务监督信息，村民失去监督途径。另外，村务公开形式化，大部分村民不关心公开的内容，更不关心公开的内容是否及时更新。对村干部的民主评议也是每年在乡镇干部的主持下走走形式，有的村民认为村干部干得好不好，乡干部说了算，老百姓评了也没用。

### （三）村民参与乡村治理行为的劣化

随着我国进入“反哺农业”的新阶段，免除农业税和国家采取的直接针对分散小农的支农惠农政策，村民成为国家重点扶持的对象。但国家的大力度“哺育”在促进农村社会发展的同时，却“惯坏”了村民。民族地区村民在农村治理中的失位随着民主意识的不断增强、国家向农村倾斜的政策性支持、农村社会资源的丰富，激发了农村的治理参与热情，但由于离散化的个人主义观念盛行，导致村民参与乡村治理行为走向劣化。

一是参与民主选举行为的劣化。随着村民自治法律制度的完善、服务性地方政府职能的确立、村民民主意识的增强，在国家统一的民主选举规范框架下，村民逐渐意识到村级换届选举事关村民的切身利益，特别是村庄集体经济发达的村落，希望选举出自己满意的村干部。但这个“满意”在个人利益的趋势下，倾向于选举自己的家人、族人或允诺给自己好处的人，参与选举目的功利化和参与选举行为利益化。

二是参与民主决策行为的劣化。法律赋予村民讨论决定涉及村民利益事项的权利，民族地区资源匮乏，涉及资源分配的民主决策成为村民争取资源的基本途径，争取利益最大化成为村民参与民主决策的主要目标。利益引发冲突，村民在参与民主决策的过程中，对自己或家庭、家族有利的就支持，反之则极力反对，甚至引发村民与村干部、村民与村民之间因利益分配不均衡或私人恩怨导致的冲突。最典型的就是“一事一议”制度在农村社会的实行所遭遇的困境，该制度为了解决取消农业税和乡统筹、村提留后，农村公益事业缺乏资金而无法开展的问题，通过“一事一议”的筹集办法解决公益项目所需经费和人力物力问题。然而，“一事一议”却因为村民间的利益争夺而无法有效开展，因为“一事一议”生产的是公共产品，而民族地区村民相对贫困，依然处于关注私人产品获取的状态，无能力也不愿承担公共产品的创造成本，“一事一议”慢慢走向低效率，甚至由于“少数服从多数”的决议原则会出现村民谋利性共谋的“多数人暴政”，少数人利益被侵害，村民自治在村民民主决策的劣化行为中逐渐走向村民自利。

三是参与民主管理行为的劣化。农村公共事务的具体管理主体是村委会，农村社会相当于一个完整的利益共同体，农村公共事务关系到每个农户和村民的切身利益，村民为了各自的私利而积极参与村庄对于公共事务的民主管理。随着血缘关联的弱化和个人利益观念的增强，农村社会共同体的紧密关联开始松散，村民形成趋利避害的行为意识，甚至为获取更多的个人利益不惜损害集体利益。目前，民族地区农村最突出的矛盾就是基础设施建设涉及的村民征地补偿问题，有的村民为了多得补偿款在被征土地上抢种树木或抢建房屋，要求得不到满足，就会联合同村或同族成员聚众阻挠工程建设，有的会引发大规模的群体冲突事件，扰乱村庄公共秩序；即使是村里建条水泥路，也会因为被占地村民觉得吃亏不愿让地，最终项目被迫中止或不得不选择绕道而修，有的村民为了水泥路直接到自家门口，就抢占修路水泥铺到自家门口，引发村民与村干部、村民与村民之间的矛盾冲突。

四是参与民主监督行为的劣化。法律规定村应当监理村务监督委员会或其他形式的村务监督机构，农村利益的多元化让村民参与民主监督行为私利化。首先，村民选举村务监督委员会过程中私利化倾向。为了约束村“两委”的村治行为，为自己争取更多的个人利益，村民通过选举与自己亲近的家人、族人担任村务监督委员会成员的方式，达到制约村干部维护自己及家庭、家族利益的目的，以期分配更多的村级资源。其次，通过运用法律赋予的村民民主监督权利，在民主评议中带着个人情绪，不能客观、公正地进行评议。对平时与自己有矛盾或没有满足自己要求的村干部，在民主评议的时候向乡镇干部做不实反映，表达对村干部的不满。最后，实施极端的民主监督行为，因个人私利得不到满足而上访争取不当利益，或组织家族成员、利益结合体以民主监督名义对抗本村做出的对自己不利却有利于村庄发展的民主决议，造成村庄秩序的混乱。

村民主体意识的缺失以及功利性民主意识导致村民参与乡村治理行为的劣化使得村民自治制度的运行面临挑战。广西产生这些问题的根本原因是农村经济发展落后使然，农民作为经济理性人，首先考虑的是解决自己及家庭的生活问题，农村经济发展资源的匮乏无法将农民吸引到本土经济发展中，“离土”促成了农民对自己故土的主体缺失结果，解决农村本土经济发展问题，提高故土的吸引力，是解决农民在村民自治实践中主体意识缺失的关键，通过农村经济发展手段促进村民在乡村治理中的合理主体定位。

中国传统的伦理等级思想影响深远，农民观念中的“官治”思想牢固，无法正确认识自己作为村民自治制度设计的自治权主体存在，村干部等制度框架中的“代理人”越权成为实际的权力主体，民主政治文化的缺失是导致这一现象发生的根本原因。

广西农村村民自治参与意识缺失的原因除有思想文化渊源的影响外，村民外出务工等客观原因也是导致村民自治参与意识缺乏的直接原因。村民根本不在本土，强大的务工挣钱压力，让他们无暇顾及村庄公共事务，有的村民甚至几年都没有时间回家与亲人团聚。因此，村民自治意识的培养不能停留在发动村“两委”做思想动员工作、简单地发制度文本做宣传、通过远程教育做培训等，因为这些工作开展的前提首先得是能够直接面对受教育对象才能完成，而广西农村自然条件恶劣，无法为村民提供更多的获取生产生活资源的机会，“背井离乡”是广西大部分地区村民的选择。村民虽然可以在外出务工过程中，通过媒介传播和眼界开阔等获得对民主的认识，但“离土”的现实让自治意识无法在本土治理中发挥实际作用。因此，解决的根本在于开拓“离土不离乡”的自治意识培养路径，让村民实际参与乡村治理中，从而完成自治参与意识的培养。

广西河池市“结合‘美丽河池 生态乡村’活动，广泛开展乡村、铁路和公路沿线、旅游景区环境综合整治，以及村屯绿化、饮水净化、道路硬化等生态乡村‘三化’建设，加强对特色旅游名镇名村、民族特色村寨的保护和培育，保护乡村自然生态资源，改善乡村旅游发展环境；大力发展适合乡村旅游的特色种植业和养殖业，提升旅游业与农业深度融合；深入挖掘和保护非物质文化遗产，不断提升乡村传统文化的魅力和旅游吸引力”①。河池市的这一举措旨在通过发展乡村旅游助推农户脱贫，但其延伸性影响是可吸引外出务工村民回到本地谋生，实现“离土不离乡”的生活模式，这既发展了本地农村经济和提高了农民收入，也让回乡的农民开始实际关注本村的公共事务，用实际参与重新建立对自治的认识。而农村经济的发展会带来集体经济的复苏，村干部报酬低等无人感兴趣的问题就可以迎刃而解。村庄发展关系到每个村民切身利益时，集体主义观念回归，选举什么样的村干部代理自己的自治权力则成为村民需要理性权衡思考的事情，民主选举中村民主体意识缺失和行为劣化就演变成主动

① 新华社．“离土不离乡”河池乡村旅游助推农户脱贫［EB/OL］．人民网，2016-11-5.

关心选举、认真考虑代理人人选问题、杜绝破坏民主选举的非法及非理性行为。

农村经济发展不可能吸引所有外出村民回归故土，必然会出现规模化农业产业发展引发的新移民问题。“村民”概念的界定也即成为村民自治制度的新课题，单纯的户籍制已无法适应新时期农村社会发展的需要。2010 年《村组法》延伸了村民概念的范畴，将户籍不在本村，在本村居住一年以上，本人申请参加选举，并且经村民会议或者村民代表会议同意参加选举的公民纳入村民范畴。但这样的资格界定只限定在村委会选举的选民范畴，对这部分公民是否能够参与民主决策、民主管理、民主监督等未做相关规定，而这部分人可能是乡村社会发展的直接利益关联者，但法律未规定其相关权利。虽然这可能是农村在实现城镇社区化发展后面临的直接问题，但农村熟人社会的被打破已经破坏了原有的血缘、地缘等传统农村关联要素，村民自治中村民主体意识的回归，对于已承担多重身份的村民而言，村庄必须提供更多的与其发生利益关联的可能，村民自治制度才会在各乡村治理主体的相互协作中实现规范化运行。

# 第五章

# 广西民族地区的乡村治理结构及治理绩效

“结构—功能”理论的研究理路“是以政治结构为分析起点，通过研究结构及结构如何履行某些必要的功能以促进系统的维持来考察分析政治系统的运行状况和规律。结构指的是政治角色的某种组合，功能指的是结构活动的后果和影响”①。根据“结构—功能”理论，不同乡村治理结构决定着乡村治理的不同绩效。村落中的不同乡村治理主体作为乡村治理的结构要素，各自在自治制度体系范围内参与村庄自治事务，以主动或被动的姿态完成乡村治理机制的有效运行，主体间的关联互动程度决定了乡村治理绩效的实际表现。

中国的乡村治理存在区域性差异，而经济发展的非均衡及地方政府对乡村治理政策推动的非均衡性，是造成当前乡村治理区域差异的重要原因②。广西地处西部少数民族地区，从区域发展的非均衡性视角来看，广西具有独特的区域特色，区域内部的乡村社会的内在要素，如经济状况（生产方式、经济收入水平、经济结构、种植结构）、地理位置、行政区划、文化特征、历史条件等基本相似③。本书采取区域化的中观研究视角，分析广西区域范围内乡村社会各治理主体间的互动模式，以及在村庄资源配置和制度运行中建立的关联性结构。而乡村治理主体在国家为治理乡村社会建构的一系列治理运行机制中的行为表现，直接决定了乡村社会的治理绩效。

---

① 陈振明，主编. 政治学——概念理论和方法［M］. 北京：中国社会科学出版社，2004：74-75.

② 贺雪峰. 农民行动逻辑与乡村治理的区域差异［J］. 开放时代，2007（1）：105.

③ 贺雪峰. 个案调查与区域比较：农村政策基础研究的进路［J］. 华中科技大学学报：（社会科学版），2007（1）：118.

# 第一节 乡村治理结构的区域化表现

乡村治理模式是乡村治理结构的宏观表现形式，是内在乡村治理结构在应对外来政策、法律和制度的过程中建构的相对稳定的结构性关系。中国乡村治理结构主要历经传统社会的“县政绅治”模式、新中国成立初期的“乡（政）权”模式、人民公社时期的“政社合一”模式、改革开放后的“乡政村治”模式①，中国乡村治理结构的历史演变表现出县乡村三个层级间横向与纵向交错的复杂关系，结合不同时期国家乡村治理策略的选择，形成符合当时社会发展实际的乡村治理结构。

自我国村民自治制度实施三十年来，政府与村庄的二元治理结构逐渐演变为多元主体参与合作治理的多元治理模式，“乡政村治”的治理格局得到改善。但现实的乡村治理困境表现出治理体制的不科学性，多元治理主体在不同地域语境中，主体性地位缺失、错位、越位的情况各异，乡村治理结构出现不同程度的失效反应，导致乡村治理绩效的衰微。因此，学者们在“乡政村治”乡村治理模式的现实制度背景下，对县、乡、村三个乡村治理层级进行权力逻辑和相互关联的重置，以期建构一个具有理想治理绩效的乡村治理模式，如以徐勇为代表的“县政乡派村治”模式，以沈延生为代表的“乡治村政社有”模式，以吴理财、郑法、于建嵘等为代表的乡镇自治模式②。乡村治理模式是对现实乡村治理结构的运行模式建构，而中国乡村社会的非均衡发展会为理想乡村治理模式设置发展障碍。本书无意对学者们的理想模式设计进行理论与现实的考察，而是立足于乡村治理区域差异的研究视角，考察如何将乡村治理模式进行区域化实践。

解决这个问题的关键在于结合本地的乡村社会发展资源进行治理制度设计，合理建构不同乡村治理主体之间的关系格局、乡村资源配置与治理制度体系之间的有效协同发展。贺雪峰在村治模式的区域化差异研究中引入“农民行动单位”要素，认为农民行动单位是决定一个区域村治模式的主要基础，通过农民行动单位的差异，可以提供一个解释自下而上研究中国农村非均衡及其对自上

① 吕云涛. 中国乡村治理结构的历史变迁与未来走向［J］. 山东省农业管理干部学院学报，2010（2）：30-32.

② 刘祖华. 中国乡村治理结构的现代转型逻辑［J］. 中共南京市委党校南京市行政学院学报，2007（4）：39.

而下政策产生影响的范例。他认为，农民行动单位包括家庭及建立在家庭基础之上的家庭联合体，具体如宗族、小亲族、户族、联合家庭及地域共同体（如村民组），正是农民行动单位成为决定乡村治理状况最为重要的内生基础之一，相对应地建构宗族主导型村治模式、家庭联合主导型村治模式、原子型村庄的村治模式①。而区域性差异的根本原因在于经济发展的非均衡性及地方政府实施政策的非均衡性。既然区域间存在差异性，那么区域内的情况是否也存在差异，如果也存在差异性发展可能，那么，乡村治理模式的区域研究视角就存在不合理之处。同一区域中的村落必然会因为内在要素的不同而存在特殊性，通过个案调查展现单个村庄的治理模式表现。然而，在同一个地方政府治理的区域内，经济、社会、文化、政策推行等都存在相似性，这种区域相似性就构成了超越个案村庄的具有地域普遍性的村治模式②。

对于乡村治理区域化的影响因素，学者将其界定为以下五个方面：一是当地政府权力的影响力；二是当地传统社会资源保留状况；三是当地的经济状况；四是当地的区位；五是区域文化的影响③。区域化乡村治理模式的形成是中国区域不均衡发展的直接表现，中国的农村和农民有一生系于土地的共性特征，“农民工”成为农村普遍的社会群体，国家自上而下的制度建构和惠农举措，农村空巢后的社会问题等，这些农村共性表象的存在无法超越区域化不均衡导致的内在差异。“地方性知识”被引入乡村治理的研究范畴，乡村治理结构的地方化表现明显，而这种地方化表现在坚守村庄传统的同时，遭遇国家一体化建设和乡村治理现代化的冲击，“村民”的“公民化”趋势，农村的城镇化发展，使得区域化逐渐走向一体化，“地方性知识”在乡村治理研究中是否依然作为一种研究范式存在，已成为农村社会发展变化后，理论研究应思考的问题。本书以广西为例开展乡村治理研究，不仅建构区别于全国其他省份的乡村治理区域化模式，也必须关注在广西区域范围内，各不同方位、不同特色乡村在应对同一地方政府有关乡村治理策略中的不同表现。地理特征、人文环境等的不同，造就不同的农村社会和性格迥异的农民，而这些都在广西区域范围内不同乡村社会的生活和农民的心理、行为中表现出来，“地方性知识”依然明显，乡村治理结构的区域化表现在不同乡村治理主体参与乡村社会治理的行为关系，以此

---

① 贺雪峰. 乡村治理区域差异的研究视角与进路［J］. 社会科学辑刊，2006（1）：44-50.

② 贺雪峰. 个案调查与区域比较：农村政策基础研究的进路［J］. 华中科技大学学报：(社会科学版)，2007（1）：118.

③ 彭智勇，王文龙. 新农村建设中的乡村治理机制探析［J］. 理论探讨，2006（4）：73-75.

构建现实及富有乡村治理绩效的理想乡村治理结构。

乡村治理结构区域化的研究路径是“中观区域背景—微观特定地域治理现状表现（甚至是个案村庄治理结构）—中观区域治理结构建构”，中观研究范畴既可以解决微观研究的非普遍性理论建构困境，也可以为宏观理论模式建构提供研究基础。村民自治制度建构的“乡政村治”治理模式，在特殊的区域语境中被赋予新的结构内容和治理表现，广西的现实乡村治理结构研究旨在考察广西乡村治理的主要影响因素，以分析微观村庄治理结构为基础，建构未来广西乡村治理结构可采用的符合乡村治理实际的本土治理模式。

## 第二节 广西的现实乡村治理结构

从“国家—地方”的研究视角来看，广西地处我国经济欠发达的西部少数民族地区，在国家乡村社会非均衡发展的背景下，广西地方政府作为村民自治制度的地方推行者，区域内的经济、社会、文化、政策推行等都存在相似性，广西的乡村治理都是在政府主导下开展，在推行国家自上而下村民自治制度的基础上，广西根据本地乡村治理的实际需要，制定了一系列地方政策和地方法规，在广西区域范围内整合治理资源，有序开展乡村治理。广西的现实乡村治理结构在特定的区域发展框架内必然表现出具有地域特色的乡村治理结构，并且地域范围内的地方也因区位、经济发展、传统社会资源保留状况、区域内文化的影响因素差异，现实参与乡村治理的主体会不同，主体间的相互关系结构及应对制度政策的态度也会存在差异。现实的乡村治理结构，就是乡村治理主体作为其中一个要素，在区域化乡村治理语境中，按照每个主体对制度的反映组成一个相互关联的有机整体。通过对广西乡村治理结构影响因素的考察，分析乡村治理主体在乡村治理中的现实地位和作用、关系结构，构建适应乡村治理实际的理性乡村治理结构。

### 一、广西乡村治理结构的影响因素

广西虽然是我国唯一一个沿海少数民族自治区，具有北部湾经济带发展的地域优势，但在我国非均衡经济发展格局中，依然属于欠发达西部少数民族地区。韩鹏云认为，按照务工经济的人口流动来划分，我国农村可分为以下两种类型：第一类是以珠三角和长三角为典型代表的东部沿海发达地区，农民不再从事农业生产，转而从“工”或从“商”；第二类是除东部沿海发达地区之外的中西部地区，乡村经济发展依然依赖于农业，这类地区占据了我国乡村社会80%的比例①。按此分类，广西属于第二类的中西部欠发达少数民族地区，乡村社会的农业资源相对匮乏，乡村治理结构在广西欠发达地区表现出特殊性，其直接影响因素有以下三个方面。

### （一）经济因素

广西作为经济欠发达地区，主要的经济特点是：恶劣的自然地理环境使得地域范围内的资源稀缺，本地经济缺乏发展所需要的自然、物质和人力资源。由于城市化进程的加快，乡村大量人财物外流，农村空壳化现象严重，多以单一的分散化农业经营方式为主，规模化农业经营模式尚未发展，或虽建立类型繁多的经济合作组织，但规模不大，力量弱小，发展能力不足，无法改变农村经济竞争力不足的局面。由于农村经济发展水平不高，大多数村庄集体经济薄弱，甚至没有任何集体经济，无法为农村基础设施建设等公共事务提供必要的资金支持，除了依靠向乡镇政府拉项目赞助或政府的定期拨款，以及少数来自本村经济精英或外出成功人士的捐赠，其他主要依靠一事一议等制度进行村组自筹。从农村公共服务供给视角来看，村民享有公共服务的水平主要依赖本村集体经济的实力，广西的大部分村庄几乎无集体经济和公共治理资源的现实，不仅无法提供村民所需要的公共服务，也因村庄内经济关联性的薄弱，村庄共同利益无法形成，农民行动单位无法建立在村庄共同体的基础上，村民的政治参与意识不高，村民自治失去村民这一权利主体的推动，村庄共同体无法形成。

村庄集体经济的发展直接影响着乡村治理的特点，根据村庄集体经济资源的占有状况，贺雪峰等学者将民主化村级治理分为“动员型村级治理”和“分配型村级治理”②，以此为分类标准，广西大部分村庄属于“动员型村级治理”。

### （二）社会发展因素

广西农村社会生活资料缺乏，基础设施不足，无法满足村民的生活需要。本地有能力的先富人群、村庄精英多半在村庄留有房屋却长期居住在城市，年轻人在村庄无法获得更多的收益，多选择外出务工，多半只有老年人留村务农。村庄体制内政治精英有一部分因为拥有村庄政治资源，生活相对富裕；村民大多依靠土地和外出务工收入维持生活、建新房等，村民之间的经济差距不大，社会分层不明显。村民之间依然在一定的地缘和血缘范围内维持熟人或半熟人

① 韩鹏云. 村民自治实践样态与转型方向［J］. 中国特色社会主义研究，2015（1）：55.

② 贺雪峰，何包钢. 民主化村级治理的两种类型——村集体经济状况对村民自治的影响［J］. 中国农村观察，2002（6）：46-52.

社会的人际关系，但传统血缘共同体的整合力因分散化农业经营模式和以单个家庭为行动单位的现实而逐渐瓦解或解体，失去了控制乡村社会资源的能力。村民各自为了生计外出奔波或被束缚在自己的一亩三分地上，传统的宗族、家族或民族共同体不再左右共同体内村民的生活，只停留在以传统共同体为单位进行祭祀或传统节日庆祝上，而且随着现代文明的深入影响，村庄内长期发展凝聚形成的习俗和民间文化也因为人们生活方式和意识选择的变化逐渐消失。村民原有的传统礼俗文化秩序被打破，新的乡村治理有序化格局并未建立，村民的离散化使“私”逐渐占据主导地位，“公”未能进入民心，村庄公共事务无人关心，村民对自治权力的委托存在主体无意识状态，许多村民依然保留“官本位”的思想，无法建立自治的自觉。

（三）区域内乡村政治策略因素

广西所属的“动员型村级治理”类型，不仅反映广西乡村集体经济的薄弱在乡村治理方式上的反映，而且也说明村民自治主动性缺失的现实，乡村治理必须在政府的主导下，发动村民参与村庄公共事务的管理，是“强政府—弱社会”乡村关系结构在广西乡村治理中的直接表现。从村民自治制度的发生学上看，村民自治是广西农村社会自发发展的一种乡村治理模式创新，是村庄内共同利益主体为维持村庄秩序化发展平等协商的产物，而后经过国家正式权力的认可，通过国家自上而下制度化推行的方式，成为国家整合控制乡村社会的制度化工具。村民自治制度的建立初始就表现出国家的绝对主导地位。村民自治制度的实行，使传统的行政控制性乡村治理模式转变为国家与乡村社会适度分离的模式。但是，中国的乡村治理不是各个村庄的自行其是，而是在国家的宏观规划下进行的有序变迁，地方政府发挥着不可或缺的指导作用①。广西采取“动员型乡村治理”的主要原因是，在现有经济和社会发展状况下，村民缺乏主动自治的自觉，政府为了规范乡村社会的有序运行，只能采取对村庄社会各方面事务的渗透，以政府控制性动员的方式调动村民参与乡村社会公共事务的治理。因此，广西区域范围内乡村社会治理采取政府统一规划指导和提供发展资金、村庄依规组织的发展策略，为了创新乡村社会管理模式，体现政府指导服务农村建设的功能，广西采取由自治区一级政府制定地方法规和纲领性文件、市一级政府根据地方实际制定发展策略和制度创新、县级政府指导布置、乡镇政府具体执行的自上而下层层设计、落实的方式，整合政府和乡村社会资源，动员村民参与乡村治理，实现乡村治理的区域化统一发展模式。

① 马宝成. 村级治理：制度与绩效［M］. 北京：中国社会出版社，2010：205.

## 二、广西乡村治理主体的现实地位和作用

乡村治理主体分为体制内主体和体制外主体，两类主体皆包含若干具体治理主体，在以下的研究中不对两类主体进行细化分析，而是以体制内主体和体制外主体为研究对象，具体分析各自在乡村治理实践中通过其治理行为参与乡村治理的情况。由于区域乡村治理制度对参与资源的分配、治理主体的能力和治理意愿的不同，体制内主体与体制外主体在乡村治理中的主体性地位和作用存在一定差异。

### （一）体制内主体的主动地位及主导作用

从乡村治理的实际权力分配分析，体制内主体是当前有关村民自治制度的法律和政策环境框架下，被纳入制度设计内部，处于积极主导地位的参与主体。在广西的乡村治理实践中，体制内主体主导推动乡村治理。基层党组织被定位为村民自治的领导主体，乡镇党委和村党支部之间的领导与被领导关系延伸到乡村治理实践，虽然进行了有限制的领导界定，但村民自治作为“诱致性”制度变迁，党的领导地位必须被坚守。广西许多乡村的党支部书记都是担任好几届的“元老”，他们的治理行为不仅顺应上级党委的领导，在村庄内部也形成政治权威而实现对村庄资源的整合。村民自治制度的制度化新型村庄力量就是村民委员会，其产生是对以党的领导为中心、行政一体化的全能型乡村治理机制的变革，广西村民自治第一村合寨村的创举，让村民委员会走上乡村历史舞台，村民委员会是村民通过民主选举授权的自治权力执行机构，与党的领导和乡镇政府的指导形成体制内主体体系，共谋推进乡村治理实践。由于广西乡村发展资源匮乏，村庄体制内主体依靠乡镇党委的统一领导和乡镇政府的指导，执行村庄内公共事务和政府下达的行政任务。“上面千条线，下面一根针”形象地反映了当前乡村的生存境遇，村民自治事务被行政命令任务化，体制外主体无法把握千头万绪的自上而下任务，只能依靠体制内主体来完成对政策的把握，制定具体实施方案，组织人力、物力完成任务指标。乡镇政府借助向乡村投入大量公共财政开展公共服务，积极主导乡村社会的发展，村级体制内主体成为政府的办事机构，以各自不同的方式活跃在乡村治理的前沿阵地。

体制内主体中村民小组的地位和作用不容忽视，广西农村由于多石山、交通不方便，自然村基础的村民小组构成以地缘为基础的农民认同和行动单位，结合以血缘为基础的农民认同和行动单位，村民小组以其经济关联性、地缘与血缘关联性，内在地组织村民小组成员整合经济单位内资源，并以自然村为基

础扩大治理结构范围，整合超过一个村民小组的自然村内资源，建立自然村一级的自治单位组织，成为广西农村社会政治经济发展的主导性自治力量。

（二）体制外主体的被动地位及配合作用

除体制内主体外，乡村社会还包括社会组织、宗族群体、个人等体制外主体，广西农村的社会组织发育不完善，除桂东一些地区保留强烈的宗族意识外，大部分农村的宗族群体被瓦解，传统民族文化凝聚的共同体功能被碎片化，家庭间互助合作生产模式随着人口外流和农业一定程度的机械化被消解，体制外主体首先失去了组织竞争力。再者，由于村庄内分层不明显，村庄精英的外流，无法产生与体制内主体相抗衡的社会力量，权力制衡难以实现。其中最重要的因素是村庄内缺少经济发展动力，大多数村民选择外出谋生，虽然是户籍上的村民，但实际却脱离村庄成为双重身份者，被动甚至退出乡村自治。村庄内常年居住的村民，虽被束缚在一方土地上，但谋生的"私事"大于自治的"公事"，因为村落无法为参与主体提供自治需要的足够物质和闲暇，只能在体制内主体的引导、动员，甚至是少有的物质奖励下，被动配合自治事务的开展。广西的社会组织多为促进农村经济发展设立的农业经济合作社，大多提供农业产业化服务，与自治政治的关联松散，甚至是组织内也缺乏规范化约束，而且带有政府指导发展的政绩建设性质，无法成为有组织的自治力量，无法承接村民自治制度设计的规范性放权，无法在村庄内建立自生自发秩序进行自我管理和自我服务。

## 三、广西的现实乡村治理结构

中观的区域性乡村治理虽具有因地域发展共性延伸的普遍性，但由微观建构的中观，必然体现出一定的特殊性。广西从区域模块上划分，可以分为桂北、桂东、桂西、桂南四个部分。桂北地区主要有桂林市、柳州市、来宾市；桂东地区有梧州市、贺州市、玉林市；桂西地区有百色市、河池市；桂南地区有南宁市、崇左市、北海市、钦州市、防城港市。由北向南，气候逐渐变暖，自然条件越发恶劣，桂北平原面积较大，耕地较多，气候四季分明，有利于农作物的生长，语言上除各地方言外，通行桂柳官话；桂东地区为粤文化地区，当地人多讲白话，部分地区为客家人聚居区，宗族文化保留完整，当地人善于做生意，对外交流频繁；桂西地区自然条件恶劣，气候炎热，多山区少平原，不利于农作物种植，民众朴实、勤劳、好客，由于本地经济发展资源匮乏，外出务工人员较多，少数民族文化记忆保留相对完整，民众的民族性格虽被现代文明分解，但依然保留有传统习俗与民族心理的影响，传统民族领袖依靠民族情感认同潜在或显性地成为乡村治理主体，影响乡村治理实践；桂南地区属广西北部湾经济合作区，濒临沿海，人口流动性大，海洋等自然资源丰富，村庄内部文化被地域的开放性发展所瓦解。

以上是从地理方位分布对广西进行的区域模块划分，广西桂学研究又从区域文化的角度建构桂学五大区域——湘漓文化圈、左右江文化圈、红水河文化圈、北部湾文化圈、西江文化圈①，“文化圈”与“区域模块”分别从不同的角度对广西进行区域文化结构的整合构建，笔者试图以广西区域文化结构为研究单位，研究每一区域文化结构中现实乡村的治理结构以及各区域文化乡村治理结构具有的区域类型表现，并根据各区域文化结构的不平衡，划分不同类型的广西乡村治理结构类型。但笔者经过调研分析发现，无论是从地域分布的角度还是区域文化的角度来看，广西乡村社会治理结构都在某些突出个性的基础上表现广西整体区域化发展的共性特征，广西作为少数民族自治地区，每一地域模块中都穿插有少数民族聚居地方，如自治县、自治乡，不同程度地体现民族传统文化主导型村治结构特点，一些文化区域范围内的家族、宗族的族群治理特点明显，但原子化村庄发展普遍化，源于农村人口外流导致的紧密社会关系逐渐松散，政治法理型农村社会治理单位作用凸显，广西农村社会的村民小组以及自然村自治组织的治理结构类型成为广西区域范围内典型的乡村治理结构。因此，笔者不以区域文化结构作为分析广西乡村治理结构的类型基础，而是以广西乡村社会治理结构现实特点为分析基础，阐述广西乡村治理结构的发展现实，以免区域文化结构概括不全面导致的片面化结构模式建构出现以特殊性代替普遍性，无法解决区域间存在交叉发展等问题。

### （一）广西乡村治理结构的原子型表现

由于受到城市务工潮流的影响，广西大部分农村青壮年外出务工，并长期居住在城市，挣取比农业生产更高的收入报酬，人与人之间的关系以核心家庭为主，传统的宗族、家族血缘关系弱化，传统文化记忆碎片化，宗族、家谱、祠堂文化开始复苏，清明时节虽有以宗族、家族为祭祀单位的祭祖活动，但在

---

① 2014 年 8 月 18 日，广西桂学研究会举办的首届漓湘文化研讨会在桂林举行，来自广西各地的文化学者、高校专家和湖南省永州市的部分专家 100 多人齐聚桂林，共同研究交流漓江流域和湘江流域文化的渊源和关系。广西桂学研究会会长潘琦作了主题发言。自从广西桂学研究会 2011 年成立以来，各地专家共同研究，取得了一定成果，并阐述了广西文化的区域特色，提出了漓湘文化、红水河文化、左右江文化、西江文化、北部湾文化五大文化圈，并指出，研究好广西五大文化圈，才能弄清广西的文化家底。

家庭以上不再存在强有力的主导行动单位，村庄成为以家庭为基本单位的原子化状态，不能形成合力影响乡村公共事务管理。广西农村家庭模式基本与中国农村社会家庭结构的变动特点相同，“就全国的情况来说，自新中国成立以来，农村家庭结构至少发生了三次重大的变动：一是新中国成立初期，复合家庭快速解体；二是改革开放前后，农村中核心家庭大量出现；三是 20 世纪 90 年代以来，父子分家成为趋势，尤其是独子婚后也开始与父母分家，农村空巢家庭大量出现”①。广西农村社会家庭多与此发展脉络相同，多子家庭一般在儿子成年结婚后分家，父母会同时跟一个儿子居住，或轮流在不同的儿子家居住，也可能被分开分别跟不同的儿子居住，大家庭被瓦解成为几个小家庭，居住、生产、生活等各自独立，有的只保留传统的亲属人际关系，但对外这样的关联性并不紧密，原子化结构明显。此外，农村内部经济资源的匮乏也是农村原子化发展的根本原因，村庄缺少自治的人力资源和经济资源，村民只能选择对自己有利的方式生活，当集体无法提供更好的获利机会时，原子化的趋利行为成为村民的选择。农村社会成员的分化导致农村社会结构的分化，随着农村旅游业的发展，以及国家“精准扶贫”项目对农村经济规模化发展的推动，增加了家门口的就业机会，部分农村人口回归乡里，但总体而言，农村人口多元化的流动和多样化的转移增加，村庄大量精英外流导致村庄内精英的稀缺，村干部成为村庄精英的代表，村民在追求物质生存保证外，几乎不关心村里的公共事务发展。由于原子化乡村结构的影响，体制外精英不热衷参与乡村治理，乡村关系基本是乡镇政府与村两委之间建立的政府高度介入型模式，由于村民的生活外倾化及村庄发展经济资源的缺失，精英流失严重，没有能力履行村庄本身的建设功能和保护功能，只有依靠政府的介入，才能为乡村发展争取更多的资源支持。

### （二）广西乡村治理结构的宗族主导型表现

梧州是粤文化的发源地，桂东人多讲白话，粤文化对血缘传承比较注重，对外务商文明发达，善于将“血缘共同体”发展成为“经济共同体”，成就了桂东地区人们在对外经济发展中的突出成绩。桂东的另一个特点是客家文化保留完整，宗族延伸的族群认同对乡村社会治理影响较大，宗族以血缘为纽带建构一个完整的尊卑礼俗关系结构，个人被严格束缚在宗族体系内，在宗族共同体中个人获得归属感，有利于借助宗族共同体的力量辅助个人各方面的发展，个人可以在宗族共同体内获得个人无法独立创造的资源，宗族以强大的后盾性

---

① 贺雪峰. 村治模式——若干案例研究［M］. 济南：山东人民出版社，2009：7.

支持整合分散化的个人力量。桂东地区人口较多，特别是宗族文化突出的乡村，由于注重血缘的延续，“不孝有三，无后为大”的传宗接代思想严重，当地人认为，生儿子不是为了养儿防老，而是为了延续祖宗血脉、继承祖宗产业、主持参与祭祀等，这些都是中国宗法伦理文化赋予男性的责任，“生子”成为他们一生中最重要的事情，而且为了壮大宗族势力，儿子越多越好。

在宗族文化传统盛行的乡村治理环境中，乡村关系和村两委围绕宗族社会关系建立，乡镇政权不敢轻易干涉村庄事务，必须依规合理合法分配国家支持村庄发展的各项资金，平等分配惠农资金，依法处理村内社会矛盾。由于宗族文化意识较强，乡村社会面临城镇化建设和基础设施建设中的土地征收等问题，坟山纠纷、计划生育等问题成为最复杂、最难以处理的纠纷类型，乡镇政权无法单纯依法执行，必须全面照顾涉利家族在情理上的要求，采用寻求宗族领袖帮助化解的办法，与代表公权力的政府协商讨论，制定符合各方利益需求的契约，实现情理法的有机结合，才能维持社会秩序的稳定。

宗族领袖的影响力在宗族主导型乡村治理结构中的地位及作用突显，几乎涉及乡村社会公生活与私生活领域的各个方面，依靠宗族内成员的绝对认同及宗族内规则约束，完成宗族对乡村治理的渗透。农村党员发展中的“宗族化”“家族化”现象，使党员的素质和代表性偏低，易于出现将党的领导与对村庄权力的垄断等同起来，宗族出现对村庄权力干扰垄断的倾向。宗族势力对村政的影响和干预还表现在“以族规取代村规，以族长取代村长，以族权取代政权”，传统权力资源对现代法律型权威产生重大影响①。

在村“两委”关系中，宗族直接影响两者的治理地位，民主选举成为宗族间斗争的竞争场。各宗族为了各自利益，选举本宗族成员担任村干部，如果一个村只有一个宗族的，竞争会内化为宗族内家族间的利益分配或宗族主导下对冲突家庭进行合理权力分配，一般局面可控且村“两委”职位分配合理，群众认同性较强，村“两委”矛盾不明显。如果一个村有一个以上的宗族的，民主选举可能演变成为一场宗族间权力的激烈争夺，乡镇政权即成为权力的平衡者，召集宗族领袖开会协商村“两委”职位的分配，在多元主体合意的基础上完成选举。但就任后的村“两委”在工作过程中，还可能因为利益产生矛盾，宗族依然是矛盾解决的关键要素。

乡镇政权在取消农业税后的履职方向发生转变，由行政推行转向公共服务，在宗族兴盛的地区，乡镇政权公共服务能力的软弱会遭遇宗族的漠视甚至对抗，

---

① 马宝成. 村级治理：制度与绩效［M］. 北京：中国社会出版社，2010：189.

因为宗族可以为成员和村庄发展提供集体合力及资源辅助，乡村关系不断疏离，但乡镇政权又必须得完成一定的行政任务指标，不得不求助于宗族势力的帮助。如果乡镇干部是宗族内成员，将有助于其工作的开展，宗族外乡镇干部完成任务的好坏，决定于乡镇干部与村内宗族的私人关系亲疏。

广西 B 县是一个传统的客家文化县域，笔者在此地调研时深刻体会到客家文化中深植的家族宗族理念，这里的一些村庄以某个或两个左右的宗族为主体构成，宗族领袖承担着体制内外的双重领袖责任，他们不仅以高度内聚力处理村庄公共事务，还在祭祀、婚丧嫁娶、捐学等领域承担宗族家长的团结互助引领责任。笔者暑假期间调研时正值高考录取完毕，许多宗族举办捐学活动，本宗族内的高考学子考取大学的均得到捐助，本宗族有收入者每年均捐助一定资金作为宗族公款，用于宗族约定的各项事务。宗族已然成为乡村治理中的主导力量，宗族内部约定俗成的权利义务习惯对于每个宗族成员都具有实际的约束作用，宗族成员在遵守习惯的同时享受宗族的互助互利，在违背习惯的同时自然要承受“背亲无助”的不利后果。广西 B 县的宗族主导型乡村治理结构使该县的社会治理呈现复杂多变的样态，宗族形成的强大内核在互相碰撞时容易引发矛盾冲突，治安成为该地的重要社会问题，如何引导宗族的有序良性发展是该县治理中的最大挑战，笔者作为课题组成员受 B 县县委县政府委托，承担 B 县法制宣传教育项目，试图通过突破固有的传统宗族意识，培育民众的法治意识，让宗族从传统型治理结构转变为法治型治理结构。

### （三）广西乡村治理结构的传统民族精英参与型表现

广西乡村社会多为少数民族聚居村落，自然地理环境不利于农产品的生长，少数民族村落多处大石山区，人均耕地面积较少，物产资源贫乏，多以玉米、烟叶等为主要经济作物，老百姓在贫瘠的土地上无法获取更多的经济收入，外出打工人口较多，但由于村落地处大石山区，交通不便，有的山区农村未通公路，村落内关联性较强，相对闭塞，现代文明对村落文化的冲击性较小，少数民族文化保留完整，人们的思想朴实单纯，仍然保留原初的民族生活习惯，当地人平时多着民族服饰，庆祝传统民族节日，人与人之间交往遵守传统民族礼俗。

在传统民族精英参与型乡村治理结构中，传统民族权威、民族习俗与习惯法、传统节日、血缘与信任成为该地域模块内乡村发展的社会资本①。

① 谢治菊．社会资本视角下西部少数民族农村社区治理模式创新［J］．农村经济，2008（9）：55-58.

国家在农村社会实行政治体制和经济发展模式变革后，少数民族地区传统的社会结构受到冲击，表现民族特性的传统乡村治理结构发生变革，乡镇政府指导下的法定村民自治组织取代了传统民族精英的治理地位。但在乡村治理实践中，传统民族精英，如寨老、长老、榔头、理老等，既是传统祭祀、婚丧嫁娶、卜卦祈福等古老仪式的执行者和权威化身，又是村庄内政治制度运行的引领者，有的传统民族精英本身就是村落正式权力主体，有的传统民族精英年龄较大，他们一般不直接掌握村庄正式权力，却在群众认同的基础上，运用民族习俗及习惯法解决纠纷和处理村庄公共事务。

笔者调研的广西白裤瑶聚居地 LH 瑶族乡 HL 村 MJ 屯中，陆寨老是该屯的传统民族精英，他还有另外一个称呼是“道公”，即民间开展祭祀类活动的主持者。笔者去他家调研时他已外出为村民祭树神祈求刚出生幼儿的健康平安，他的儿子是本乡政府的副乡长，父子两代人都为白裤瑶传统文化的传承倾尽心力，他们的观点都是“古老的归古老，现代的归现代”，即传统民族精英大多成为体制外精英，以传统习惯法维持乡民间的互助和潜在约束，陆寨老平时不会参加村里的公事，但在村干部求助时会给村民做工作，平时做得最多的就是祭祀一类的传统活动。

传统民族精英参与乡村社会治理的平台就是充分利用本民族传统节日，作为传统民族节日一系列仪式的传承者，在人们最集中和文化联系最紧密的时刻，将传统民族精神与现代治理理念相结合，理顺和引领乡村社会的合理发展。少数民族人们的传统交往基础是血缘与信任，他们对有血缘关系的人的信任度较高，传统民族村落的社会关系多为内向型的，与他人的交往更多的是出于情感与信任，传统民族精英作为其中公认的被信任者，可以理顺各方社会关系，在内生社会结构和外生村民自治结构间建构互动，建立乡村之间、村庄内自治权力主体之间的多元合作治理关系。

村民自治必须在民族文化记忆深刻的土地上延续民族自治传统，将民族自治与村民自治、国家法律与民俗习惯相结合，将传统民族精英参与型治理融入乡村治理结构，以民族情感认同为基础，建构乡镇政权尊重民族情感、互动合作的和谐乡村关系，并在村庄内体制内主体和体制外主体间，以民族情感为纽带，建立多元互动的乡村治理结构。

### （四）广西乡村治理结构的自然村自治型表现

行政村是法理型村民自治组织，自然村在现实的乡村治理结构中成为现实有效的自治组织选择，特别是在村庄分布分散的地区，自然村成为实际意义上的村民自治组织。广西特殊的零星分散型村落分布特点，各个自然村处于不同的地域环境，自然物质资源、人情网络结构、村民小组建置等都各具特色，行政村整合自治的成本较高、绩效不明显，现有的行政村发展无法提供足够的整合资本，自然村基于紧密的人情组织结构，创新自然村一级的自治组织，实现自然村级自治资源的整合发展。

在广西，自然村一级的名称各异，主要有“屯”“村”两种说法，“屯”较易理解，“村”难免有与行政村混淆的问题。广西为应对区域分散化特点，选择以自然村为单位发展村民自治，百色田阳县的“屯事联理”旨在创新农村社会管理，以自然村为社会管理单位，在 100 户以上的自然村建立村民理事会，解决了村民以村民小组为行动单位产生的利益冲突，将民主选举村民自治授权主体退回到自然村一级，由村民理事会主持自然村日常公共事务，发展公共事业。广西的许多新农村建设项目都在自然村一级实施，以自然村为单位打造新农村，统一规划基础设施、居住环境、产业发展模式，自然村成为乡村治理结构的基本单位。有的党员人数较多的自然村还成立了基层党组织，以基层党建引领村屯发展。

桂林市临桂区中庸镇泗林村是一个有 164 户近 800 人的自然村，中共党员 36 人，成立全镇最大的自然村党组织，在自然村党组织的带领下，建造出面积近 8000 平方米的生态公园，是目前桂林市最大的农民自主筹资、自主规划、自主建设的农村文化公园之一。泗林村是远近闻名的“大学村”“状元村”，自古就有“崇尚耕读”的传统，清朝时期就有 3 人考中进士，村里成立了助学“励志会”，专门奖励考上大学的青年才俊，谁家考上一个大学生、村里就会在他家挂上一块“光宗耀祖”的牌匾以示荣耀。许多考上大学后有成就的人才回来资助村庄的发展。2014 年，泗林村村民捐钱、捐树，用 6 个月时间筹资 450 多万元资金建好了兼有叠石、假山、喷泉、曲桥、文化室、篮球场、停车场、室内活动馆、生态环保厕所等别具一格的文化公园，公园里所种树的树干上都挂着从村里走出去的大学生们捐种树木的情况，以及村党支部党员捐助树木的情况，哪棵树是谁捐的就由谁家自种并维护，文化公园不仅成为村民休闲娱乐的场所，也是互相血脉相连的一种见证。此外，为延续文化公园的经济发展效益，泗林人启动了后山的“生态景观园”建设，种下红枫、樱花、黄金槐等，计划建设集徒步、观赏、娱乐、采摘、休闲于一体的农村生态旅游景点，自然村的自治要素被激活。

广西一些深居山林的少数民族自然村落，因自然环境恶劣集体搬迁至山外，统一规划移民搬迁点的自然村级新农村，新的生存环境的建立发展需要自然村一级的自治探索。广西作为易地扶贫移民搬迁项目的重点省份，还有大量的水库移民，农村移民搬迁安居发展问题成为重要的扶贫攻坚方向，一般被安置移民都会由政府统一划拨一块地作为他们的居住地，以屯为单位，结合新农村建设进行重点规划，并整合自然村自然环境资源，发展规模农村经济，解决失地农民的生存问题。自然村在广西的村民自治发展中成为新的自治单位类型，各地在结合本地自然村发展实际，开展自然村自治组织建设、经济发展模式、文化传统传承等领域的实践探索。

## 第三节　广西乡村治理结构的发展方向及治理绩效

广西现实的乡村治理结构表现出较强的区域性特点，虽然这是特定区域乡村社会发展的自然结果，但现实与制度设计之间存在一定差距，其治理绩效也因乡村发展现实无法克服的弊端而存在不足。广西村民自治制度在实践中曲折发展，乡村治理结构在“乡政村治”模式下，应该按地域实际需要发生演绎具有地方特色的理想治理模式。而“理想”作为发展方向，首先必须符合现有制度体系的设计内容，其次必须立足于现有乡村治理主体实际，建构实现高效治理绩效的乡村治理结构。

“乡村治理绩效是由微观的乡村治理结构与宏观的国家与乡村的关系所决定”①。既然乡村治理因现实发展条件的约束存在不足，那么，如何克服乡村治理的失效或效力弱化，使乡村治理更加有效，便成为村民自治制度运行的重要问题。如何实现乡村治理结构的最佳运行绩效？其主要评价标准是乡村治理体系的完善程度，具体标准表现为：治理主体多元化程度、治理主体间的协商合作程度、治理主体间协商合作的社会效果。

### 一、广西乡村治理结构的发展方向

当下中国的乡村治理进入村民自治制度建构的“乡政村治”阶段，在“国家—社会”发展框架下，国家通过村民自治权法律化，以期激活乡村社会内部治理主体的自治意识，实现乡村社会治理的多元主体治理格局。然而，政府的“全能控制”和乡村内部治理主体的主体意识弱化，使得“乡政村治”的发展

① 陈晓莉. 新时期乡村治理主体及其行为关系研究［M］. 北京：中国社会科学出版社，2012：172.

模式遭遇困境。要想建构理想的乡村治理结构，分析困境的原因所在，并解决困境即成为理想化建构的突破口。广西当前的乡村治理结构是“强政府—弱社会”的政府控制主导、村庄体制内主体被动配合、村庄体制外主体无意识疏离的关系格局，国家法律对乡镇、对村的“指导、支持和帮助”规定过于原则化，而且在现实乡村治理中，乡村关系常发生偏离，乡镇政权依然习惯于行政命令型的管理方式，将村一级纳入自己的行政管理体系，干预村级治理范围内的各项自治事务，村“两委”也会偏离其执行村庄自治事务的职责，迎合和执行乡镇政权的行政任务，疏于村庄内自治事务。村庄体制内主体的行政化迎合态度，使得乡村关系无法形成平等合作，村庄体制外主体中的精英流失，也使得他们疏离乡村社会治理。再者，广西的农村民间组织数量少、实力弱，有的为政府职能组织构建，基本“形同虚设”，有的是自发的民间文艺组织，在法律上缺乏合法的身份，并且多为文艺娱乐性质，自治组织能力发展不足。由于农村自治组织的发展有限，极大地影响了农村社会的自我管理能力。

鉴于以上现实乡村治理问题的存在，广西应结合“后农业税时代”的经济背景，在税费征收时代形成的“全能管治型”政府模式失去发展的基础上，以“服务”取代“管治”，为乡村社会提供公共服务成为“后农业税时代”乡镇政府职能转变的基本取向。在乡镇政权退出乡村场域，村民自治组织积极行使村治权的背景下，进一步规范“乡政”和“村治”互动双方的权利边界，实现二者的有效衔接，建构乡村两级乡村治理主体的规范有序关系，是乡村治理结构在新时期的发展方向①。未来应该调动村庄内治理主体的自治自觉主动性，建构政府有限主导、乡村多元治理主体合作共治的乡村治理结构，即在平等协商的基础上，乡村治理主体以本地经济资源、社会资源、文化资源为发展条件，发挥外来制度设计与当地条件融合发展的作用，实现多元乡村治理主体间协商合作的社会效果。

### （一）政府的“有限主导”

村民自治制度设计的初衷不是将自治活动作为一种自上而下的强制性行为，而是为实现上下互动的乡村社会管理创新。乡村治埋不是政府唱独角戏，而是政府调动乡村多元治理主体的主动性，建立协商合作关系来共同管理乡村社会公共事务，形成政府、社会、村民三位一体的乡村社会公共服务供给机制，政府应成为乡村治理的投入主体，而不是单纯的操作主体。但由于我国农村社会

① 何晓杰.“后农业税时代”的中国乡村治理——以东北乡村为研究视域［M］. 北京：人民日报出版社，2014：149.

发展本身无法克服的内生社会主体的软弱性，政府应成为农村社会治理的主导主体，履行为乡村社会发展设计发展路径、提供发展资源的职责，重要的是，应认识到“后税费时代”经济基础的变化对上层建筑的决定作用，政府的主导应被限定在“有限”公共服务提供者范围。所谓“有限主导”，是指“政府在宏观上掌控未来农村社会治理的总体方向，使其不偏离国家意志，保障国家权威在农村社会甚至整个社会的主导地位”①。政府在农村社会治理中，不再是全能型的政府，而是有限主导型政府。政府“有限主导”的方式是，不再依靠行政强制力进行治理，而是在依法治国背景下，转而依据法律或契约进行法治治理，通过对农村社会的间接治理实现政府的法理化转型。“有限主导”法理型政府建立的主要方式是构建服务型政府体系，强化政府公共服务职能。

首先，法律明确规定各级政府在农村治理中的公共服务职能，应当按照“乡事乡办，乡财乡理，事权跟着财权走”的原则，明确划分乡村两级之间的财权和事权，乡镇政府授权村民委员会代为办理的一些行政工作，必须给予相应的财力支持，遵循“费随事转，权随权走”的原则，提高政府的实际公共服务能力②。其次，创新政府公共服务机制。结合农村社会实际需要和政府主导的农村社会政务处理内容，调动政府一切人力、物力资源，建立常态化政府公共服务设施、工作机制、人员设置，形成政府与农村上下联动、责任分明的农村公共服务体系，建立以公共服务为导向的政府绩效评估体系，监督政府将农村公共服务落实到位。

### （二）乡村多元治理主体的“多元共治”

俞可平对善治的诠释是：“善治的本质特征就在于它是政府与公民对公共生活的合作管理。善治的过程就是一个还政于民的过程，表示国家与社会或者说政府与公民之间的良好合作……善治有赖于公民自愿的合作和对权威的自觉认同。”③“多元共治”是指积极进行农村社会多元主体自身的建设，结合广西农村区域发展实际，注重对传统体制外主体的合理引导，努力构建主体间协同合作治理关系，充分发挥多元主体在农村社会治理中的合力，实现农村社会的和

---

① 于水，杨萍.“有限主导—合作共治”：未来农村社会治理模式的构想［J］. 江海学刊，2013（3）：136.

② 马宝成. 互强型国家与社会关系：村级治理的模式选择［J］. 天津社会科学，2004（6）：65.

③ 俞可平. 治理与善治［M］. 北京：社会科学文献出版社，2008：8-11.

谐有序发展①。村民自治制度的理想设计是村民积极主动参与村庄自治，村庄正式权力组织依法行使民主决策、民主管理、民主监督职能。但由于农村村民自治主体意识缺乏、自治发展资源稀缺、民主文明传统不足等，农村社会内生治理主体被动参与村民自治，在此发展困境下，应将分散化小农组织起来，整合农村自治资源，落实村民自治制度。

首先，完善相关法律，明确基层政府与自治主体的职责，提高村民委员会作为自治组织的自治能力，实现政府与村落权力分立，实行在国家宏观规划下的有序村民自治。其次，形成乡村治理主体的自治合力，其途径是加强农村民间组织的法治化培育，明确农村民间组织的合法性地位，规定民间组织的成立条件、设立程序、组织职责、法律责任等问题，发挥农村民间组织整合分散化小农的组织载体作用，破除政府的行政控制，为“共治”的实现提供合作基础。

## 二、“有限主导—多元共治”乡村治理结构的治理绩效

“有限主导—多元共治”乡村治理结构符合乡村社会治理绩效的三大指标，即治理主体多元化程度、治理主体间的协商合作程度、治理主体间协商合作的社会效果。多元治理主体间协商合作的社会效果是乡村治理结构治理发挥成效的直接表现。其具体发展途径有以下两个。

### （一）有限主导政府的政治功能与服务功能的平衡发展

取消农业税后的乡村社会治理，开发乡镇政府的服务功能是实现乡村治理“善治”绩效的有利选择，但乡镇政府作为国家政策的宣传者和执行者，其政治功能的引领作用不可或缺。

目前，我国农村村民自治状况发展不均衡，广西农村在交通不发达、信息闭塞、村民自治无意识的状况下，乡镇政府是中央方针、路线、政策和国家法律、法规、制度以及地方性法规、政策的传播和执行主体，乡镇政府既是政策、法律的及时掌握者，也作为与农村接触最直接的基层政府，最了解农村的实际情况、农民的生活诉求、农业的发展要求，作为上连国家、下连乡村社会的基层政权组织，合理发挥其上下沟通的政治功能是关键，使中央自上而下的政策、国家制定的法律和上级地方政府发展村民自治制定的政策、地方性法规与乡村治理结构实现有效衔接，实现中央与地方政策法律的“因地制宜”“因俗制宜”。

乡镇政府还应在政治功能完善的基础上，适应取消农业税之后乡村社会

① 于水，杨萍.“有限主导—合作共治”：未来农村社会治理模式的构想［J］. 江海学刊，2013（3）：136-137.

"汲取资源"功能丧失的现实，建立服务型政府，完成从"汲取"到"给予"的转型。乡镇政府服务功能的直接指向是实现乡村社会公共利益的最大化，不能因服务而服务，要尽力实现服务的最大社会效果。目前，广西一些地方政府为建立服务型政府，结合本地农村社会老百姓因居住偏远，去乡镇政府办事不易等问题，创新社会管理模式，建立"农事村办"制度，形成乡村上下联动的乡村社会服务体系。"服务"的转型意识已经确立，也开展了实际的政府服务行动，并建立了长久的服务机制设计。但现在的问题是，如何实现正在运行的政府服务机制常态化，避免使服务成为暂时的政府政绩行为？常态化需要稳定的运行主体、运行资金、运行设施、运行机制、责任分配等制度内容，并根据乡村社会发展演变的需要，以及老百姓对服务效果的反馈，及时调整服务的内容与方式，实现政府服务机制的社会利益最大化效果。当然，基层政府也可以通过购买服务的方式，为乡村社会提供必要的服务，而购买服务应坚持公共服务市场化的原则，根据服务消费者的实际需要，选择合适的市场主体供给农村公共产品与公共服务，既可实现政府的服务功能，也可通过市场运作节约政府的行政成本。

有限主导政府要实现乡村治理的最大绩效，必须推动政治功能与服务功能的结合发展，在"因地制宜"和"因俗制宜"的乡村社会治理政策和法律语境中，合理规划地方政府的公共服务体系，并制定相应的策略实现公共服务效益的最大化，进而完成有限主导政府的政治功能与服务功能的平衡发展。

### （二）体制内主体间互动合作的良好自治效应

村党支部和村民委员会是目前村民自治体制内主体的两大主要主体，两者的互动在有的村庄表现为和谐共进，在有的村庄表现为冲突对抗，村庄内村民自治的运行主要由两者实际推进。在目前我国村民自治发展中，多注重民主选举，民主决策、民主管理、民主监督三大自治环节发展不足，导致其他体制内主体，如村民会议、村民代表会议、村务监督小组、村民小组等在村民自治制度运行中的作用被弱化，而体制内主体的良好互动才是实现乡村治理绩效的关键。

#### 1. 理顺村"两委"的权责关系，依法建立分权合作、权责明确的工作协调机制

村"两委"矛盾的主要发生原因是法律对两者权责规定的模糊化，村党支部的法定职能是在政治上领导村民自治，贯彻传达党和国家有关农村的方针政策，监督村委会正确贯彻方针政策，保证村民自治的正确政治方向；村民委员

会的法定职责是执行有关村庄公共事务的民主决策事项，组织发展村庄公益事业，向上级政府反映群众的意见，具体贯彻实施有关村民自治的国家方针政策。但法律对党的领导只做了宽泛的政治、思想和组织领导的规定，应明确村党支部的权力范围是政策性、方向性、全局性的宏观领导权域，村民委员会的权力范围是行使村庄内事务性、职能性的管理职能，实现两者在政治领导和事务管理上的分权合作，建立权责明确的村“两委”工作协调机制；应细化村“两委”工作机制的科学工作流程，如建立村“两委”联席会议，理顺涉及全村村民重大利益公共事务的决策机制，应该先召集村“两委”联席会议商议形成初步方案，再由村民会议或村民代表会议决定。通过建立两者既分权又合作的工作机制，降低村“两委”的冲突成本，实现两者和谐共进发展村民自治的共同目的，实现政治领导与公共事务管理的良性互动绩效。

2. 发展村庄内民主决策、民主管理和民主监督联动治理的科学自治绩效

由于村民自治意识淡薄和村庄整合力弱化等因素，村民会议形同虚设，村民代表会议无力完成村民会议的授权自治决策。村民小组因原生产队资源的流失，无法承担作为集体经济单位和熟人社会的自治任务。法律对民主管理和民主监督缺乏程序化规定，村务公开形式化，法律虽然规定了村务监督的组织建构必要，但缺乏实施民主监督必要的程序规范和责任设定。村庄内民主决策、民主管理、民主监督不仅滞后于民主选举的发展，而且三者间无法形成联动治理合力，体制内主体无法在各自承担的自治事务中发挥有效作用，并失去协同发展的能力。要解决自治力量分散化且疲软问题，主要从以下体制内主体的建设方面努力实现科学的自治绩效。

首先，完善村民代表会议制度，开拓间接民主的有效自治途径。选举“有代表性”的代表是前提，明确代表与选民之间的沟通代表关系，代表对村民负责并受选民监督应作为代表的法定义务被确立，并设定相应的落实程序和责任机制。再者，细化和完善村民代表会议的民主决策程序，明确村民代表的权利和义务，规范村民代表会议的决策内容和程序，正确处理村民代表会议与村民会议、村“两委”等其他主要村级组织的关系，强化村民代表会议的民主监督功能，使村民代表会议成为乡村公共权力运行中的平衡力量。

其次，开拓村民小组的熟人关联式治理绩效。村民小组应成为将民主决策、民主管理、民主监督三大自治机制联合的基本单位，通过对村民小组内三大自治机制运行的人员选举、工作程序、权利义务的规范，从村民小组向外延伸到整个村庄的自治运行，以村民小组熟人社会的传统血缘和地缘式认同整合自治力量，完成自治实践。当然，广西目前村民小组失效的主要原因是，村民小组

内的集体经济资源丧失，缺乏发展的人力资源和资金资源，发展村民小组的自组织能力，提供外在的制度保障和政府引导式扶持是实现熟人关联式治理绩效的有效途径。

最后，完善村务监督的自治推动绩效。乡村治理绩效的发展需要在有效监督的基础上推动自治的完善。广西制定地方性法规指导建立村务监督委员会作为常务监督机构，目的在于以监督的形式推动自治绩效。而要真正实现村务监督的自治绩效，必须在完善村务监督主体选举、村务监督内容、村务监督工作机制、村务监督责任等硬件设施的基础上，提高村务监督主体的监督素质等软件要素，同时处理好村务监督组织与其他组织的关系，真正实现村务监督的独立化和权威性。

3. 培育村庄内生资源的自治整合力，实现多元共治的治理绩效

体制外主体是村民自治发展的村庄内生资源，多元内生资源的自治意识培养、自治行为规范化是多元共治的前提，旨在实现村庄内集体利益和个人利益最大化的治理绩效。

首先，促进体制外精英的规范化引领社会效应。目前，由于村庄发展的资源匮乏和动力不足，大部分村庄的体制外精英脱离村庄发展，特别是新兴经济精英几乎完全疏离村庄自治事务，仅为村庄提供外在的捐赠性经济支援。传统社会精英由于本土情感认同的推动，不同程度地参与村庄治理。广西的经济欠发达为传统社会精英提供了生存文化语境，传统民族精英虽然活跃在村庄日常生活中，但大多退守传统文化阵地，传统情感式引领效力减弱；传统宗族精英因宗族利益推动，成为村庄自治的有力参与力量，但利益的驱使导致其易于实施干扰有序村庄自治的非规范引导行为。立足村庄发展实际，以政府引导式发展、村“两委”实际协调引领的方式，通过建立村庄新型社会组织的方式发挥村庄传统社会权威的整合引领作用，以组织规范促进传统社会权威的情感认同效力。

其次，培育民间社会组织，提高村民的自组织治理绩效。村民自组织就是村民自治组织自己的发展，变“被组织者”为“自组织者”，提高村民的自治能力。而提高村民自组织能力的路径选择是发展民间社会组织，将分散化小农组织进行整合，超越对政府的依附，这是在“后税费时代”，政府服务职能转型后，村民作为村民自治的基本动力，必须实现的主体身份转变。培育民间组织的方式是建立多层次发展机制：一是发展引导，通过培训、宣传等方式让村庄内生资源形成自组织意识；二是完善法律规定和制度保障，明确合法设立的农村民间社会组织的合法地位，保障自组织的权利；三是政府财政扶持，政府应

通过财政补助、政策性低息贷款等方式，扶持民间社会组织发展；四是强化服务，政府要在服务型政府的服务内容上增加对农民自组织的帮扶机制，规范农民自组织的运行和健康发展。

村民通过对规范化自组织的参与，整合村民各自分散的自治资源，通过组织化模式建立自治决策、开展自治事务管理、运行民主发展机制，实现村民自治追求的群众性自治组织的“自我发展、自我教育、自我服务”的自组织治理绩效。

# 第六章

# 广西民族地区的乡村治理运行机制

我国的村民自治制度从初步运行到试运行、再到正式运行，经过了三十多年的发展历程，制度文本数量多、内容逐渐完善，为制度发展提供了政策、法律依据。但制度发展的动态衡量标准是制度运行质量，村民自治制度建构了系统的运行机制以保障村民自治的实现，以制定法律法规和制度的形式规定了民主选举、民主决策、民主管理、民主监督的村庄公共权力运行机制，乡村治理主体在参与运行机制的过程中实现自治目的。乡村治理运行机制的制度文本表现，以及乡村治理主体参与民主选举、民主决策、民主管理、民主监督的程度等都反映了乡村治理运行机制的运行绩效。乡村治理运行机制的制度文本是法定运行机制，乡村治理主体的实际参与行为及参与背景则决定了村庄治理实际运行机制的内容，法定运行机制决定了实际运行机制的方向，实际运行机制是法定运行机制的具体表现，两者是内容与实践的关系，但也因乡村治理复杂环境的不同，相互间表现出一定程度的偏离。由于我国非均衡的地区发展模式，广西作为经济欠发达的少数民族地区，村民自治发源地的发展经历为村民自治的发展提供了制度发源地的文化基础，但后发的经济基础、政治条件、文化传统等又为广西村民自治创造了富有地域特色的运行条件，广西在民主选举、民主决策、民主管理、民主监督的“四大民主”运行机制的具体运行中均表现出具有区域化特点的运行绩效。

## 第一节　广西乡村治理的民主选举机制

广西合寨村作为中国村民自治第一村，果作屯选举产生治安带头人的行为是村民自治的发生标志，而后以自然村为基础召开选举大会，由户代表选举产生6人组成的村民委员会，这是乡村治理运行机制中民主选举的开端。民主选举是村庄公共权力的主权与治权的合法分离形成机制，村庄公共权力的主权是指村庄公共权力的所有权，即权力归谁所有；村庄公共权力的治权是指村庄公共权力的执行权，即权力由谁使用①。不同的政治体制下，村庄治理的主权主体与治权主体存在差异，两者分离中的主权对治权的授予方式与程序也有所区别。人民公社体制下，村庄属于国家行政体系的组成部分，村庄主权归国家所有，村庄治权由上级政府任命村干部作为治权主体具体执行村庄公共权力。改革开放后村民自治制度的探索实施中，国家将村庄公共权力的主权让渡给村民，以直接民主的形式选举产生村干部、村民代表村务监督委员等体制内主体执行村庄治权，具体实施村庄公共事务的民主决策、民主管理、民主监督，而民主决策权、民主管理权、民主监督权则成为村庄公共权力治权的具体内容。

如何合理合法地开展民主选举，是保证村庄公共权力治权有效运行的根本途径，也是村庄治权合法授予的前提。广西的民主选举采取政府组织、推行的方式发展，通过自上而下进行选举规程设计，地方政府统一领导，基层政府具体执行，派遣乡镇干部下村直接指导选举，在选举进程中严格按照政府的选举计划执行并完成各阶段的选举任务，要从下到上逐级汇报选举进度情况，最终提交总结汇报。

在开展民主选举的过程中，地方政府在国家法律和方针政策的指导下，依法进行村级民主选举的制度设计，以期实现村级民主选举的和谐、规范。在地方政府统一的民主选举制度指导下，直接影响民主选举绩效的主体要素有政府与村庄，两者在村级民主选举中的具体表现决定了民主选举绩效的优劣程度。

民主选举的具体表现是村庄内公共权力主体——村民，将村务的决策权、管理权、监督权授予村务治权主体的过程。在此过程中，制度设计了不同的授予方式与程序，政策与村民也表现出不同的态度与行为。随着村民自治制度化设计和实践的不断深入，民主选举的范围逐步扩大，由村民委员会选举扩大到村选举委员会、村民代表、村民小组长、村务监督委员会等，还扩大到对党组织的群众推荐。但村级民主选举主要还是围绕选举村民委员会展开，本书围绕选举村民委员会选举制度设计、政府与村庄的表现来考察广西村民自治制度中民主选举机制的运行状况。

## 一、村级民主选举的制度设计

本书在“中国乡村治理的历史进程”一章内容中对广西村级民主选举的制度设计内容已有罗列简述。2014 年，广西开展第七届村“两委”换届选举，广

---

① 卢福营. 当代浙江乡村治理研究［M］. 北京：科学出版社，2009：131-132.

西壮族自治区委员会组织部、区民政厅编订出版《阳光选举 和谐换届——广西2014年村“两委”换届选举工作手册》，主要用于指导全区的村“两委”换届选举工作，发放到市、县、乡、村各级组织换届选举工作的机构、工作人员，内容涉及规范村级民主选举、民主决策、民主管理、民主监督的政策文件、法律法规，为广西村“两委”换届选工作的规范运行提供了法律依据和政策指导，并通过选举工作程序来保证选举的合法性。

从行政层级上看，广西村级民主选举的制度设计主体为中央与广西的有关权力机构与行政机构。中央与地方相比，有关民主选举的顶层制度设计更具宏观指导性，地方制度设计是结合本行政区域的实际情况，对中央宏观指导的具体实施办法规定。

### （一）中央层面的宏观民主选举制度内容

#### 1. 法律规定的发展脉络：由抽象到具体、由原则到程序

《中华人民共和国村民委员会组织法》经历了试行、正式颁布到完善修订三个阶段，不断完善村务决策、村务管理、村务监督三大权力的授予方式和程序。

1987年《村组法》中未有对民主选举进行规范的内容，只原则性规定了村民委员会成员由村民直接选举产生；1998年《村组法》完善了村级民主选举的主体、选举机构、候选人提名、选举方式、无效选举、罢免等内容；2010年《村组法》拓展了对促使村庄公共权力各主体，即治权主体的选举内容规定，村民委员会选举是其中程序规定最详细的部分，从选举组织机构设立、选举登记、提名候选人、正式选举、罢免、补选、工作移交等，都规定了完整的选举内容与程序，但对村民代表、村民小组长、村务监督机构成员的选举方式只作了简单的规定，导致法律规定内容上的偏颇，只注重村委会选举，忽视或简略其他治权主体的民主选举，不利于民主决策、民主管理、民主监督等治权的规范实施。但有关民主选举的法律制定演变，实现了抽象到具体、原则到程序的突破性发展，有利于维护村庄公共权力主权者的利益，推进治权授予方式和程序的合法化。

#### 2. 中央一级政策规定的深入宏观指导

中央一级党委政府制定的政策性文件大多针对国家社会治理中存在的社会争议较多、冲突明显的问题，中央以相关法律为基础，以下发文件的方式，对有关问题的解决进行政策性指导，以弥补法律规定的滞后以及原则、抽象等问题。有关村级民主选举，由于《中华人民共和国村民委员会组织法》规定的选举可操作性不足，因此中央制定相关政策性文件进行宏观指导。

首先，对加强和改进村民委员会选举工作进行指导。明确加强和改进村民委员会选举工作的重要意义、做好选举前的各项准备工作、依法规范选举程序、扎实做好选举后续工作、查处贿选等违法行为、落实选举工作领导责任制等内容，并对选举前的宣传教育和舆论引导、调查研究和摸底排查、教育培训、投票程序的组织实施、选举监督和违法违规行为查处、选举后移交和人才培育等工作进行专门指导，相关政策性文件包括《中共中央办公厅、国务院关于加强和改进村民委员会选举工作的通知》《中共中央组织部、民政部关于认真做好村党组织和村民委员会换届工作的通知》《民政部关于切实加强村民委员会选举工作指导的意见》《中共中央组织部、民政部关于进一步严肃村“两委”换届工作纪律的通知》《中共中央纪委、中共中央组织部、民政部关于认真解决村级组织换届选举中“贿选”问题的通知》《中纪委、中组部“五个严禁、十七个不准、五个一律”换届纪律要求》《公安部关于妥善处理村民委员会选举中发生的治安问题的通知》等。

其次，细化村民委员会选举规程，明确选举规程和选举场地要求。2013 年，民政部印发《村民委员会选举规程》（以下简称《选举规程》），此选举规程是依据法律和有关政策规定，在总结各地选举经验的基础上制定的指导性政策文件。相对于已有的法律和政策而言，增加了民主选举中的一些重要操作性规定，具体内容如下：

（1）村民选举委员会的产生：推选方式、任期、变动、职责。村民选举委员会是村级民主选举的实际执行机构，能否公正选举出合适的人员、持续有效地主持选举，建构职责明确、监督公平的选举机制，针对这些问题，《村民委员会选举规程》作出相比 2010 年《村组法》更全面详细的规定。

（2）选举宣传：宣传内容、宣传方式。对于了解民主选举内容、提高民主选举法治意识、政治参与意识等具有重要的思想指导作用，并对乡镇政府布置选举宣传工作具有明确指导作用，形成内容明确、形式多样的选举宣传模式。

（3）登记参加选举的村民：选民资格的争议在具体选举工作中时有发生，并且严重影响村庄公共权力的主权维护，对 2010 年《村组法》未明确规定的公布选民登记日进行了明确规定；在登记对象中增加了“经选举委员会告知，本人书面表示不参加选举的，不列人选举的村民名单；依照法律被剥夺政治权利的人，不得参加村民委员会的选举”，兼顾了现实中出现的一些特殊情况。明确了登记方法、公布选民名单及出现异议和变动时的处理方法、发放参选证等。

（4）提名确定候选人：在 2010 年《村组法》的基础上，增加细化相关内容：确定候选人职位和职数；提名确定候选人的提名主体、不得提名为候选人的情况、妇女在候选人名额中的规定；公布候选人名单及候选人不愿接受提名、候选人名额不足时的规定、无候选人可一次投票产生村民委员会。

（5）选举竞争：2010 年《村组法》为规定相关内容，只规定了候选人与村民见面的内容，选举规程作出以下补充规定：组织选举竞争，对候选人选举竞争材料进行审核把关，明确选举竞争时间、选举竞争形式、选举竞争内容。通过规范选举竞争的相关内容，开拓村民了解候选人的途径，选出真正能代表自己行使村庄治权的主体。

（6）投票选举：投票形式规范与否，直接关系投票结果的公正，许多村庄投票结果不定的原因是投票选举形式不规范，导致暗箱操作；委托投票情况混乱，投票程序不规范，导致投票结果不公。《选举规程》为规范投票选举各环节，规定了投票方式；公布选举日、投票方式、投票时间、投票地点；办理委托投票；设计和印刷选票；确定选举工作人员；布置会场或者投票站；投票选举；选举有效性确认；确认当选；颁发当选证书；另行选举等内容。对投票选举的相关环节做了全面规范，以指导各地村级民主选举工作的有序开展。

（7）选举后续工作：选举结束后，上一届村民委员会拒绝移交工作，阻碍当选村民委员会正常开展工作，也是乡村治理的一大难题。2010 年《村组法》只对工作移交进行了义务性的原则规定，未明确工作移交的时间、内容、监督、责任等问题，《选举规程》对此做了详细明确的规定，并增加规定建立选举工作档案的内容，明确选举工作档案应包含的具体内容及保存时间。

（8）村民委员会成员的罢免和补选：2010 年《村组法》只规定了罢免和补选的条件，《选举规程》却明确了罢免程序、补选中村民委员会成员出缺的具体情形、补选程序等内容，对罢免和补选补充了可操作的程序性规定。

（9）附加各项文书样式保证选举常用文书样式的规范性。

（10）附加选举场地设置的标准内容，以实行规范提高选举的权威性、公正性。

### （二）广西地方层面的具体民主选举制度内容

1. 有关村级民主选举地方实施办法的广西地方性法规

《广西壮族自治区实施〈中华人民共和国村民委员会组织法〉办法》2001 年制定颁行、2013 年修订完善，2013 年在 2010 年《村组法》的基础上，专门制定了《广西壮族自治区村民委员会选举办法》（以下简称《广西村委会选举办法》），对 2010 年《村组法》中有关村民委员会的选举内容进行更为详细的规定，与民政部选举规定相比，更侧重于选举工作机构、选民登记、候选人产生、选举程序、辞职、职务终止、罢免、补选等实质内容的规定。结合广西实际，推进民主选举有效操作的内容如下：

（1）专章规定选举工作机构的工作职责。按照选举工作机构的不同层次规定具体的工作职责，包括在全区市、县、乡、民族乡、镇人民政府分别设立村民委员会选举工作指导委员会，指导村民委员会的选举工作，并明确工作职责；还规定村民选举委员会的组成人员、成员条件、取消职务条件、职务终止情形、出缺的补选及变动公告、备案等内容。选举工作机构是保证村级民主选举顺利推行的主体要素，明确其工作职责有利于将有关选举机构的权力、义务、职责法定化。与民政部的《村民委员会选举规程》相比，增加了对市、县、乡、民族乡、镇人民政府所设立的村民委员会选举工作指导委员会工作职责的内容，并对村民选举委员会工作职责作出了符合广西区域实际的规定，增强了可操作性。

（2）选民登记内容基本与2010年《村组法》及民政部的《村民委员会选举规程》的内容相同，但增加了参选村民年龄计算的时间标准，选民名单还要在每个村民小组张榜公布的内容。

（3）候选人产生，其中有特色的内容是确定初步候选人和当提名候选人超过规定的差额数时如何选举正式候选人，并明确规定了村民委员会主任、副主任候选人、委员候选人的差额数。

（4）选举程序：对选举前准备到选举中具体步骤、形式、内容及选举后的备案、颁发当选证书、违反选举行为、工作移交等有关选举的问题都做了全面详细规定，整合了选举工作程序，明晰了选举主体按有关选举程序开展参与选举的权利、义务、行为关系、行为内容、行为后果。

（5）辞职、职务终止、罢免与补选：2010年《村组法》只笼统地规定了村民委员会成员出缺时的补选，但对辞职、因何故职务终止、罢免的提出及程序开展要求未作规定。《广西村委会选举办法》对此进行了具有可操作性的规定，保证了村民委员会主体结构的完整性及选举工作的顺利开展，并以程序保障村民在补选环节的权利。

2. 广西地方性政策对村级民主选举的有针对性指导

广西党委组织部、区民政厅针对每届村“两委”环节选举下发选举工作通知，在党的方针政策、国家法律法规、广西地方性法规的指导下，立足广西区域性战略目标和农村社会发展实际，对村级民主选举进行指导思想、基本原则、目标任务的地方上层设计，要求严格选举标准，建立党委统一领导、人大政府密切配合、有关部门各负其责的工作机制，建立选举前、选举中、选举后各项工作内容明确、程序明晰、互相配合的选举运行机制，体现自下而上总结汇报选举工作的村级民主选举特点。

## 二、广西村级民主选举的政府指导机制

“后税费时代”的政府在乡村治理中的地位从行政命令转向有限引导，是乡村治理法治化推进中政府职能转变的表现。民主选举是我国村民自治制度发展最完善、主体参与最广泛、自上而下联动推行的运行机制。广西在农村权力主体缺乏民主组织意识的农村弱自治背景下，政府依然是村级民主选举的实际组织者，依照法律规定履行组织指导、形式规范、资金扶持、监督发展等有限主导职能。

### （一）组织指导

《广西村委会选举办法》第六条规定，村民委员会换届选举工作由自治区人民政府统一部署，市、县、乡、民族乡、镇人民政府或者街道办事处组织实施。县级以上人民政府民政部门负责村民委员会换届选举日常工作的指导。2014 年 7 月至 9 月，广西全区范围内开展了第七届村“两委”换届选举工作，区党委组织部、区民政厅作为全区最高选举组织机构，自上而下规划广西村级民主选举的上下联动机制，在各市、县、乡镇成立换届选举工作指导委员会及办公室，具体组织指导本地村“两委”换届选举工作，每一层级的党委、政府成为直接组织和责任主体，每一层级责任主体要结合实际制定换届实施方案，依法指导村级民主选举。乡镇是自上而下村级民主选举机构中的直接组织主体，从依法治理的层面看，政府应该依法有限主导村级民主选举，但政府在具体的组织指导行为中，表现出“利己”的权力博弈倾向。

在村民自治法治运行背景下，政府在法治的框架范围内，进行有利于政府行政权运行的村级选举引导指向，即选举出更倾向于政府“代理人”的村庄治权主体。但法律对民主选举进行权利义务的限制规定，依法限制政府的无限干预村级民主选举行为。政府采取更为隐蔽的权力争夺方式，利用村庄主权主体的行为意识缺位，进行有利于政府权力运行的引导式民主选举。

广西作为经济欠发达少数民族地区的民主选举，政府的组织指导是村级民主选举的决定要素，自治式民主选举在村级经济基础薄弱、村民自治能力缺乏的情况下无法自然发展，必须依靠政府组织整合村庄资源，引导民主选举在统一的时间范围内开展。乡镇政府为保证行政事务在村一级直接治理对象范围内的顺利开展，实施村庄公共事务的治权主体——村干部，就成为其争取的对象。

因此，村级民主选举中政府具有一定的优势地位，在具体选举中表现出明显的“利己”倾向，许多村庄民主选举的矛盾焦点就是政府“利己”行为在民主选举中遭到村民的抵触、反抗，乡村关系紧张。同时，党组织的上下一体化组织领导模式，使村级党组织“被任命”的性质明显，但为了突出“民主性”，广西在村党组织换届选举中增加群众推荐测评环节，组织村民对新一届村党组织书记、副书记、委员候选人初步人选进行无记名投票推荐测评，并公布党内推荐和群众推荐测评的结果。

驻村干部是村级民主选举中政府意志的直接代表，也是政府行政事务在村庄的直接推行者和责任主体。驻村干部对村庄十分熟悉，对选举谁为村干部也早已心中有数，会显性或隐性地表达对中意人选的支持意向。笔者在实地调研中访问驻村干部，他们对“你认为什么人合适做村干部?”的问题，大多表示会选择有能力并能配合驻村干部完成上级任务的人做村干，有一部分驻村干部会考虑个人关系等情感要素，认为关系好有利于工作的开展。他们认为村民由于受非理性情感因素影响，可能会选举出无能力的人做村干，为了今后顺利地开展工作，又不能违背村民民主选举权的法律规定，他们常采取策略性地引导措施，如提名候选人时有针对性地引导村民选举自己满意的候选人或为其提供更多的让村民了解的机会，并平衡一个行政村内各个自然村、村民小组均有人当选，对于人口比例较少的少数民族，为维护这部分群体的利益，也会引导村民选举出代表人口较少少数民族的人当选。

驻村干部的策略性选举引导行为，有助于选举出利于村庄公共事务顺利开展的有能力村干部队伍，但隐含的不足在于驻村干部可能会导致村民的误解，激发乡村冲突，有的会导致民主选举的多次失败。驻村干部作为政府组织指导村级民主选举的实际执行者，应做好选举前调研工作，了解村民选举意图、村庄公共事务的开展情况、后备人的素质能力等，合理协调村庄实际需要、村民意图与政府行政任务执行需要之间的关系，不仅做形式上的组织指导，还要做好合适人选的多方满意选择。

（二）形式规范

形式是法定程序开展过程中应满足的表征样式。在村级民主选举中，规范的步骤、方法、文书样式等都是村级民主选举形式规范的表现，自上而下制定统一的规范标准样式，以形式规范保证实质选举公正。广西 2014 年第七届村“两委”换届选举工作手册中设计了完整系统的选举工作流程，分为组织准备阶段、选民登记阶段、村党组织选举大会阶段、村民委员会选举大会阶段、村务监督委员会推选阶段、总结交接和完善制度阶段。此外，还对会议主持词、请示、批复、推荐办法、公告、会议通知、竞职承诺、选举结果报告、选举结果批复等都规定了统一的格式、内容，避免不规范操作的现象发生。笔者在广西乡村调研时发现，选举工作手册作为选举前培训的重要内容，发到每个村，由村民选举委员会在乡驻村干部的指导下，按照培训手册的内容安排开展选举，在选举形式上实现统一、规范。然而，强调统一规范的村民自治会出现难以避免的问题，村民自治实践需要的物质基础，广西农村多数物质资源匮乏，村级民主选举需要政府自上而下的资金扶持。

（三）资金扶持

广西农村一般较少或没有集体经济，民主选举的推进缺少资金基础，而任何大规模集体活动的开展都需要资金。广西为保证村级民主选举活动的顺利开展，各县财政依情况统一按村民数量拨款。《广西村委会选举办法》第七条规定，各级人民政府组织指导村民委员会选举工作所需经费列入本级财政预算。村民委员会的选举费用在村集体经济收益中支出；没有集体经济收益或者经济困难的，人民政府可以给予适当补助。选举经费不得向村民摊派。2014 年，广西各地平均按每个村民 3 元的标准拨付选举费用，由于农村集体经济发展滞后，政府成为村庄主权授予的程序设计者及推动者，虽然容易导致政府行政干预选举的弊端，但这是农村民主训练的开端，自上而下的村民自治制度设计模式需要政府的主动担当。

（四）监督发展

农村民主选举是由村民通过村民会议的形式民主投票选举出村干，组织机构为村民选举委员会。农村民主选举就是在村庄内发生的民主事件，当民主选举出现问题时，村庄内监督主体难免会受到村庄熟人情感的影响失去公信力，而法定的监督机构——村民监督委员会也依靠民主选举产生。因此，乡镇政府即成为村庄外法定的监督发展主体。2010 年《村组法》第二十条规定，村民委员会工作移交由村民选举委员会主持，由乡、民族乡、镇的人民政府监督。2010 年《村组法》第十七条规定，破坏村民委员会选举的行为，村民有权向乡、民族乡、镇人民代表大会和人民政府或县级人民政府负责调查并依法处理。《广西村委会选举办法》也对政府的民主监督权进行了规定，依靠政府行政强制力监督村级民主选举，有利于监督村庄内部权力和利益主体间的权力平衡发展。虽然这也有产生政府干预村级民主选举的可能，但有利于协调村庄内主体间的权力博弈行为，促进村民自治的良性发展。

### 三、广西村级民主选举的村级运行机制

村庄是民主选举的运行主体，村级民主选举的要义就是合法分配村庄内公共权力等政治资源。村庄内各主体在民主选举的程序规范下，通过依法履行选举权，将拥有的主权授予治权主体，主要表现为体制内精英、体制外精英、普通村民在民主选举中的意识选择与行为倾向。

#### （一）体制内精英的表现

在民主选举中，村庄体制内精英的表现主要指上一届村干部在新一届换届选举中的行为表现。不同处境、不同意识选择的体制内精英在民主选举中会做出不同的行为选择。

1. 荣誉型（服务型）体制内精英

荣誉型（服务型）体制内精英大多是多年担任村干、年龄较长、群众基础好、服务意识强，因获得群众信任而甘于奉献，他们特别注重群众对自己工作的满意度评价，认为民主选举是村民对自己工作是否认可的直接反映，是否在新一届换届选举中当选是他们非常看重的事情，他们认为自己尽心尽力为群众办实事，群众自然会选自己，当选是对自己过往工作的肯定、未来继续信任的向往，是一种群众赋予信任的荣誉表现。在这类体制内精英意识中，荣誉与服务是相辅相成的，为群众服务才能得到群众的信任并收获被认同和支持的荣誉感，而获得荣誉后更促进服务意识的增强。广西经济欠发达农村，村庄资源匮乏难以产生利益引导发展模式，许多老村支书、老村主任以个人魅力型治理方式整合乡村资源，获得群众心理认同，虽然可能存在传统家长式治理的弊端，但却弥补了村庄利益发展不足而导致的治理滞后。随着新农村建设的日益推进，一些有为青年也回村参与村庄管理，他们在不断服务村民中积累信任，收获荣誉。

隆林县新民村村支书庞书记兼任村委会主任，被评为“隆林县十大杰出书记”。庞书记做了36年村干部，曾经做过文书、会计、民兵营长、村主任，2005年起开始“一肩挑”。新民村全村2072人，外出务工50多人，共有12个屯，其中9个屯是苗族，占70%，3个屯是汉族，还有少部分是从外乡嫁进来的仡佬族，村里自然条件恶劣，大多数村民居住的房屋都错落地建在半山腰上，庞支书作为“一肩挑”的先进代表却向笔者道出其尽职尽责的主要动力是村民的信任，他说自己可以站在半山腰的家里向村里大声呼喊，村民就会一呼百应，言语间满是自豪和满足。他说自己一个月工资只有500元，平时因工作需要最

低要花费100多元（主要是手机费用，主要用来布置任务、通知开会还有与乡干部联系工作等），但这些花费是没有任何补助的，而且村里的土地、山林都实施了土地承包和林权改革，没有了村集体收入，也无法对村干部实施补助。收入无法和付出成正比，但这么多年来村民一直这么信任自己是一种荣誉。就是这份村民赋予的荣誉感让庞支书一如既往地探索村民致富之路，始终坚持甘愿为村民服务的初衷。

2. 利益型体制内精英

利益型体制内精英产生于对有限村庄资源的追求，通过民主选举获得村庄治权，以利于对村庄资源的优势获取。利益型体制内精英多产生于集体经济发达的农村，他们体会到当村干能带来的利益好处，而这种“好处”有的是试图通过做村干能获得考录公务员和公开选拔领导干部的优先条件，有的则是试图获取不当利益。第一类“好处”利益型体制内精英往往会尽力做好村干工作，并试图做出成绩以期能得到“升迁”的机会。笔者在隆林县调研时，SC乡的乡干部专门介绍了MC村的村委会熊副主任成为该乡首例村干部通过公务员考试被录取的例子。熊副主任是该村为数不多不出去打工的大学生，乡干部对他的工作能力非常满意，群众基础也很好，在公务员考试中因其担任村干部时的优秀表现而增加了被录取机会，成功被录用为公务员。

第二类“好处”利益型体制内精英则可能在选举时带着不当利益诉求参加选举，并设法让选举向有利于自己的方向发展，当选村干后找机会实现利益索取，为群众服务让位于对利益的追求，主权成为治权主体谋利的工具。利益型体制内精英在广西大部分农村不具备成长的条件，但随着目前国家支农惠农政策的增多，农村社会经济发展项目成为农村经济资源的新创造点，精准扶贫项目的大力发展为贫困山区带来了利益发展契机，利益型体制内精英随之成长，民主选举的竞争性随村庄利益发展而增强。利益型体制内精英随着新农村建设的发展在广西农村社会治理中因“利益追逐”而成为农村反腐的对象，2019年广西纪检监察通报的七起扶贫领域腐败和作风问题典型案例中就有两起是村党支部书记腐败案，其中一起为收受农村危房改造户好处费，一起为虚报冒领扶贫专项资金①。

3. 进退两难型体制内精英

进退两难型体制内精英多为自己没有担任村干的热情，但由于村民选举，

① 广西纪检监察网. 自治区纪委通报七起扶贫领域腐败和作风问题典型案例［EB/OL］. 广西纪检监察网，2021-2-21.

无奈担任村干的上一届村干在本届选举中身陷进退两难的尴尬。他们多因担任村干收益较少，平时的村务工作还影响个人家庭的生产及经营，两者难以平衡时，他们多选择放弃村务而行私务，希望下一届选举时放弃参与竞选村干。但新一届换届选举时，村民多因信任，而继续提名其为候选人，他们进退两难，村庄内群众的信任认同让他们难以完全割舍，但自家的私务又不允许他们花太多时间在村务上。

百色市B村第六届村委会梁主任，租下街上的一排房子卖饲料、卖猪肉、开杂货店，平时生意很忙，村干晚上还要轮流到村委会值班，他每天4点钟就要起床赶到县城去杀猪，轮到他值班时就要早退。但为了儿女能有更好的学习和生活条件，他的愿望就是能到县城买块地盖一栋房子，儿女就可以到县城读书生活了，而村主任每月才1000多块钱工资，平时联系工作光电话费和摩托车油费都基本花光了，没法补贴家里。为了不耽误家里的事和村里的事，新一届换届选举不想再干了，希望村民不要再选自己。但新一届换届选举时，梁主任又被提名为候选人，他开会时一直沉默地坐在最后面，最后还是以高票当选，笔者采访他时，他表示很无奈，但既然村民选了自己，还是会继续干下去，只是会考虑尽量平衡公与私的关系。村民也表示他是一个很有想法、随和并有责任感的人，虽然家里的生意很忙，但较之其他人，村民更愿意选举他成为大家的领头人。

### （二）体制外精英的表现

体制外精英是村庄内相对于普通村民，拥有更多经济资源、社会资源、文化资源的村民，以其优势地位形成对村庄公共权力和公共事务的影响。学者们对经济精英、宗族精英等体制内精英对村庄治理的影响进行了理论研究，体制外精英相对于体制内精英而言，对民主选举的热衷程度不同，体制外精英大多无意于参选或过去不愿参选现在想要参选，也有的借助自己在村民中的影响力帮助亲人、朋友参选的，体制外精英是村级民主选举的重要影响因素。

广西农村经济的欠发达现实，使经济精英成为民主选举中有能力带领村民致富的村干人选，广西许多地区规定了将经济能人选进新一届村委班子的内容，也选举出了民营企业家、致富能手村干，而体制外精英也为了体现自我对家乡建设的价值，过去只是捐助村里的公共建设，现在想带着资金回村里真正为村庄的发展好好规划并改变村庄面貌，他们以雄厚的资金和丰富的社会人际资源赢得村民的认同，多以高票当选。经济精英的竞选承诺多侧重以经济引领村庄发展，以及捐助村庄公共设施建设、服务群众，让大家过上富裕舒适的幸福生活为主要内容。但也有许多经济精英因个人私事不愿回乡担任村干，经济精英回乡参选村干的比例并不高，有的会借助自身的影响力帮助亲人、朋友参选，有的还以经济资助的方式为自己人拉选票，除亲情、友情因素外，还有被资助对象当选后与其建立利益共同体联盟的考虑。

广西作为少数民族地区，经济欠发达为传统文化的保留提供了社会条件，传统文化精英是少数民族地区农村具有精神领袖式引领作用的权威人物，深厚的民族文化奠定了民族精英的强烈群众认同，他们一般年纪较长，不愿再出来担任村干，也不符合对参选对象年轻化的要求，但他们的选择倾向会影响村民的选择，有的会以公德为标准选择有能力、有服务精神的年轻人为新一任村干，但也有的会以私心为标准选择与自己亲近的人当选，而不顾其是否有能力和责任心，他们以个人魅力型权威影响着村庄的民主选举。

（三）普通村民的表现

村民是村庄自治权所有者，通过民主选举将自己对村庄公共权力的主权授予治权主体，村民应该成为民主选举的真正主角。广西农村劳动力外流较多导致的“空心村”困境使普通村民的民主选举权保障受到挑战，提高投票率是换届选举的一大难题，委托投票的新立法内容，即是解决该难题的立法策略。村民的选举参与率与村庄的经济发展是否成正比，学术界有不同的看法，成正比观念认为，集体经济发达的村庄，村民参与村庄民主选举的积极性就高，因为村庄内的利益关联度较高；反之，村庄利益关联度低则村民的民主选举参与率就低。但这种正比关系并不具有绝对性，有的经济发展水平并不高，但因文化、宗族、民族等认同建立了村庄的高度关联性，导致了村庄的较高民主选举参与率。

笔者在广西村庄调研村“两委”换届选举时，由于换届时间在7月至9月，正好是农忙时节，村民大都忙于农活，无闲暇关心选举，组织者深入村民调查研究时都得选择在村民干完农活后的晚间休息时间。笔者与村民的访谈中得知，大多数村民的选举倾向是选举出有能力的人担任村干，家族、朋友等私人感情也以能力为前提，理性的选举意识逐渐生成，但实际选举进程中，村民却为许多非理性因素所影响。由于行政村往往包括几个自然村，形成一个半熟人社会，村民对其他自然村的候选人并不十分了解，即使现有程序规定了候选人竞选演说的环节，但村民因不了解而依然倾向于选举本自然村或村民小组的熟人、亲人，在贿选中还会选举给自己好处的候选人。

村民在民主选举中的表现极不稳定，可能会受到任何外来因素的影响，虽然也知道选举的重要性及选举出有能力村干对村庄发展的影响，但参与意识依然不强，理性参与能力不足，个人利益在与村庄公共利益的博弈中获胜，但在统一动员下，普通村民除了被组织参与投票和参加选举大会，参与其他选举活动的自主性程度不高，村级民主选举多停留在单一的投票环节上，未变动员为主动。

## 四、广西村级民主选举的发展路径

在国家2010年修订《村组法》的基础上，广西修订实施了2013年《村组法》实施办法，并进一步制定广西《村委会选举办法》，实现了良性制定设计的治理绩效指标。但在广西村级民主选举的实际发展过程中，政府与村庄的不同表现充分体现了政府作为良性制定设计主体的绝对主导性地位。从广西村级民主选举的整个过程来看，从选举制度规定、组织安排、资金扶持、监督发展及对选举结果的认定，都离不开乡镇政权的介入，甚至整个村级民主选举，没有乡镇政权的存在，村庄本身无力自治运行。在广西村级民主选举中存在的问题表现是：民主选举机制参与主体的主体性地位失衡，政府权力介入超过村庄内部力量可抗衡程度，村庄内部民主选举主体性弱化；村庄内人口流动性加大导致的村庄社会分离，村庄共同体意识被分解，民主选举被村民从日常共识中放逐；村庄内文化传统在村民自治制度设计背景下，失去传统民主选举“村治领袖”的内在动力。

### （一）发展完善的村庄内部民主选举政治资源

国家法律和广西地方法规确立村庄完善的民主选举权力资源，以法定的权力设定和程序安排保障村庄内民主选举政治资源的作用有效性。目前国家与农村的关系从汲取型社会控制向反哺型社会治理功能转变，农村内部社会发育缓慢导致的政治意识和政治能力“弱势”，民主选举没有成为村庄内部的政治资源优势，却成为政府政治资源延伸至“过度反哺”的失衡结果。广西村级民主选举的政治资源发展弱化现实，不能一味地要求政府在村级民主选举中的退让，这样会导致发育不完全的村级民主选举陷入无法发展的瘫痪危机。如何发展完善村庄内部的民主选举政治资源是解决广西村级民主选举的首要基础。

以往的许多研究都首先从村民民主选举意识的提高入手，找到解决村级民主选举薄弱的突破口，实际发生作用的不仅有意识层面的问题，制度落实才是权利实现的根本。

第一，村民的民主选举权应该由自己在法定框架内按照村庄内部实际设定实施细节，村民选举委员会应成为这一政治资源的实际实施主体，村民选举委员会应代表村民的意志制定村庄内选举规程，以强大的组织力量落实选举所涉及的各种问题，应成为村民真正信任的权力授予者而不是政府民主选举任务的执行者。

第二，建立村庄政治共同体，增强村民间的政治利益关联性。广西农村人口流动比例较大，在离散化的村庄中，集体意识被原子化个体意识取代，民主选举无法与村民利益关联而失去运行价值，政府的乡村社会整合功能应突显，让村民委员会成为政府惠农项目开展的基层政治单位，成为村民利益获得直接决定主体，增强村民对选举谁成为自己利益关联者的村干部的选举意识。从广西的“屯事联理”制度实施可以得出一个经验，“屯”级自然村的利益关联性相对于行政村一级而言更紧密，无论是实际的利益获取还是潜在的血缘、地缘社会内在规则约束，自然村都在传统文化利益共同体的基础上，慢慢突显其政治关联性，以“屯”为单位参与村级民主选举的举措也是其中一个值得探索的问题。

第三，提高村干部的政治资源获取机会，促进村级民主选举的参与绩效。广西规定优秀村干部有选拔成为国家机关工作人员的优先条件，村干部的养老金额度也与其任职时间有关，虽然提高村干部的政治升迁机会对村民自治制度的自治会产生“行政化倾向”危机，但村干部身份的价值提升会在一定程度上提高民主选举的竞争性，改变村民认为担任村干无利可图的价值博弈选择，提升民主选举本身的价值，吸引更多有能力的村民参与竞选，使得民主选举成为村庄内部可争夺的政治资源。

### （二）发展政府“反哺”与村庄内生经济资源的契合性作用

集体经济落后是导致广西农村村民自治发展疲软的根本原因，经济基础决定上层建筑的马克思主义政治经济学具有解释一切政治现象的普适作用。广西农村大部分没有集体经济，乡村治理运行机制缺乏“经济润滑剂”，只能在政府的推动下“被动式”前行，民主选举虽然是村民自治制度中推行最好的制度形式，但缺乏经济支撑的村级民主选举依然失去内生发展动力，其解决的策略性选择如下：

第一，政府应该在扶持村民自治制度建构的基础上，发展政府“反哺”村庄经济资源的能力。国家近年来大力提倡支农惠农政策，农村专项经济发展项目不断增加，以经济发展引导村庄社会发展，培育民主选举常态化、内生化必需的经济基础资源，村庄只有拥有了丰富的经济资源，才能为民主选举制度运行提供必需的资金支持、物质保障，而这些是目前村级民主选举只拥有政府按人头拨付的微弱资金支持无法完成的。

第二，发展村庄内生经济资源是民主选举制度运行的物质保障。政府的"反哺"经济发展模式无法为村级民主选举提供所有的物质保障，也不能培育村庄自我发展的能力，民主选举不应只成为三年一届的公式化形式，而应成为村民自治运行的常态化制度，内生经济资源的发达可以为其提供基础性物质保障，发展村庄规模经济，提高村庄内经济精英的参选热情，提升村级经济组织的经济发展整合能力，以此延伸至对村庄内民主选举的影响作用。引入经济精英推动民主选举的竞争性，以村级经济组织为民主选举体制外组织力量，促进民主选举的内生发展动力，村民不再作为分散的选民个体参与选举，而是作为经济组织的成员有组织地参与民主选举，提高村民的有序民主选举参与意识，以组织化形式规范分散化小农被动无序的民主选举。

### （三）开拓村庄内传统社会资源的有序民主选举参与能力

第一，传统民族领袖成为新的民主选举整合力量。广西的少数民族区域发展背景为村庄发展注入传统社会资源要素，少数民族村寨素有公正选举民族首领的传统，传统民族精英以其民族情感认同成为村庄的治理权威，随着社会发展变迁，传统民族权威被法理制度权威所取代，但社会生存背景和老百姓的意识深处依然保留传统民族情感认同，虽然传统民族情感已经归于老百姓的意识层面，但村民自治制度的发展依然可以保留民族情感认同的制度发展促进力，将传统民族精英纳入民主选举体制内，参与或组织参与村级民主选举。引导村民延续民族传统对领袖的选择标准，选举出合制度化发展能力的法理制度权威。

第二，传统民族文化的传承性社会组织，可以促进民主选举的组织化、有序化发展。少数民族村寨的村级认同单位依然保留传统民族文化的性质，自发组织的民族文化组织虽然具有传承少数民族文化的性质，但其政治职能依然明显。在民主选举中表现为对村民的凝聚参与功能。民主选举不能整合分散化小农的参与力，是目前村级民主选举需要解决的重要问题，传统民族文化组织可以解决村民自治制度因自上而下建构带来的制度离散化问题，整合村民意志参与村级民主选举，引导村民将民族认同延伸到自治认同。

## 第二节 广西乡村治理的民主决策机制

村民自治制度实际运行民主决策的主体是村民会议和村民代表会议，两者作为民主决策的组织形式存在。村民会议作为直接民主自治的组织载体，是村级法定决策主体，但由于现实农村社会人员分散流动，村民会议无法正常运行，为保障民主决策的常态化运行，立法赋予村民会议授权村民代表会议作为民主决策的常务机构，履行民主决策职能。但由于村民代表会议的实际发展疲软，许多村庄的村党支部、村民委员会或村两委联席会议成为实际的民主决策主体，违背了法律规定，却是现实维持民主决策运行的实际选择。广西的村民会议式民主决策机制遭遇农村人口流动引发的无力组织困境，村民会议的民主决策治权弱化，村民失去了对村庄重大公共事务决策的组织载体，村庄重大公共事务决策的合法化受到挑战。随着大量人员外出务工经商，各地村民代表会议也经常面临“凑不够人数”的尴尬局面，村务集体决策无法实现。

### 一、村级民主决策的制度设计

广西乡村治理民主决策机制的现行运行制度依据是2010年《村组法》和2013年广西《村组法》实施办法，两者均对村民会议和村民代表会议进行了专章规定。

#### （一）国家《村组法》有关民主决策的规定

1987年《村组法》对村民会议只做了简单的规定，村民会议的法定参与人数、职责等内容都无相关规定，也未规定授权村民代表会议的内容，体现了“四大民主”中民主决策的法定内容缺乏可操作性，民主决策在现实中流于形式。

1998年《村组法》增加了与村民会议构成及会议召开有关的法定内容；明确村民会议的具体决议事项；将村民自治章程和村规民约的制定和修改权力赋予村民会议；增加了设立村民代表会议的内容并规定村民代表的选举、会议的召集等内容。对于民主决策的实际运行作出了更具可操作性的规定，民主决策在“后选举时期”逐渐发挥村民自治效力。

2010年《村组法》在农村“后税费时代”的背景下修订，增加了许多符合农村社会治理实际的内容。新增的内容如下：提议召集村民会议的法定人数、召集前通知村民义务及通知时间；确定对村民委员会、村民代表会议不当决定的撤销、变更权；取消乡统筹、村提留等农村税费时代的村民会议决议内容，增加征地补偿费的使用、分配等新时期农村社会重要内容；规定村民会议可以授权村民代表会议的事项；村民代表会议的代表负责及被监督制；村民代表会议的召集条件、召集时间、会议决议通过条件等。

有关农村民主决策的法律规定在不断完善的过程中强化了民主决策在村民自治中的地位和作用，旨在民主选举规范化的基础上，保障村民自治制度运行的关键决策环节，为分散化的中国小农社会设立法定决策机构，整合农民自治意识，制定出有利于维护村民利益的村务决策。

### （二）广西《村组法》实施办法有关民主决策的规定

为适应地方农村村民自治发展现实需要，国家层面的《村组法》授予全国各地方人大常委会制定实施办法的地方立法权。2001 年，广西在 1998 年《村组法》的基础上制定了实施办法，增加了一些有利于实际操作的内容：村民会议召集次数下限规定；提议召集会议的开会时间期限；人口较多或者居住分散的村可以分片召开村民会议；除《村组法》规定的职责内容外，增加新的重要村务决议内容；村民会议修订村民自治章程、村规民约的程序；村民代表会议的合法组成结构；村民代表的具体选举办法；村民代表会议的具体召集办法、会议召开的通知、法定人数、决议通过等。2001 年广西《村组法》实施办法细化了村民会议和村民代表会议的内容及程序，根据广西农村社会实际，增加了符合本区域农村实际的内容，保障了村民会议和村民代表会议的运行效力。

2013 年广西《村组法》实施办法是在 2010 年《村组法》的基础上对 2001 年广西《村组法》实施办法的进一步修订完善。为了符合广西农村居住分散的实际情况，依然保留村民会议可以分片召开的规定；村民会议拟讨论内容的公开征求村民意见规定；村民会议决议内容应当形成会议记录；村民代表联系其推选户或者若干村民，经常征求、听取所联系户或者村民的意见的义务；村民代表终止代表资格的原因及处理办法。

广西《村组法》实施办法在地方村级民主决策实践的基础上作出更具有可操作性的规定，与国家层面的《村组法》形成完整的自上而下的法律制度体系，既注重普遍性也关注特殊性，促进制度的有效运行。村级民主决策形式上制度化、法制化，实践运行中，广西各地结合本地村庄发展实际需要，进行运行模式的地方管理创新探索。

## 二、广西村级民主决策的实践探索

村民自治制度中民主决策的制度化，虽然解决了对村级民主决策的法律内容规定，但实践层面的村级民主决策却面临诸多问题，如大量农民外出务工经商，村民会议无法正常开会议事、村民代表难以召集议事；按照“四议两公开”的常规村务决策程序成本高、周期长；村民自治意识淡薄，无法参与和监督村级民主决策等问题，村级民主决策的实践运行效力低下，决策不够科学民主。广西各地根据农村社会发展实际，结合本地村级民主决策面临的实际问题和村级治理资源现状，进行有利于村级民主决策科学民主化的社会管理创新探索。

### （一）玉林市福绵管理区的“村务商议团”制度

针对村级民主决策难、科学民主化程度不高等问题，玉林市福绵管理区创新开展“村务商议团”管理新模式，在12个行政村试点推行“村务商议团”制度。福绵管理区成立“村务商议团”是为了解决“按照村民自治相关规定，重大村务需村民代表会议讨论决定。而村民代表会议要有2/3以上的代表参加方可召开。如福绵村有代表60多人，大多数在外打拼，要召集40个以上代表开会相当不容易”① 等问题。由于村级事务难以形成有效决议，容易出现村委会独揽包揽的现象，从而引发村民不满。随着农村惠农政策越来越多，村务与村民的关系越来越密切，村民的权利意识、民主意识、参与意识也越来越强烈，亟须找到一个扩大基层民主的载体。“村务商议团”通过村民代表会议民主投票选举村民代表作为商议团成员的做法解决村民代表会议召开难，无法体现村务决策民主性的问题。由村民代表会议民主投票选举出的商议团成员，在进一步被授权的基础上，全权代表村民商议、决定、执行村内的重大公共事务，商议团成员的首要条件是公道、有责任心、有能力和时间参与村务民主决策。村务商议团行使村民代表会议部分职权，并对村民代表会议负责，原则上每月召开两次议事会议，遇到重大村务问题，必须及时召开会议商议解决。

“村务商议团”制度从实践层面上有效地解决了村级民主决策的临时性、难开展的现实困境，保障村民授权村务商议团作为村民代表会的常设机构，对村内重大事项参与决议，以代议制民主的形式实现村民参与村务的“常态化”，其决议过程体现了“由民作主”的特点：“当村内有事要决议时，组织商议团进行讨论，广集民意，最后再由商议团成员和村‘两委’共同召开的‘三方会议’

① 谢振华. 记者调研广西玉林市福绵管理区村务商议团［EB/OL］. 人民网，2016-11-28.

讨论决定，在最终表决环节，商议团成员拥有与村‘两委’成员同等效力的一票。”① “村务商议团”的主要职责“为民主议事、常态协商和长效监督。议事的范围包括从低保户名单的拟定到各类涉农补贴的分配、再到村集体经济项目的处理等几乎所有与村民利益直接关联的事项”②。在执行协商议事的职能过程中，村务商议团成员会将民主决策的事项到村民当中宣传、听取村民意见，让决策更能体现村民意志，使得民主决策的过程及结果均实现动态公开，更能保障村民利益，维护村级公共事务在村民合意基础上的高效发展。

“村务商议团”还通过对村“两委”村内重大事务的决策监督，纠正不利于村民利益的村“两委”决策，形成权力制衡的决策机制，维护全体村民利益。“2012 年初，福绵管理区六龙村村‘两委’提出在村中心地段新建一幢综合楼，作为村‘两委’办公、村集体活动用房，初步预算投入 100 多万元。但方案按程序提交到‘村务商议团’讨论时，村务商议团成员提出了不同意见。‘村务商议团’为此召开了 5 次议事会，对选址和费用成本进行认真权衡和细抠慢算，然后再将修改方案反馈到村‘两委’。最终的实施方案变为：村委楼重新选址，工程全部公开招标，费用降至 60 多万元”③。“村务商议团”作为村民代表会议的常务决策机构，以决策制衡实现民主监督职能，形成良性互动的村内民主决策机制。“村务商议团”实践也吸引了乡村治理研究者们的广泛关注和实地调研，但“村务商议团”有其制度发生的原因：玉林市相对广西而言，属经济发展水平较好的市，而福绵区由于交通便利、辖区内旅游资源丰富、服装产业雄厚、机械工业发展潜力大等，城镇化问题突出，收入丰厚的农村社会问题逐渐凸显，再加上玉林客家人的族群认同感较强，村庄作为村民认同单位易于建立，为政府推行“村务商议团”制度提供了资金、村庄资源等的保障。

十八大报告明确指出，要健全基层党组织领导的充满活力的基层群众自治机制，以扩大有序参与、推进信息公开、加强议事协商、强化权力监督为重点，拓宽范围和途径，丰富内容和形式，保障人民享有更多、更切实的民主权利。福绵管理区六龙村的村务商议团参与村“两委”办公、村集体活动用房建设方案民主决策，充分表达了群众在重要村级公共事务中的意愿，实现了对村“两

① 农业部百乡万户调查活动信息宣传组.广西玉林：村务商议团——变“为民做主”为“由民做主”[EB/OL].中华人民共和国农业部官网，2016-11-28.

② 唐群峰，黎庆斌.玉林市福绵管理区首创试行“村务商议团”制度[EB/OL].广西新闻网，2016-11-28.

③ 唐群峰，黎庆斌.玉林市福绵管理区首创试行“村务商议团”制度[EB/OL].广西新闻网，2016-11-28.

委”权力的制衡和监督，是方便群众、服务群众，切实保障村民自治权利的尝试。

为了更好地激励村务商议团成员的积极性，“福绵区还出台《福绵区村务商议团评星定级实施方案》，以百分制考评，每年评选‘三星级、四星级、五星级’”①，这是实现村务商议团制度常态化运行的有效监督和激励机制，“通过这个评星定级，授予村务商议团还有成员荣誉，进行精神、物质的鼓励，充分发挥出村务商议团成员的积极性”②。福绵区沙田镇还加大“村务商议团”的专项工作经费投入，保证“村务商议团”的正常运行。这在一定程度上解决了广西集体经济落后导致的乡村治理运行物质基础薄弱问题，在乡村自治的各项基础条件不完备的情况下，基层政府财政支持是保证乡村治理制度正常运转的重要保证，玉林福绵区“村务商议团”的实践探索，利于化解法定民主决策机构的运行困境，但其是否具有广泛代表性、脱离政府的政策和财政支持后是否保持稳定发展可能等，这些都是自上而下推行的地方典型机制需要解决的问题。

### （二）百色市田阳县的“屯事联理”制度

2012年5月3日，田阳县百育镇在九合村坡林屯举行“屯事联理”工作启动仪式，正式挂牌成立“百育镇九合村坡林屯村民理事会”，标志着该镇“屯事联理”自治工作正式启动。

“坡林屯是百育镇九合村9个自然屯之一，全屯有4个村民小组153户597人，设有一个党支部，共有党员30名。全屯耕地面积850亩，以蔬菜、水稻为主要支柱产业。近年来，坡林屯新农村建设取得了很大发展，基础设施进一步完善，村容村貌有了明显变化，人民生活水平有了很大提高，2011年人均纯收入6830元。由于自然屯不是一个社会管理单位，没有明确的法律地位，存在村‘两委’无法管到位、各村民小组间无法自行协调的难题。随着经济社会的发展，群众民主意识的增强，农村屯级公共事务管理繁重，探索自然屯行之有效的议事、理事办法非常迫切和必要。为此，百育镇总结一些自然屯设立‘屯委’的做法，以九合村坡林屯为试点，推行‘屯事联理’自治制度。该制度以建立村民理事会为核心，由理事会组织协调各村民小组按照法律法规进行自我管理、自我教育、自我服务，实现屯务联议、产业联兴、矛盾联调、治安联防、文明

① 唐群峰，黎庆斌. 玉林市福绵管理区首创试行“村务商议团”制度［EB/OL］. 广西新闻网，2016-11-28.

② 唐群峰，黎庆斌. 玉林市福绵管理区首创试行“村务商议团”制度［EB/OL］. 广西新闻网，2016-11-28.

联创的目标，创新了新形势下的农村社会管理。”①

田阳县坡林屯实施“屯事联理”自治制度的目的是确定自然屯作为社会管理单位的法律地位，实际上就是将农村自治单位由行政村延伸到自然村，目的在于解决各村民小组之间协调不了的事，提供村“两委”因为事多无法及时提供的公共服务和农事指导，利用自然村熟人社会的习惯性约束力达到农村社会治理的目的。下面列举一个例子说明“屯事联理”工作制度运行后的社会效果：

“坡林屯有一片叫‘巴羊’的耕地，面积200亩，原来没有机耕路，群众耕作要徒步一公里的路程，收获靠肩挑，劳作非常辛苦，群众早有修机耕路的想法，但由于各组间认为土地互调不公平，屯里又没有相应的权力来组织协调，致使修机耕路事宜一拖再拖。提出推行‘屯事联理’后，在镇里的帮助下，该屯成立了村民理事会，会长严格按照屯务‘联名提议、联合商议、联席决议’的办法，终于统一了群众的思想，还争取到县里的支持，新春过后不久机耕路就修通了，群众非常满意。坡林屯村民理事会按照‘屯事联理’工作流程，组织群施了舞台建设、土地调整、道路硬化等多项惠及群众的集体事务。”②

“屯事联理”理事会成员与村“两委”同期换届，每届任期三年；本屯各村民小组由群众选出的组长和两名群众代表作为理事会成员，再由理事会成员推选一名会长，这样即可确保成员的代表性和议事的民主。坡林屯的村民理事会现共有13名成员，设理事会会长1名，副会长2名，理事会会长原为村民小组长的，在当选会长后不能再担任村民小组长。“屯事联理”理事会议事制度规定理事会每季度至少召开一次会议，但有3户以上村民联名提议或上级交办需协商的事项，可随时召开，并要求理事会成员必须就商议的事项充分发表征集群众意见情况，有三分之二以上的成员同意才能形成初步方案。决议事项必须形成书面材料并存档③，并规定“屯务联议”民主决策机制，即“三提两议两公示一报告”工作法（3221工作法），包括以下六方面内容：一是“联名提议”，村民联名提议，村民小组长提议，上级交办需商议的事项由理事会成员提议，其中村民联名提议要求要有10名以上的群众联名提议或同意方能提议；二是“联名商议”，提议事项由理事会商议，成员分头征求群众意见，与群众商议；三是“联席决议”，党支部、理事会召开联席会议，根据群众意见，与群众商

① 陈文琼. 熟人社会背景下“屯事联理”自治制度的建构——广西百色市田阳县调查[J]. 人民论坛，2014（1）：44.

② 罗横湛，黄喜兰. 田阳县百育镇推行“屯事联理”创新屯级社会管理［EB/OL］. 田阳县政协网，2016-11-28.

③ 材料来源于坡林屯村民理事会办公室墙上宣传资料《“屯事联理”理事会议事制度》

议；四是“决议报告”，形成决议后报告村“两委”；五是“决议公开”，决议事项向村民公开；六是“结果公开”，决议实施结果向村民公开①。

以“屯”为单位的民主决策机制建构，有利于整合农村习惯性熟人社会内的村民意志和村级资源，通过屯内的高度社会关联性解决村务决策难、意见分散的问题。虽然以屯为单位无法代替行政村的法定村民自治单位，但“屯事联理”的有效民主决策结果，可以成为行政村一级整合村民意志的基本构成单位，也符合“一事一议”制度实施中以“事”为基础的议事规则，“屯”中的村民小组作为法定的集体经济组织，公共关联性更紧密。“屯事联理”理事会成员由各屯内村民小组选出的组长和两名群众代表作为理事会成员，充分保障了各村民小组的意志平衡，便于民主决策的科学民主和决策事项的顺利实施。

## 三、广西村级民主决策的发展路径

前文内容中对广西村级民主选举发展路径的论述，有许多适用于同样作为乡村治理运行机制的民主决策、民主管理、民主监督。究其作为乡村治理不同运行机制的性质而言，各自有其不同的发展路径。

广西民主决策中的“村务商议团”制度和“屯事联理”制度实践都是对法定民主决策制度的合时宜性变通选择，“村务商议团”制度成为被再次授权的村民代表决策主体，整合了村民代表会议制度的有效资源，保障了村民代表会议制度的实际运行效力，有时民主的范围过大反而会限制民主的有效实施，“村务商议团”制度就是这种缩小了的有效民主决策主体的表现。“屯事联理”制度将民主决策下沉到“屯”，利用屯级熟人社会关联性，提高民主决策的科学性和有效性。但广西的村级民主决策运行机制依然有极大的发展空间，未实现有效村级民主决策机制建构。

### （一）其他地域可供借鉴的村级民主决策完善经验

陈晓莉在其论著中论述了两种完善民主决策的经验和制度探索，即适用于陕西省咸阳市西郊秦都区古台街道办事处的苏村一组的“户代表制”和广东蕉岭县芳心村试行的村民召集组制度，此两种制度探索在一定程度上弥补了村民代表会议的精英化趋向和村民代表会议召集难的问题②。由于具有弥补民主决策制度之不足的作用，可以分析其对于广西村级民主决策发展的借鉴作用。

---

① 材料来源于坡林屯村民理事会办公室墙上宣传资料《“屯事联理”理事会议事制度》

② 陈晓莉. 新时期乡村治理主体及其行为关系研究［M］. 北京：中国社会科学出版社，2012：303-304.

第一，“户代表制”的“去精英化”民主决策效能。村民代表制度在某种程度上弥补了因村民众多导致的直接民主危机，选举一部分被授权主体精英代表村民行使民主决策权，但另一方面却限制了村民的普遍政治参与权，民主决策无法体现所有村民意志。郎友兴认为，“村民代表会议成为村里精英人物的碰头会，未必真能代表普通村民的利益”①，“精英”虽然是村民中智识最高者的代表，但村民代表不能实现村民自治制度的直接民主设计，间接民主只能作为实现民主决策的次级选择，如何实现民主决策意志的最大化则是选择的根本要点。苏村一组的“户代表制”，“即以本村家庭户为单位推选产生户代表，由全村户代表组成户代表会议，承担村民会议职责，对本村重大事务进行讨论决定的一种村民自治机制”。② 以户为单位，更符合中国农村核心家庭生活生产模式的现实，“户”更能整合本户村民意志，更具代表性，超越村民代表的精英式民主决策的“意志片面化”弊端。广西村民分散居住的特点，人口流动比例较大的现实，村民代表的间接民主本来就存在运行困难，户代表可以整合分散的村民意志，在民主决策中表达本户最紧密的利益联系内容，户代表较之村民代表更具代表自觉，弥补广西原子化村庄村民意志在民主决策中的表达缺失。

第二，村民召集组制度完善民主决策的实际运行效能。2010 年《村组法》规定，村民会议和村民代表会议皆由村民委员会召集，村级民主决策陷入执行主体和被监督主体自行控制决策权和监督权运行的困境，民主决策形同虚设。“广东蕉岭县芳心村试行的村民召集组制度，从全体村民中选举 5 名成员组成召集组，主要召集召开村民大会或者村民代表大会，相当于人民代表大会的常委会。”③ 广西在统一村民自治制度的运行背景中，也存在村民会议和村民代表会议召集难的问题，玉林市福绵管埋区创新开展“村务商议团”管理新模式，也在村民代表会议的基础上选举出常务代表决策机构，解决民主决策法定主体履行决策职能难的问题。为最大限度地实现直接民主和间接民主的效能，召集组的成立可以消除村委会对村民会议和村民代表会议的直接控制，可以合理设定召集组的设立、职能、责任等法律问题。“召集组”与“村务商议团”的区别是，前者并不代表履行实际的民主决策职能，只是起到促进民主决策法定机构

① 郎友兴. 村民会议和村民代表会议——村级民主完善之尝试［J］. 政治学研究，2000（3）：58.

② 陈晓莉. 新时期乡村治理主体及其行为关系研究［M］. 北京：中国社会科学出版社，2012：304.

③ 陈晓莉. 新时期乡村治理主体及其行为关系研究［M］. 北京：中国社会科学出版社，2012：304.

职能履行的作用，后者的民主决策职能难免有其代表性是否广泛的问题。“召集组”有利于保障村民代表会议作为法定民主决策机构履行民主决策职能，保障民主决策一定程度的“代表性”及运行常态化。

（二）民主决策应体现村事“民议”的民主效能

无论是“户代表制”还是召集组制度都是实现“民议”的民主决策组织形式。因此，就村级民主决策的完善发展而言，不应有统一的运行模式，广西区域化中存在微观村庄的具体情况，应根据村庄的实际人口组成、村民会议和村民代表会议的实际运行等民主决策资源，合理安排民主决策的组织形式和实践机制，可以适当在村民会议、村民代表会议、屯级理事会、户代表会议等民主决策机制中引入村级社会文化组织、经济组织等体制外主体的参与议事职能，联合村“两委”的提案制定和商议职能，以村庄发展实际为基础，建构体现“民议”的多元良性互动民主决策机制。

## 第三节　广西乡村治理的民主管理机制

民主管理是乡村治理机制中的重要运行环节，是将民主决策在村庄日常生活中实际运行的村民自治日常化表现，通过民主选举出的村民委员会遵守村规民约和村民自治章程的规定进行制度化、规范化管理。村民委员会是法定的民主管理主体，在少数服从多数的民主决策机制和公开透明的工作原则的基础上，实行村务公开等工作制度，并合法、有序地管理本村的公共事务。而民主管理有效运行的基础是村庄经济发展水平、政府的指导性政策支持、村内民主管理主体的治理绩效，三者有其一会有利于村庄民主管理的发展，三者兼有之则促进实现村庄民主管理的最优化。广西农村的经济发展实际无法为农村民主管理提供高效运行的经济资源，政府为提高农村民主管理运行效率，促进村民自治制度的现实运行，主动自上而下提供政策性指导及基层民主管理创新机制建构。政府成为农村民主管理运行机制的实际推动主体，在政府的统一指导下，促进村庄内民主管理主体的主动治理能力，形成农村经济欠发达背景下的以政府政策性指导为主导、村庄内民主管理主体实际开展的上下联动的农村民主管理运行机制。

### 一、村级民主管理的制度设计

广西乡村治理民主管理机制的现行运行制度依据是 2010 年《村组法》和

2013年广西《村组法》实施办法，两者均对民主管理进行了相关规定。此外，中央和广西地方政府部门均发布相关政策性文件指导村级民主管理工作有序开展。

### （一）国家《村组法》有关民主管理的规定

1987年《村组法》没有专门规范民主管理的内容，只是在规范村民委员会职责等内容时有所涉及。村民委员会民主管理的内容包括：承担本村生产的服务和协调工作；管理本村属于村民集体所有的土地和其他财产，教育村民合理利用自然资源，保护和改善生态环境。并且规定在民主管理中，采取少数服从多数的工作原则，坚持群众路线，充分发扬民主，认真听取不同意见，不得强迫命令，不得打击报复。虽然通过对村民委员会职责规定的方式确定了村民委员会有关民主管理的内容，但对民主管理的具体事务性规定并不明确。

1998年《村组法》也未有对民主管理的专章规定，但增加了村民委员会实行村务公开制度的内容。明确村民委员会应当进行村务公开的具体事项以及监督原则、法律责任，保证了村民委员会按照村民参与协商基础上形成的村民会议决议及重大村庄公共事务的有效运行。同时，规定村民委员会的民主管理工作原则，使得村级民主管理进一步法律化，虽然其中的民主管理内容具有“农业税费时代”的特色，如“水电费的收缴”等内容，但已经体现了民主管理法定可操作化的倾向。

2010年《村组法》在农村“后税费时代”的背景下修订，修订了1998年《村组法》中具有“税费时代”特点的民主管理内容，专章规定“民主管理”。在应当进行村务公开的事项中，删除体现“农业税费时代”的“水电费的收缴”内容，将内容重点放在对“政府拨付和接受社会捐赠的救灾救助、补贴补助等资金、物资的管理使用”“村民委员会协助人民政府开展工作的情况”等体现当下农村社会重要公共事务方面，并将1998年《村组法》中的“至少每六个月公布一次修订”为“至少每季度公布一次；集体财务往来较多的，财务收支情况应当每月公布一次；涉及村民利益的重大事项应当随时公布”。这样有利于村民对村庄公共事务的及时了解和监督，民主管理规范化和法治化。

### （二）广西《村组法》实施办法有关民主管理的规定

广西《村组法》实施办法对民主管理进行了更利于实践操作的细化规定，在村务公开工作制度的基础上增加了村财务管理的民主管理内容，并增加规定“农村最低生活保障、医疗救助、临时救助等社会保障的享受对象、标准和五保供养享受对象；村级财务收支情况”作为村务公开的事项，更符合广西农村重要公共事务公布事项的实际情况；并要求各村采取设立村务公开栏、发放明白卡、广播和民主听证会等多种村务公开形式，将村务公开制度落到实处，要求村务公开栏的内容应当根据实际内容的重要性不同规定不同的保留时间，保障村民及时了解村务公开内容，避免公开的形式化和短效性，让村民有足够时间了解和探讨，便于进行有效的监督。

（三）中央一级的宏观政策性规定

2004年6月22日，中共中央办公厅、国务院办公厅《关于健全和完善村务公开和民主管理制度的意见》颁布施行，其中两项重要的与村级民主管理相关的内容是："进一步健全村务公开制度，保障农民群众的知情权""进一步完善民主管理制度，保障农民群众的参与权"。在村务公开方面，完善村务公开的内容，规定将国家有关法律法规和政策明确要求公开的事项坚持公开，继续把财务公开作为村务公开的重点，并根据农村改革发展的新形势、新情况，及时丰富和拓展村务公开内容；规范村务公开的形式、时间和基本程序；设立村务公开监督小组，及时听取和处理群众意见。在完善民主管理方面，推进村级事务民主管理，要求组织全体村民讨论决定村民自治章程、村规民约、村民会议和村民代表会议议事规则、财务管理制度、村干部职责、村级各类组织职责及工作程序等内容，做到权利义务明确、工作职责清晰；建立村民委员会换届后的工作移交制度，保障村级民主管理的有效开展；加强村民民主理财制度建设和规范农村集体财务收支审批程序，保证作为民主管理中最重要的村级财务管理的合法有序。

（四）广西的地方性政策规定

2013年，广西壮族自治区村务公开民主管理工作领导小组办公室发布《关于进一步完善村规民约建立清洁乡村长效机制的通知》，结合"美丽广西·清洁乡村"活动内容，完善村规民约内容，推动清洁乡村与村民自治有机结合，在全区全面建立村民自我管理、自我教育、自我约束的清洁乡村长效机制的同时，促进民主管理的因地制宜发展。其中认为村规民约是民主管理的突破口，要求"通过召开村民代表会议、村民小组会议以及其他群众喜闻乐见的形式对村规民约进行宣传和讲解，充分调动村民参与完善村规民约的积极性"，充分尊重村民在制定村规民约中的主体地位，使各地制定的村规民约体现本地特色。

2018年，广西壮族自治区农业厅等部门关于印发《广西壮族自治区农村集体经济组织资金财务管理办法（试行）》的通知，要求农村集体经济组织应当建立健全资金财务管理制度，实行财务公开、民主管理，保护集体资产的安全与完整；资金预算编制、调整和决算报告由农村集体经济组织班子讨论提出，经村务监督委员会审核修订，提请村民会议或村民代表会议讨论通过后，报乡镇农村财务管理部门备案，并在村务公开栏公布，接受群众监督。

## 二、广西村级民主管理的实践探索

村级民主管理在村民自治实践中的表现为村民自治章程、村规民约的实际制定情况，地方政府和农村内部实践民主管理过程中的创新性社会管理模式探索。广西作为少数民族自治地区，具有少数民族习惯法治理的传统，在现有的村民自治制度背景下，村规民约的社会治理规范如何发挥现实作用？其实际内容是什么？是否依然延续少数民族习惯法自治传统？这些都是广西村级民主管理的实践性探索表现。广西地方政府立足广西地域环境、人口分布等实际情况，创新性探索“农事村办”“屯事联理”等农村社会治理体制，形成上下联动、互相合作的多元民主管理机制。

### （一）村规民约、村民自治章程的实践发展

广西河池市宜州区屏南乡合寨村成为村民自治第一村的标志是果作屯保留完整的《村规民约》和《封山公约》。1980 年 7 月 14 日，合寨大队的果作村召开全村大会，不仅成立了我国的第一个村委会，还经群众讨论通过了“两约”。“两约”的制定初衷是为了解决果作村“六多一少”的社会治安混乱问题，即赌博多、盗窃多、乱砍滥伐多、唱痞山歌多、放浪牛浪马多、搞封建迷信活动多，管事的人少。针对这些问题，《村规民约》的具体内容如下：

1. 必须提高思想觉悟，认真体会安定团结的重要意义。

2. 严禁赌博，不准在私宅、村里开设赌场，违者罚款 10 元。

3. 为了保苗夺丰收，严禁放猪，违者罚款 5 角，并给赔偿损失处理。

4. 维护正常的娱乐活动，不准在村内、村附近对唱野山歌，违者罚款每人 10 元。

5. 不准在路边、田边、井边挖鸭虫，受损失的罚工修补。

6. 不准盗窃，违者按件加倍赔偿并罚款 5 元，情节严重者，呈报上级处理。

7. 遗失东西，拿回交给村委，归还原主。

8. 不准在泉边、河边大便，不准在上游洗衣、洗头梳发，晾晒蚊

帐、床单等污染东西。

9. 讲卫生光荣，不讲卫生可耻，自觉做到码头经常冲洗，保护清洁。

还有专门针对毁林开荒、盗窃林木等社会问题，制定的专门性《封山公约》，具体内容为：

一、不准毁林开荒，违者每平方尺罚款5角。

二、不准在封山内砍柴、挖树根、割草皮、打石头，违者每百斤罚款10元。

三、村里的风景树不准折枝乱砍，违者罚款15元。

四、不准盗窃林木，违者每百斤罚款15元。

五、实行护林有功者奖、毁林者罚的办法，对维护林木有功者奖5%资金。

六、不准在育林区放牛羊群，每头罚款1元，外村罚2元。

这两个反映村民自治意志的文本被收藏在宜州区“中国村民自治展示中心”，群众集体意志反映在“两约”中，最后是果作村85户村民的手印和签名盖章。村规民约的制定反映了村民自治实践的初级民主管理形态，当时的探索虽然没有形成理性的民主意识，但却对现实的社会治理起到了最大实效化作用，村规民约作为村级民主管理的制度化文本，被一直延续至今。村民自治制度经过30年的发展，合寨村的《村规民约》也根据现实村民自治发展的需要几经修订完善，笔者2010年赴合寨村调研时，合寨村村委会大院的村务公开栏内张贴着最新的《合寨村村规民约》，从社会治安、精神文明、相邻关系、婚姻家庭四个方面进行规范。

村规民约的法定制定主体应该是村民会议，并以行政村为法定单位，但广西现实的村规民约也有以屯为单位，由村民理事小组制定。内容多为规范村民的精神风貌、邻里关系、婚姻家庭，并对违反社会治安的行为进行禁止性规定。内容多不统一，而是按照自身村落社会内部发展的需要确定规范内容。有的还专门针对清洁乡村制定专门性村规民约，笔者调研时发现，开展“美丽广西·清洁乡村”活动后，广西许多村落都在村务公开栏内张贴了反映本村环境卫生保护方面的村规民约。

但广西的村规民约体现少数民族风俗习惯传统的内容很少，基本都带有现代法制特点，笔者调研白裤瑶聚居的村落 HL 村时，村部公开的村规民约基本没有有关少数民族习惯法的内容，而是对村民有关思想认识、遵纪守法、社会公德、环境保护等内容的笼统概括，未体现本村民俗民规，作为白裤瑶民族传统保存完好的 HL 村，村规民约的普适化无法适应民族发展的特殊化。

此外，村级民主管理的另一个制度文本形式是村民自治章程，相对于村规民约而言，村民自治章程具有村级“根本大法”的性质，群众称之为“小宪法”。“1990 年，山东省章丘市在探索新时期村级管理的实践中，提出了‘依法建制，以制治村，民主管理’的思路，发动群众，制定了《村级规范化管理实行办法》，后经规范、完善、提高，形成了《村民自治章程》。《村民自治章程》找到了法律规定与执行的结合点。首先，解决依法建制问题，制定出一套上合国家法律、下合村情民意的具体规章制度，细化为《村民自治章程》，涵盖村级各方面事务，使之成为村民行为的规范，成为村干部开展工作、处理问题的依据，被群众称为‘村中小宪法’。《村民自治章程》对村民该做什么、不该做什么、应怎样做、不应怎样做、违反如何处理等做了明确、具体的规定，成为全体村民共同遵守的行为规范。其次，《村民自治章程》制定后，坚决贯彻落实，坚持以制治村，做到大家的事大家议，大家的事大家管，大家订的制度大家执行。第三，章丘在制定《村民自治章程》过程中，坚持从群众中来、到群众中去，充分尊重和保障群众的民主权利，人人都是管理者，人人又是被管理者。目前，村民自治章程已经在全国农村普及，80%的村制定了村民自治章程和村务民主管理的村规民约，实施自我管理、自我教育、自我服务。”①

合寨村在村规民约的基础上，围绕社会治安、村风民俗、计划生育、财务管理等制定了《合寨村村民自治章程》，“中国村民自治展示中心”陈列着合寨村村民委员会 2003 年 8 月 1 日颁布的《村民自治章程》。

村民自治章程应该成为民主管理规范化的重要制度建构，从农村社会治理实际出发，制定符合本村社会关系和社会矛盾实质的村民自治章程，但笔者调研时发现，有的地方政府为完成一村某个村民自治章程的行政任务，自上而下统一制定村民自治章程，以应付上面的检查。村民自治章程无法表达村民意志，只是一个虚化的文本档案而已，民主管理流于形式。村规民约或村民自治章程的形式化表现，其根本原因在于村民自治制度运行中的主体缺失，村民会议是法定的村民自治章程和村规民约制定主体，但村民会议的难以召开无法保证制定程序的合法性开展，村规民约和村民自治章程的实际制定主体为村“两委”、

① 资料来源于广西宜州市“中国村民自治展示中心”的展示资料。

村民代表会议、村民理事小组等代表性组织，无法真实反映全体村民的意志，更有政府的自上而下行政化干预，村规民约和村民自治章程在民主管理的运行中无法实现合法的“自我意志”。

（二）广西地方政府的民主管理实践探索

2007年以来，百色市委针对本地区农村基层社会地域特点和“撤乡并镇”后乡镇政府管辖范围扩大，群众由于交通不便等因素到乡镇办事往返难，许多农村基层社会事务得不到及时解决，积极探索推行了以“服务基层、服务群众”为目的的“农事村办”制度。

所谓“农事村办”，“就是在距离乡镇政府比较远，群众往来办事不方便的村，或群众居住比较集中的中心自然屯设立‘农事村办’服务站，通过整合县乡部门服务资源，把基层政府的服务工作重心前移到村到屯，为群众开展生产、文化、卫生、法律、政务、党员等农事村办‘六大服务’，形成‘一竿子到底’的县、乡、村、屯、户联动的五级联动联系服务群众网络，强化农村基层组织惠民便民利民功能，变‘群众跑腿办事为干部跑腿办事’，实现‘证件村里办、小病村里医、矛盾村里调、补贴村里领、农资村里买、书报村里读、信息村里询’的目标”①。

为了解决群众因路途遥远、交通不便等客观因素导致的办事难问题，以节约群众办事成本、方便管理服务、转变政府职能为原则，百色市在市县成立政务服务中心，并进一步将县政务服务职能向乡镇、村、屯延伸，着力优化整合政府服务资源，建立以县政务服务中心为龙头，乡镇“农事村办”服务中心为后盾、村“农事村办”服务站为窗口、屯“农事村办”服务点和“农事村办”服务联系户为基础的五级为民服务网络。同时，采取一站管多村、一站辐射多村等模式，科学合理设置服务点，并明确各自职责。“农事村办”制度的核心是“服务农事”，“以服务基层、服务群众为出发点，围绕群众在发展生产、改善生活、化解矛盾等方面的现实需求，面向群众构建以生产服务、文化服务、卫生服务、法律服务、政务服务、党员服务为内容的六大服务体系”②。

“农事村办”是地方政府通过“服务农事”实现村级民主管理目的，农村公共事务涉及诸多方面内容，而广西现实的农村社会经济基础薄弱，农村无法

① 郑作广. 农村基层党建工作创新的一大亮点——广西田阳县“农事村办”工作制度的调查［J］. 桂海论丛，2008（1）：26.

② 中共百色市委组织部. 推行“农事村办”制度——探索农村社会管理和服务新模式［J］. 中国浦东干部学院学报，2011（2）：126.

独立完成村级民主管理的各项事务。政府作为制度设计者和推行者，在指导性地位外，还作为农村内部涉及行政事务的管理者，民主管理从村内延伸到政府一级，广西百色市结合本区域内农村社会民主管理实际需要，建构政府主体性地位突出、村庄自我服务辅助型发展、服务内容完善的基层社会管理创新机制。

广西百色市为了顺应新形势下群众工作的需要而进行的民族地区农村基层社会治理法治化探索的另一个乡村民主管理制度是“农情乡解”。首先在田林县探索试行，在全县范围内构建以县（区）“农情乡解”服务中心为龙头，以乡（镇）服务中心、村服务站为基础，以屯级服务点和信息服务户为触角的五级信访联动服务网络体系，并以乡村两级为重点，以县为联系，建立治安防控网、信访信息网、纠纷调解网、为民服务网等四张工作网络，在屯、村、乡、县四级分别落实人员负责治安防控、维稳信访信息上报、排查矛盾、联解调处纠纷、提供法律和维权帮助等工作。

“农情乡解”通过自上而下建立联动矛盾纠纷解决机制的方式实现农村社会的法治化管理目的，充分利用媒体力量，占领宣传主阵地，通过采取发放宣传资料、印发传单、进村入户宣传、知识问答、猜谜、文艺汇演、网络宣传与传统平面媒体相结合等方式，扩大了“农情乡解”活动的宣传覆盖面，使活动家喻户晓，法治理念深入人心。老百姓通过喜闻乐见的文艺宣传形式了解和接受了法律以及乡村法治机制在乡村社会生活中的重要性，逐渐形成法治化乡村人文氛围，正确引导“民俗化”习惯在法治的语境中合理存在，建构法治与民俗适应共存的民族地区农村社会治理法治化场域。

### （三）广西村级民主管理实践探索

“屯委”的设立在农村最基层的单位——自然村的民主管理中发挥了实际的效用，广西在新农村建设中通过在自然村一级建立理事会的办法，提升新农村建设中的民主管理效能。百色市朝里乡那巴屯位于朝里乡的西部，距乡政府所在地有 3 公里，是一个典型的壮族山寨。全屯共有 2 个村民小组 108 户 463 人，党员 8 人，全屯耕地面积 379 亩，其中水田 268 亩，旱地 111 亩。近年来，那巴屯在乡党委、政府的组织领导下，美化村容村貌，发展特色产业，实行民主管理，统一规划建设新居 108 户；完成主街道及巷道硬化、绿化、净化；修建占地面积为 8306 平方米集文化室、舞台、篮球场等为一体的屯级文化广场；完成烟区水利配套工程 2 公里，完成乡政府至那巴 3 公里的公路硬化；培植烤烟、茶叶等特色产业，增强经济发展后劲。以那巴屯浓厚的文化底蕴和北路壮剧、古乐等丰富多彩的民间艺术为依托，打造文化名屯；成立群众自治组织，完善村规民约，实行自我发展，自我管理，自我服务，促进了和谐、科学发展①。

那巴屯民主管理的群众自治组织是那巴新农村理事会，通过制定《那巴新农村理事会章程》规定理事会的组织结构，理事会的权利和义务包括：认真贯彻落实党和国家的方针政策，切实履行村庄公共事务管理制度，组织和引导村民积极投入新农村建设；协助技术部门制定科学合理的新村庄规划并组织实施，逐步完善新村庄文化、体育、卫生等公益事业配套设施；建立和完善村规民约、公共事务、公共场所卫生管理等各项规章制度；组织村民摒弃村规陋习，弘扬文明新风、倡导健康文明科学的生活方式；尊重村民权利、维护村民利益、积极引导村民做一个有一定致富技能、文明守法、移风易俗的新型农民；加强对农村“一事一议”的监督和指导，并建立健全相关规章制度，规范议事程序，真正体现大家事，大家议，大家定②。

而那巴作为一个壮族聚居的自然村，还成立了一个那巴壮剧团③，由朝里瑶族乡六作村那巴屯群众自发组织的业余壮剧团，建团以来，其演出的内容主要都是以弘扬民族文化为基调。剧团不仅是村民平时娱乐消遣的组织，也是一个潜在民主管理载体，剧团里的人经常聚在一起排练交流，既是剧团的骨干，也是村里的积极分子，有什么事只要做通他们的工作，基本就能影响和带动其他村民一起行动，既是一个文化团体，也是一个村庄行动单位。村民间的民族文化认同感延伸到民主管理中，容易在对村落情感依赖的基础上，产生自我组织、自我管理的自治效果。由于那巴屯村民基本为陈姓，宗族血缘的情感纽带联系紧密，有利于整合新农村建设中存在的各种民主管理问题，那巴屯每年举行一次“长龙宴”，全村人均回乡参加，就连在外工作的人也回来参加，全村各户每年轮流负责“长龙宴”的组织、菜品采办、财务管理、后勤工作等事务，全屯的许多大事也会在“长龙宴”上讨论、决策，既是家族式聚会，也是民主管理的组织形式。

此外，广西部分村屯通过创新村级民主管理的形式，提高民主管理水平。“桂平市石龙镇福平村招盆屯，通过推行‘网上村委会’、LED 显示屏、公开

---

① 资料来源于朝里乡乡政府提供的《朝里乡那巴社会主义新农村建设简介》

② 资料来源于笔者赴那巴屯调研时屯内村务公开栏中张贴的《那巴新农村理事会章程》

③ 那巴壮剧团是由德高望重的闭克坚老人担任主编导和团长。那巴壮剧团共有演员 35 名，各年龄段都有人参加，上有 70 多岁的老艺术，下有 4—5 岁的少年儿童。剧团设有专门的领导机构，主要是由闭克坚老人担任团长，编导工作也集于他一身，剧团制定有具体的活动方案和严格的规章制度，演出的内容都是根据不同时期党和政府的中心工作来开展，演出的节目都是由闭克坚老人自编自导，节目具有浓郁的民族特色，2004 年朝里瑶族乡被区文化厅授予“广西民间艺术之乡”称号。

栏、村务屯务告知书等‘四位一体’的公开方式，及时公开有关政策依据、政策标准、办理流程、受益对象、经办部门和人员等信息，将村务公开延伸至村屯户，提高群众对活动的知晓率和参与度，提升村级民主管理质量。”① 村级民主管理形式的多样化，可以解决当前农村社会人口流动频繁导致的信息分散不畅等问题，结合信息化科技手段，拉近村民与村庄之间的距离，让村民及时了解村内公共事务，加强村务沟通联系，使村民及时了解村庄发展信息，提高村民对村庄的关注度，避免因信息不畅，导致村民“离乡”而不“念乡”，让村民真正感觉自己是村庄的主人，便于村级民主管理的有效运行。

### 三、广西村级民主管理的发展路径

广西的“农事村办”反映了地方政府对村级公共事务的民主管理创新尝试，“屯委”及“新农村理事会”作为村（屯）级民主管理组织形式管理村（屯）级公共事务，这是广西村级民主管理的实践探索表现。然而，村级民主管理呈现弱化发展趋势是我国村民自治制度的普遍表现，特别是除村“两委”外的民主管理主体虚置及制定村规民约等民主管理行为无序等，是完善广西民主管理发展路径必须解决的实际问题。

#### （一）完善村民会议制定《村民自治章程》和《村规民约》的民主管理规范化功能

村民会议召集难也成为民主管理制度化的阻碍，《村组法》规定村民会议是《村民自治章程》和《村规民约》的唯一法定主体，“村民会议可以制定和修改村民自治章程、村规民约”不属于可以授权村民代表会议决定的事项范畴。由于村民会议的难以召集，目前的《村民自治章程》和《村规民约》中存在很多不具有实施的合法性。实际上，村民会议只是《村民自治章程》和《村规民约》在村庄内具有约束效力的表决通过主体，其内容皆由村“两委”拟定，村民代表会议审议商定，村民会议只是作为表决机构存在。但表决的直接民主性体现了民主管理法定依据的村民合意性。是否为了解决村民会议召开难的困难，可以采取村民代表会议或户代表会议等形式讨论通过？笔者认为必须坚持作为村中“小宪法”的《村民自治章程》及村级行为规范的《村规民约》广泛代表性，通过实现送达每个村民等广泛征求意见的形式，让村民了解其主要内容，外出务工人员也可以通过书信或电子信件的方式送达与回复，在清明节或春节

① 广西新闻. 广西开展村“两委”干部“正风气、守清廉、树形象”活动［EB/OL］. 广西新华网，2016-12-12.

等人口密集回村的节日，在法定参加人口规定范围内召集村民会议审议表决。

另外一个提高《村民自治章程》和《村规民约》内在民主管理规范作用的方法是结合民族区域自治发展中积累的民族习惯法传统，将一个村庄内历史源流下来的民族习惯法引入《村民自治章程》和《村规民约》的内容当中，增强村民的制度认同感，减少现代法律制度进入乡村社会的实施成本。民族自治地区的村民认“老道理”，村民通过自觉遵守融入民族习惯法的村民自治规范，利用民族习惯法资源解决村级民主管理中村民间的利益冲突问题，实现规范村级民主管理的目的。

### （二）发挥地方政府的村级民主管理衔接职能

村民的自我管理在村民自治制度并未完善实施的情况下，无法独立完成。在现有村民自治实践情况下，村民的自我管理必须依靠地方政府的规范设计，再者，地方政府依然承担对行政村的服务、管理职能，后税费时代的政府失去全能型的优势，但行政事务管理权依然存在，如何体现政府的服务转型是新时期地方政府适应时代发展要求的新任务。因此，村级民主管理与地方政府民主管理的有效衔接是完善村级民主管理的关键，广西的“农事村办”体现了政府的服务职能转型，既保证村级民主管理的“自我”定位，实现“村庄公共事务有村民自己管理”，也应适当优化地方政府对村民事务的管理机制，把握合理的“服务”程度，避免借“服务”强化政府权力对村庄事务的介入性干涉。在政府层面应设定相应的民主管理事务范畴，规定政府及村庄作为管理主体的权力、义务、职责等内容，分工合作、职能细化、责任明确，实现村级民主管理与政府地方治理的有效衔接。

### （三）建立村庄内多元主体良性参与的有效民主管理机制

村民委员会是村级民主管理的常务机构，村民传统地认为自己是被管理的对象，村民在民主管理中的主体地位被虚化。认识的错位导致村级民主管理的主体缺失，村民委员会应该是村民授予其民主管理权的执行主体。广西的“屯事联理”试图解决行政村一级民主管理的利益复杂化困境，调动了屯级熟人社会的社会治理认同优势，将民主管理单位定位于“屯”，有利于整合屯级人力、经济、社会传统资源实现对屯级公共事务的有效民主管理。然而，行政村始终是民主管理的基本单位，许多村级公共事务都涉及行政村所有村民的利益，“屯事联理”的民主管理高效性启发是：必须建立村庄内多元主体良性参与的法治民主管理机制。“屯务理事会”作为一个屯级社会组织单位可以作为村级民主管理的一个主体参与，少数民族村落中的传统民族精英，广西少数民族村落内的传统民族文化组织、老年人协会等农村社会公益性组织，以及农村经济合作社等农村经济组织，都可以整合成为村级民主管理的有效主体，实现村民有组织地参与民主管理，通过组织载体实现村级民主管理在法定范围内的组织化运行逻辑。

## 第四节 广西乡村治理的民主监督机制

村级民主监督是村民自治制度运行的保障机制，我国村民自治中“四大民主”是失衡发展的，其中最重要的表现就是民主监督的缺失明显，导致村民自治的运行失范。国家法律、地方性法规、中央和地方一级的政策性文件从过去的空白到不断完善制定有关民主监督的制度化体系，民主监督逐渐成为村民自治“四大民主”的权力制衡制度建构，实现村民自治“四大民主”运行机制均衡发展、互相制衡。由于广西乡村治理的发展现实，积极探索地方一级村级民主监督的实践模式，在法定民主监督发展框架下，在村一级普遍建立“村务监督委员会”，从制度建构和实践探索两个层面完善广西乡村治理的民主监督机制。

### 一、村级民主监督的制度设计

广西乡村治理民主监督机制的现行运行制度依据是国家《村组法》有关民主监督的发展完善，以及 2013 年广西《村组法》实施办法，两者均对民主监督进行了相关规定。此外，中央和广西地方政府部门均发布发布相关政策性文件指导村级民主监督工作有序开展。

#### （一）国家《村组法》有关民主监督的规定

1987 年《村组法》没有专门规范民主监督的内容，只是单款规定“村民委员会向村民会议负责并报告工作”，并未规定村民会议如何民主监督村民委员会的工作，也未规定村务公开等涉及民主监督的内容。

1998 年《村组法》也未有对民主监督的专章规定，但增加了村民委员会实行村务公开制度的内容，明确村民委员会应当进行村务公开的具体事项以及赋予村民民主监督的权利，村民通过查询村委会公布内容的真实性实施民主监督，并规定民主监督权被破坏时的救济主体，明确相关法律责任，体现行政救济和法律救济的双重民主监督权保证。

2010年《村组法》专章规定“民主监督”，明确以下内容：村应当建立村务监督委员会或者其他形式的村务监督机构，负责村民民主理财，监督村务公开等制度的落实；村务监督委员机构成员的组成及限制性规定；村务监督委员机构主持对村民委员会成员以及由村民或者村集体承担误工补贴的聘用人员的民主评议；村民委员会和村务监督机构应当建立村务档案；对村民委员会成员实行任期和离任经济责任审计等。村务监督机构作为村级民主监督的权力主体，被法律明确规定，村级民主监督实现法治规范化。

### （二）广西《村组法》实施办法有关民主监督的规定

2013年广西《村组法》实施办法对民主监督的规定在2010年《村组法》的基础上，增加了利于广西村级民主监督实际发展的内容，主要有：1. 村务公开内容中增加“农村最低生活保障、医疗救助、临时救助等社会保障的享受对象、标准和五保供养享受对象”，并规定村务公开的方式、内容保留的时间、村民对村务公开内容的质疑投诉权、村务监督委员会要求重新公布的权力；2. 村务监督委员会的推选、组成结构、村务监督委员的罢免和补选等；3. 村务监督委员会的职责设定；4. 民主评议及民主评议不合格的处理规定。两者的内容基本相同，2013年广西《村组法》实施办法只是根据实际情况增加一些具体实施内容，两者区别不大的主要原因是制定的时间间隔不大，并且广西于2014年村“两委”换届选举后才在村一级全面成立村务监督委员会，村级民主监督实践经验较少。

### （三）中央一级的宏观政策性规定

2012年9月21日中央纪委、中央组织部、民政部等十二部委引发《关于进一步加强村级民主监督工作的意见》，旨在解决有的地方出现的民主监督流于形式、村干部用钱用权行为不够规范，甚至引发贪污腐败等损害农民利益的问题，以保障农民群众依法直接行使民主权利为落脚点，着力健全村务监督委员会等形式的村务监督机构，坚持村民的主体地位，实现村民自我管理、自我教育、自我服务；坚持因地制宜，推动村级民主监督与农村经济社会发展相适应，建立健全村务监督机构，普遍开展民主评议、村干部任期和离任经济责任审计，逐步建立起责权明晰、衔接配套、运转有效的村级民主监督机制。到2020年，实现村级民主监督制度完善、监督形式丰富、民主评议有效、经济责任审计规范的目标，切实保障农民群众的知情权、参与权、表达权和监督权，并提出了进一步加强村级民主监督工作的意见，其中有特色的重点内容有：1. 鼓励群团组织负责人、村民小组长和村民代表，通过民主推选兼任村务监督机构成员；2.

对不履行职责、不发挥作用的村务监督机构成员，可由村党组织予以批评教育，也可由村民会议或者村民代表会议予以罢免；3. 村务监督机构依法依章对村级重大事项决策程序和落实情况、村务公开情况、民主理财情况、村民自治章程和村规民约执行情况、村民委员会成员履职任职及廉洁自律情况等进行监督；4. 村集体财务收支凭证等，必须由村务监督机构审核后方可入账；5. 村务监督机构不得随意干预村“两委”的日常工作；6. 逐步把协助政府办理本村公共事务人员，在本村开展服务性、公益性、互助性活动的社会组织负责人等纳入民主评议的范围；7. 民主评议的内容，应当包括评议对象的思想政治素质、岗位目标职责和工作业绩、村集体“三资”管理以及政府强农惠农富农项目实施、廉洁履职情况等关系村民切身利益的重点事项；8. 任何组织或者个人不得变更、撤销民主评议结果，评议结果要与评议对象的使用和补贴待遇等直接挂钩；9. 村务监督机构应当监督评议对象按照民主评议意见制定整改措施，帮助评议对象改进工作，对村务监督机构成员落实整改措施的情况，由村党组织负责监督；10. 积极推进组务公开，及时公开村民小组会议讨论决定事项及实施情况等；11. 村应当设立专门的档案柜，有条件的村应当建立综合档案室，并逐步实现档案管理的现代化，不具备档案保管条件的，可以将档案交由乡镇档案机构代为保管；12. 完善村内重大事项民主决策制度，健全“一事一议”制度，逐步推行村主要负责人廉政承诺制度、村干部勤廉双述、村民质询制度。对于村级民主监督的内容规定详细、具体，适于现实有效运行，是对2010年《村组法》抽象内容的具体化补充。

2014年6月30日，中共中央组织部等印发《关于在第二批党的群众路线教育实践活动中进一步加强基层党组织建设的通知》，要求“深入推进村务监督委员会建设”，将村务监督委员会建设成为基层党组织发展“群众路线”的根本体现。

（四）广西的地方性政策规定

2014年，广西壮族自治区村“两委”换届选举工作领导小组发布《关于规范村务监督委员会推选办法的通知》，通过规范村务监督委员会的推选，保障村级民主监督的合法化开展，并规定了村务监督委员会成员候选人的资格条件、推选的方法步骤、推选工作要求。广西在2013年《广西壮族自治区村民委员会选举办法》的基础上，专门发布有关村务监督委员会推选的规定，确立了以村党组织为领导核心、村民会议和村民代表会议为决策机构、村民委员会为执行机构、村务监督委员会充分发挥监督作用的村民自治机制，已成为“后税费时代”农村社会发展的制度模式。

2015年9月23日，广西壮族自治区党委组织部自治区民政厅联合印发《关于加强村务监督委员会建设工作的意见》（以下简称《意见》），认为“村务监督委员会是基层党组织领导下的农村基层群众监督组织。加强村务监督委员会建设，有利于加强对村务决策、执行、公开的监督，完善村民自治机制；有利于推进基层民主建设，保障村民管理自己事务的合法权益”。明确“到2017年，进一步建立健全村务监督委员会，规范村务监督委员会挂牌、工作制度和运转程序，基本建立起责权明晰、衔接配套、运转有效的村级民主监督机制”的工作目标。

《意见》主要内容有：1. 明确村务监督委员会的组织设置、工作职责和权利义务；2. 明确村务监督委员会的监督内容和程序；3. 完善村务监督委员会的工作制度；4. 组织保障：加强组织领导、强化培训引导、重视基础建设、提供经费保障。

明确村务监督委员会的主要工作职责是：1. 对村民会议和村民代表会议决议执行情况，重大事项民主决策情况，村务公开和民主理财情况，村级各项收支、集体土地征用、工程项目招投标等村务管理执行情况进行监督；2. 对村民委员会成员、村集体经济组织相关负责人、村民小组长和由村民或村集体等承担误工补贴人员行使职权进行监督；3. 主动收集、听取村民对村务公开和民主理财的意见和建议，并及时向村党组织、村民委员会、村民小组反映；4. 审核村财务账目，主持开展民主评议工作。

重要的反映村级民主监督运行方式的内容有：1. 村务监督委员会开展监督的主要内容：村务决策的监督；村务公开的监督；村级集体“三资”管理的监督；村工程建设项目的监督；其他有关惠农政策措施落实监督，对支农资金物资使用、农村基础设施和公共服务建设等进行监督，对加强耕地保护、土地流转工作进行监督。2. 村务监督委员会实施监督时一般按以下程序进行：收集民意，通过上门走访、个别约谈和议事日等形式广泛收集村民的意见和建议，确定监督事项；调查分析，围绕监督事项开展调查，了解、核实相关情况，查阅、收集有关资料。对收集到的意见和建议进行整理分析，及时将工作建议向村党组织和村民委员会反映；监督落实，根据调查的结果，提出监督意见，明确分工，认真细致、客观公正开展监督工作，及时发现和纠正存在的问题；通报反馈，通过公开栏、召开会议、个别反馈等形式及时公布监督结果，对村民的询问质疑做出解释说明。3. 村务监督委员会的工作制度：集体议事决策制度、村务情况分析制度、监督工作报告制度、监督工作台账制度、评议考核工作制度、成员培训教育制度。

其中，“各地要结合当地经济状况，根据工作实际情况，参照村党支部、村委会成员的补贴标准，对村务监督委员会成员给予适当补贴，充分调动其工作积极性。要整合相关部门资源，帮助村务监督委员会解决工作中存在的困难和问题”是保障村务监督委员会制度有效运行，提高村务监督委员会成员积极性的重要物质基础。

《关于加强村务监督委员会建设工作的意见》是对2013年广西《村组法》实施办法的适用性规范，是对笼统法规条文的可操作性设计，便于结合广西实际推行村务监督委员会制度，指导村务监督委员会如何实际运行、运行的程序及相关操作方法，并自上而下提供组织保障，促进广西村级民主监督运行机制的常态化发展。

### 二、广西村级民主监督的实践探索

民主监督是伴随着村民自治第一村的发展而发展起来的，从1980年开始，合寨村成立了村民主理财小组，每季度对村里财务进行逐笔审核清理；1998年后又成立了村级事务监事会和集体经济审计小组，由“两组一会”对村民关注的敏感问题进行监督。村级事务监事会还负责对村民代表大会通过的各项事务落实情况进行监督，对村干部履行职责、廉洁自律每半年进行一次民主评议。为方便监督，村委会大院四周的村务公开专栏，密密麻麻占了几个墙面，内容包括村民自治事务公开、政务公开、村民意见征询与反馈情况公开等。现任合寨村委主任韦向生说，经过30年的风风雨雨，“议事会”从未间断，“明白墙”定期更新。村民蒙胜同告诉记者，大到国家的时事动态、方针政策，小到村委会的每一笔账都明明白白地写在墙上，村民看了放心，也好监督。①

由此可见，民主监督的主要内容包括村务公开制度、民主评议制度、村民委员会报告制度，而民主监督的主要载体是村民会议、村民代表会议、村务监督委员会等。民主监督的主要形式是召开村民会议或村民代表会议，由村民委员会定期向村民报告村民会议或村民代表会议决定事项完成的情况和村级财务收支情况，并由村民进行民主评议；成立民主理财和财务公开监督小组，负责审核村里财务，查清财务管理中的问题；设立村务公开栏，将村民最关心的财务收支、农民负担、宅基地分配等情况及时公布；实行村干部任期审计和离任

---

① 赵品贤. 宜州合寨村“村民自治”30周年：伟大创举 推动变革［EB/OL］. 广西新闻网，2016-12-12.

审计；对不称职的村民委员会成员由村民依法予以罢免。

虽然广西现实有关民主监督的制度建构已为民主监督发展提供了规范发展基础，合寨村的民主监督实践已保持良好的发展状态，但全区范围内的民主监督机构建立于2014年的广西第七届村“两委”换届选举，处于制度发展的初级阶段，主要表现为在广西村务监督委员会的实践运行和村级民主评议实践探索两个有关村级民主监督的重要方面进行广西村级民主监督的实践探索。

（一）广西村务监督委员会的实践运行

由于各级政府财政支持的惠农项目越来越多，村干部侵占惠农资金、支农资金物资使用不规范、集体财务混乱等问题在农村越来越普遍，对村干部的监督和村级公共事务的规范管理监督是目前农村社会发展的重要工作。加强村务监督委员会建设，可以推动农村社会基层治理的规范化、法治化。2013年广西《村组法》实施办法赋予村务监督委员会法定民主监督主体地位，村务监督委员会建设成为提高广西村级民主监督效能的重要路径。“2014年广西全区村（社区）‘两委’换届选举工作中，已经实现了14352个村（居）务监督委员会100%建立，形成完整的基层组织机构体系。2015年上半年，环江毛南族自治县下南乡景阳村村民领到了被克扣多年的8万元土地补偿款。2014年11月，该村监委在核验村财务时发现线索，上报后县纪委及时进行了查处。目前，环江的村务监督委员会接受县纪委的指导，发现什么问题，可以畅通地反映给县纪委并解决。”①

但由于各个村的实际情况不一样，有部分村、社区未能充分发挥出村务监督委员会的作用，而且从环江毛南族自治县村务监督委员会的实际发展情况来看，虽然起到了对村级公共事务进行民主监督的作用，纠正了村内违法乱纪的行为，维护了村民利益，缓解了社会矛盾，但村务监督委员会接受县纪委的指导，难免陷入行政化的困境，无法保障村庄内独立的民主监督权，自我管理、自我教育、自我服务的自治功能受到冲击。作为村民自治制度的其中一大民主运行机制，依然延续自上而下的制度设计道路，村务监督委员会作为民主监督组织，处于制度完善和发展的初级阶段，必须在政府的统一指导和组织保障下，才能逐渐规范运行。

（二）广西村级民主评议的实践探索

2011年7月13日中共中央办公厅、国务院办公厅印发《农村基层干部廉洁

① 贾经纬. 广西加强村务监督 给基层“芝麻官”筑“防火墙”［EB/OL］. 广西新闻网，2016-12-12.

履行职责若干规定（试行）》，第二章专章规定“村党组织领导班子成员和村民委员会成员廉洁履行职责行为规范”，规定“三大禁止”——禁止在村级组织选举中拉票贿选、破坏选举；禁止在村级事务管理中滥用职权、损公肥私，禁止在村级事务监督中弄虚作假、逃避监督；要求“乡镇党委和政府每年应当对村党组织领导班子成员和村民委员会成员执行本规定的情况进行一次检查考核”，“村党组织和村民委员会应当依据本规定完善村规民约，建立廉政承诺制度，健全监督制约机制，保证本规定的贯彻执行”。民主评议在乡镇党委、政府具体组织下，通过村民会议、村民代表会议或与村民座谈等形式进行。民主评议一般每年进行一次，群众满意与否是衡量村干部是否合格的标准，评议结果应直接与村干部的任职和补贴直接挂钩。广西近年来在村一级广泛实施民主评议制度，每年对村干部工作进行绩效考核。

过去广西的村干领着每月五六百元的工资，除了完成乡镇布置下来的任务，大部分村干主要还是在家务农，有的还常年外出打工，成了“挂名”村干、“外出”村干、“走读”村干，村委会常年无人，屋内积满灰尘，村民办事找不到人，只有乡镇有人下来了才临时开门打扫一下卫生接待。村民无法约束村干，村干每月拿着几百元工资，在没什么监督和约束的情况下很难产生积极主动的工作热情。

“2012 年开始，为了开辟农村工作新局面，资源县对享受全额待遇的村丁推行绩效考核制度，在自治区规定的补贴标准基础上，按照每名村干平均每月增加 400 元奖金的标准，全县额外拿出 130 多万元，设定绩效考核补贴。基本补贴按月足额发放，绩效补贴到年终根据考核结果按等级发放。绩效考核采取半年考评、年度总评两种方式，分各行政村岗位目标量化考评、乡镇三家班子领导集体研究民主考评和村民党员、群众民主评议三大块进行细化量化考核①。”“从 2013 年 5 月开始，资源县又扩大战果，在村干部、不享受村干待遇的村‘两委’人员和村民小组长中开展创建‘三增三强’（增待遇、增热情、增成绩；强管理机制、强人才队伍、强基层组织）工程，进一步完善村干绩效考核办法，将此办法推广到 2356 人的村委委员和村民小组长队伍，县财政拿出 282 万元，经过村民打分考核绩效，给做得好的所有村干部和村民小组长发补助，使村委‘两委员一组长’由不想干变成想要干，成为带领农民增收的‘主心骨’②。”

---

① 广西新闻. 资源县村干绩效考核“激活一池春水”［EB/OL］. 广西新华网，2016-12-12.

② 广西新闻. 资源县村干绩效考核“激活一池春水”［EB/OL］. 广西新华网，2016-12-12.

“绩效考核”成为探索加强村级民主监督的重要指标，但在村民自治制度的民主监督实践中引入行政部门的“绩效考核标准”，使得“行政化”倾向明显，政府成为村“两委”的实际监督主体。群众民主评议虽作为绩效考核的量化考核指标，但组织者、奖励实施者才是考核的最终决定者，容易形成村委“两委员一组长”只对“绩效考核”负责，对提供奖励的政府负责，对村民的责任缺乏直接激励机制。然而，这是村民自治制度在集体经济薄弱的广西农村社会实施不可避免的被动选择，在村庄未发育成熟的情况下，政府只能以行政激励手段动员村庄自治发展。广西资源县的这一民主监督实践探索，符合我国村民自治“动员式发展”阶段的实际需要，有利于解决村民自治制度发展中村内自治组织因“物质博弈失利”而发展疲软的问题。

## 三、广西村级民主监督的发展路径

广西村级民主评议的实践反映村级民主监督机制的逐渐完善，村民的主体性意识增强，强化了村民的村级民主监督主体地位。但村级民主监督依然存在缺失，主要有以下三个原因：一是依然存在村庄“熟人社会”中村民被束缚在人情网络结构，无法对作为自己亲戚或熟人的村干理性评议，法理意义上的民主监督受到抵制；二是广西农村社会集体经济衰败和农村劳动力大量流失的现实，村民与村庄集体的关联性程度降低，民主监督无人关注；三是民主评议由乡镇党委、政府组织，最后由乡镇党委、政府做出评议结果并公布，具体对评议对象进行相应的奖惩，乡镇政权与村民的评议角度存在差异，往往以村干是否完成乡镇交付的任务和指标的情况为评议标准，“对上负责”的村干可能在民主评议中获利，村民无法主导民主监督的开展和民主评议的最后结果，于是提供民主评议物质奖励支持的乡镇政权就成为真正的村级民主监督主体，村民的民主监督权被边缘化。广西民主监督实践探索的现实反映出以上诸多问题，要解决这些问题，实现村务监督委员会独立民主监督职能的路径有以下四个。

### （一）强化村民代表性间接民主的民主监督职能

加强村庄内村民代表会议的自组织村民民主评议功能，变乡镇政权的垂直监督为村庄内部的横向监督，在增强村民民主权益意识的同时，提高村级集体经济发展能力，扩展村庄与村民间的利益关联性，强化村民的民主监督主体意识。村民代表会议通过村民会议授权的“审议村民委员会的年度工作报告”的审议权，发挥民主监督常务机构功能，与乡镇政权的行政化监督共同构成村级民主监督体系。然而，村民代表会议的代表性遭遇运行绩效低、难以召集、召集主体及被监督主体重合等问题，村民代表性间接民主监督发展路径需要重新建构。由于广西村庄内的离散化趋势，村民最直接强烈的认同单位是“户”，发展“户代表”的监督机制探索，可以弥补村民代表会议制度作为自上而下制度设计本身无法克服的代表选举、代表能力、代表职责方面的不均衡发展可能，挖掘“户代表”可以整合以户为单位监督力量的优势，提高代表的代表性，整合村庄民主监督力量。

### （二）开拓村庄内传统社会资本的民主监督功能

挖掘村庄内的社会力量参与民主监督，如让一些民族领袖、家族精英、经济精英、老干部、老党员参与村务监督委员会，在农村社会慢慢“半熟人社会化”的趋势下，增强村庄内在民主监督能力，构建法理层面的民主监督机制。社会荣誉型民主监督主体的介入，不仅可以整合作为监督主体的村庄社会资源，以其固有权威提高民主监督效力，还可以其传统权威的潜在约束力增强对被监督主体的民主监督效能，实现监督与被监督的双向整合与约束功能。

### （三）完善民主评议的民主监督实效性

实行民主评议结果的村务公开，加强村民对民主评议的事后监督。目前村民民主监督积极性不高的主要原因是，其民主监督效能低下，村民的民主评议权利无法真正被落实成为对被监督主体的实际监督约束，被监督主体可以不向作为监督主体的村民负责即可获得想要的政治资源和经济资源；民主评议由乡镇政府直接主持并最终决定其评议结果，民主监督演变成为乡镇政府对村干部是否执行行政任务的监督，村民的民主监督权被放逐，广西的村级民主监督实践也体现了政府主导性评价的色彩，村民的“事后监督”及监督结果的公开化是完善民主监督的有效路径，而村务监督委员会应成为此“事后监督”及监督结果公开化的直接监督主体。

### （四）实现村庄内社会组织的组织化民主监督效能

分散化小农的村民自治能力微弱，不仅是中国村民自治的共同特点，也是广西石山地区分散化农村分布的显著特点，延伸到民主监督，分散化小农无能也无力实现民主监督权。农村社会组织对分散化小农的自治整合作用是完善村民自治的一个未来发展方向，农村社会组织的规范化发展是实现这一目标的关键。广西的村庄内社会组织形式多样，但都处于发展阶段，传统民族文化组织虽有深厚的文化积淀，但也面临传统与现代的衔接发展问题。农村组织化发展趋势是整合村庄内民主监督权力的必然选择，村务监督委员会作为法定的监督主体只是村民让渡民主监督权的组织表现，对村务监督委员会的监督无法定明确主体，村庄内社会组织的发展有助于建立一个良性互动、循环监督的民主监督体系，各主体间既是监督主体，也是被监督对象，甚至一个村民可以成为不同监督组织的成员，实现交叉监督。村庄内社会组织相对于单个村民更有发展活力，民主监督力度因组织化而增强，更有利于实现对村“两委”及其他体制内主体和体制外主体参与村民自治的权力抗衡。

# 结论及延伸性思考

本书的研究内容为“广西民族地区乡村治理结构及运行机制”，是对特定区域环境下乡村治理结构的静态层面研究，在考察乡村治理静态主体结构现实表现、发展困境的基础上，探索村民自治制度动态运行机制的运行逻辑与运行绩效。以上理论研究都发生在广西少数民族自治地区乡村社会发展的现实语境下，采取实证研究与规范研究相结合的方法，对广西乡村治理进行区域化研究努力。

全书六章内容在村民自治制度发生学基础上，围绕“民族自治”的自治传统会为“村民自治”的自治发展赋予何种“自治”支撑的问题，实证考察“民族自治”与“村民自治”在广西少数民族自治地区乡村结合发展的历史脉络和现实运作，注重乡村治理产生和发展的多元化背景，对其进行地方性分析和制度建构。广西作为研究的地域性范畴设定，除了前述的制度发生学意义，中国乡村治理结构及运行机制呈现多元化非均衡发展趋势，广西作为民族自治地区有其特殊制度文化背景下自成一体的乡村治理结构及运行机制，明确民族自治地区乡村社会的历史发展和制度变迁，有助于避免理论模式以偏概全的设计缺陷，有利于深化对中国乡村治理独特性的理解。

## 一、广西村民自治的制度史考察

中国古代有深厚的乡里自治传统，虽然与现代社会管理机制下的村民自治不同，但中国古代自治传统解决了“皇权不下县”的古代行政体制无法延伸至乡村社会的社会治理难题，建构完备的中国古代乡里自治机制，如乡民间紧密的儒家伦理道德束缚、传统乡绅的魅力型权威治理、守望相助的村风民俗，在大一统的封建皇权统治下，通过乡村精英与村民的合作自治，实现古代乡村的高度整合。

中国古代传统社会的乡里自治传统被西方列强的侵略打破后，清政府西学东渐建立新型乡村自治制度，民国时期发起的“乡村建设运动”，虽有“救亡图存”的政治理想，却不同程度地开拓了中国乡村的自治功能和自治传统。中国共产党在革命根据地时期延续这种自治传统，在革命根据地开展乡村民主实践，为新中国成立后的乡村社会自治发展提供自治理念指导。

新中国成立后，农村被高度整合进国家行政一体化机制，自治被行政瓦解，束缚了村落自治发展的活力。随着家庭承包责任制农村经济体制的突破性发展，广西农民自发完成村民自治创举，村民自治制度由此发生发展并实现自上而下的制度建构。广西这个地域性名词与村民自治因此结合起来，“自发”的村民自治并不意味着制度的偶然性，其与中国古代以来延续的乡村自治传统一脉相承，广西新桂系军阀实行的“建设广西，复兴中国”及“三自三愚”政策为广西提供了区域型自治经验积累。广西村民自治制度的发展，采取自下而上的制度探索，更符合制度适用对象的发展规律，其立足广西农村实际治理需要的自治实践更胜于宏观统一的制度设计。

对广西村民自治的制度史考察是本书理论研究的基础，为选择广西作为乡村治理研究对象提供了合理的历史发展经验，但村民自治传统的传承在新时期多元化乡村治理语境下，广西以其“民族自治”为发展背景，如何实现“民族自治”与“村民自治”的现实发展契合，引申出另一个需要解决的问题。

## 二、广西民族区域自治背景下“民族自治”与“村民自治”的制度性契合

中国农村社会的不平衡发展对乡村治理的区域化研究提出了要求，广西除了有对村民自治的“初体验”，其现实的乡村治理发展环境也表现出一定的区域化“民族自治”特色，民族区域自治理念既符合我国民族区域发展不均衡的多样性特点，也符合因“大杂居、小聚居”导致的多元自主性自治传统文化逻辑。该逻辑延伸到村民自治理念建构中，即在尊重以民族认同维系的自然村一级的自治传统习惯的基础上，在村民自治制度框架内建构各民族自治平等协作的乡村自治理念。广西的“民族自治”与“村民自治”的制度性契合表现在乡村治理实践中，即要求村民自治制度在乡村治理中实际推行必须依靠民族自治传统文化资源，发挥村落中民族传统精英的权威主导作用，实现传统民族精英与制度精英在村治中的契合性作用，通过民族传统文化组织的社会认同作用，整合村庄自治资源，构建以传统民族精英、民族自治组织和现代村民自治组织为主体要素的村民自治认同体系。同时，在乡村治理运行机制中融入民族习惯法的潜在规范作用，实现村规民约与民族习惯法在法治语境下的相互融合，减少乡

村治理的运行成本，在深厚民族传统认同的基础上提高乡村治理的运行绩效。

由于民族自治地区民族因素及民族聚居村落后经济发展现实对村民自治的影响，乡村治理在自上而下村民自治制度的政策指导下实现了制度层面的自治，而实践层面的自治无法摆脱经济束缚及村民自治素质低下、政府主导发展的桎梏，民族自治传统与村民自治现实脱节严重，“传统的归传统、现代的归现代”，难以激发乡村治理的内在自治热情。对此，政府必须意识到民族自治传统要素对村民自治发展的内在促进作用，让作为乡村治理体制外主体的民族精英进入自治体制内，成为乡村治理体制内主体，或与体制内主体共谋性实现村庄有序治理。

### 三、广西乡村治理结构的区域化表现

广西的乡村治理结构在广西区域化发展背景下实际参与乡村治理，乡村治理主体无法脱离自身所处的农村社会自然地理、政治经济、社会文化环境“超然自治”，各乡村治理主体在村治中表现出不同的意识观念、行为选择、逻辑关联。本书根据乡村治理主体占有制度资源的程度不同，是否被制度纳入村民自治体制设计内部或成为法律明确保障的内在的参与主体等要素将其分为体制内主体和体制外主体，具有符合村民自治制度发展实际的合理性，并根据治理主体参与治理的结构类型将其分为组织、群体、个人，更有利于分析不同类型治理主体的治理行为选择，也是乡村治理主体结构多元化的直接表现。

由于我国的村民自治制度采取自上而下的统一建构，我国乡村范围内的治理主体基本相同，但各地会根据本地乡村发展需要，创新乡村社会管理模式，不同的创新制度对应产生不同的治理主体，再加上农村社会文化发展的地域化，乡村治理主体的治理地位也表现出一定的地域化特点。根据乡村社会治理绩效的三大指标——治理主体多元化程度、治理主体间的协商合作程度、治理主体间协商合作的社会效果，综合广西乡村治理结构的实际构成系统，应建立“有限主导—多元共治”的乡村治理结构。

### 四、广西乡村治理运行机制的发展路径

乡村治理结构作为静态的制度主体存在，村民自治制度的动态运行依靠民主选举、民主决策、民主管理、民主监督的村民自治运行机制。广西在村级“四大民主”的制度设计框架下，结合广西现有的农村社会管理创新机制，在民

主选举中，广西的地方政府表现出积极主导的主动地位，广西村民则在地方政府的统一指导下被动参与民主选举；通过“村务商议团”“屯事联理”发展民主决策；依靠村规民约、村民自治章程的实践发展、“农事村办”等实现农村民主管理创新；在村务监督委员会组织化的基础上，采取村务公开、民主评议的形式积极探索民主监督的有效模式。

广西“四大民主”的发展呈现不均衡状态，民主选举发展远超民主决策、民主管理和民主监督，但从发展的实际情况来看，农村社会的分散化发展和“空心化”状态是导致“四大民主”发展困境的主要原因，村庄自治能力的不足不允许政府的“全身而退”，重点应探索政府介入乡村治理的“度”。广西现行农村社会管理创新机制的设计、运行主体都是地方政府，农村只提供制度运行的场所，虽然这背离了村民自治的制度初衷，但这个“度”的发展一定是一个循序渐进的过程，而现实的广西“强政府—弱社会”的格局还在延续，但随着政府的有意识改革，可以拉近彼此间的差距，引导村级内部自主发展“四大民主”运行机制，让“四大民主”内化成为农村社会的内在运行逻辑。

**五、延伸性思考**

作为国家社会基金项目的最终研究成果，本书还存在研究中的多处不足，课题组也曾试图解决，但囿于时间、研究经验、研究能力的不足，仍然存在一些可进行延伸性思考的问题。

本课题选择广西作为实证研究对象，是一个区域化的中观研究对象，相对于微观研究对象而言，研究难度增大，课题组无法囊括所有的研究对象涉及的与本课题研究相关的内容，只能选择“典型”阐述一般性理论问题，难以解决特殊与一般的理论差异。在实证研究方法上，原计划采用问卷调查的方法，课题组也针对乡镇干部、村干部、村民分别设计了三份调查问卷，但选择在几个乡镇发放后，对收回来的问卷进行分析发现，由于问卷调查的客观性难以把握，因此对本课题理论研究的作用并不突出，而且问题设计和理论分析存在一定的难度，后放弃问卷调查的方法，主要通过访谈、参与观察、文献研究等方法对广西乡村治理具有“典型性”特征的村落进行实地调研，结合广西乡村治理结构及运行机制的理论研究脉络，采取典型事例考察理论建构的研究方法，试图展现广西乡村治理结构和运行机制现状，建构符合现实发展的理论框架。

由于本研究存在的不足，有必要提出延伸性思考和理论研究继续发展的可能方向，以桂学五大文化圈为广西乡村治理研究的区域分化基础，从社会发展的文化学视角，研究不同区域文化圈固有的文化传统对人们认识、行为等的影响作用，以及农村文化传统延伸的社会关系格局对乡村治理的影响，对应建构桂学五大文化圈范围内的五大乡村治理结构，比较分析各自不同的治理绩效以及运行机制的文化区域差异，在典型事例分析基础上，采取区域化样本选择的方法，对广西乡村治理结构及运行机制进行全面深入的系统研究，在现有的研究基础上，通过对研究对象的深描深化理论分析。

# 参考文献


一、专著

［1］毛泽东. 毛泽东选集（1—5卷）［M］. 北京：人民出版社，1991.

［2］孙中山. 孙中山全集第五卷［M］. 北京：中华书局，1981.

［3］彭真. 彭真文选（1941—1990）［M］. 北京：人民出版社，1991.

［4］亚里士多德. 政治学［M］. 颜一，秦典华，译. 北京：中国人民大学出版社，2003.

［5］孟德斯鸠. 论法的精神（上册）［M］. 张雁深，译. 北京：商务印书馆，2002.

［6］塞缪尔·P. 亨廷顿. 变化社会中的政治秩序［M］. 王冠华，刘为，译. 上海：上海人民出版社，2008.

［7］马丁·李普塞特. 政治人：政治的社会基础［M］. 张邵宗，译. 上海：上海人民出版社，1997.

［8］施坚雅. 中国农村的市场和社会结构［M］. 史建云，徐秀丽，译. 北京：中国社会科学出版社，1998

［9］埃米尔·涂尔干. 社会分工论［M］. 渠东，译. 北京：生活·读书·新知三联书店，2000.

［10］古斯塔夫·勒庞. 乌合之众——大众心理研究［M］. 戴光年，译. 北京：新世界出版社，2010.

［11］彼得·M. 布劳. 社会生活中的交换与权力［M］. 李国武，译. 北京：商务印书馆，2008.

［12］费孝通. 江村经济［M］. 北京：商务印书馆，2001.

［13］费孝通. 乡土中国［M］. 上海：上海人民出版社，2006.

［14］费孝通. 中国绅士［M］. 北京：中国社会科学出版社，2006.

[15] 黄宗智. 华北的小农经济与社会变迁 [M]. 北京: 中华书局, 2000.

[16] 黄宗智. 长江三角洲小农家庭与乡村发展 [M]. 北京: 中华书局, 2000.

[17] 黄宗智. 中国乡村研究 [M]. 福州: 福建教育出版社, 2008.

[18] 杜赞奇. 文化、权力与国家: 1900—1942年的华北农村 [M]. 王福明, 译. 南京: 江苏人民出版社, 1995.

[19] 王铭铭. 村落视野中的文化与权力 [M]. 北京: 生活·读书·新知三联书店, 1997.

[20] 张仲礼. 中国绅士研究 [M]. 上海: 上海人民出版社, 2008.

[21] 徐勇. 非均衡的中国政治: 城市和乡村 [M]. 北京: 中国广播电视出版社, 1992.

[22] 徐勇. 中国农村村民自治 [M]. 武汉: 华中师范大学出版社, 1997.

[23] 徐勇, 徐增阳. 乡土民主的成长 [M]. 武汉: 华中师范大学出版社, 2007.

[24] 徐勇. 现代国家: 乡土社会与制度建构 [M]. 北京: 中国物资出版社, 2009.

[25] 徐勇, 徐增阳. 流动中的乡村治理: 对农民流动的政治社会学分析 [M]. 北京: 中国社会科学出版社, 2003.

[26] 徐勇, 吴理财. 走出"生之者寡, 食之者众"的困境——县乡村治理体制反思与改革 [M]. 西安: 西北大学出版社, 2008年版

[27] 张厚安, 徐勇, 项继权. 中国农村村级治理 [M]. 武汉: 华中师范大学出版社, 2000.

[28] 徐勇. 田野与政治——徐勇学术杂论集 [M]. 北京: 中国社会科学出版社, 2009.

[29] 覃乃昌. 广西世居民族 [M]. 南宁: 广西民族出版社, 2004.

[30] 徐勇. 中国农村与农民问题前沿研究 [M]. 北京: 经济科学出版社, 2009.

[31] 徐勇, 邓大才. 中国农村调查札记(一) [M]. 北京: 中国社会科学出版社, 2014.

[32] 徐勇, 邓大才. 中国乡村政治与秩序 [M]. 北京: 中国社会科学出版社, 2012.

[33] 项继权. 集体经济背景下的乡村治理［M］. 武汉：华中师范大学出版社，2002.

[34] 邓大才. 小农经济：社会化小农与乡村治理——小农社会化对乡村治理的冲击与治理转型［M］. 北京：中国社会科学出版社，2003.

[35] 瞿同祖. 清代地方政府［M］. 北京：法律出版社，1999.

[36] 瞿同祖. 中国法律与中国社会［M］. 北京：中华书局，2003.

[37] 黄辉祥. 村民自治的生长：国家建构与社会发育［M］. 西安：西北大学出版社，2008.

[38] 白钢. 选举与治理：中国村民自治研究［M］. 北京：中国社会科学出版社，2001.

[39] 张静. 基层政权：乡村制度诸问题［M］. 杭州：浙江人民出版社，2000.

[40] 俞可平. 治理与善治［M］. 北京：社会科学文献出版社，2000.

[41] 俞可平. 论国家治理现代化［M］. 北京：社会科学文献出版社，2014.

[42] 于建嵘. 岳村政治：转型期中国乡村政治结构的变迁［M］. 北京：商务印书馆，2001.

[43] 于建嵘. 抗争性政治：中国政治社会学基本问题［M］. 北京：人民出版社，2010.

[44] 曹锦清. 黄河边的中国——一个学者对乡村社会的观察与思考［M］. 上海：上海文艺出版社，2013.

[45] 曹锦清. 如何研究中国［M］. 上海：上海人民出版社，2010.

[46] 熊培云. 一个村庄里的中国［M］. 北京：新星出版社，2011.

[47] 唐晓腾. 中国乡村的嬗变与记忆——对城市化过程中农村社会现状的实证观察［M］. 北京：中国社会科学出版社，2010.

[48] 唐晓腾. 基层民主选举与农村社会重构——转型期中国乡村治理的实证研究［M］. 北京：社会科学文献出版社，2007.

[49] 李怀印. 乡村中国纪事——集体化和改革的微观历程［M］. 北京：法律出版社，2010.

[50] 赵树凯. 乡镇治理与政府制度化［M］. 北京：商务印书馆，2010.

[51] 赵树凯. 农民的政治［M］. 北京：商务印书馆，2011.

[52] 肖唐镖. 当代中国农村宗族与乡村治理——跨学科的研究与对话[M]. 北京：中国社会科学出版社，2008.

[53] 丁卫. 复杂社会的简约治理 [M]. 济南：山东人民出版社，2009.

[54] 贺雪峰. 什么农村，什么问题 [M]. 北京：法律出版社，2008.

[55] 贺雪峰. 新乡土中国 [M]. 北京：北京大学出版社，2013.

[56] 贺雪峰. 组织起来——取消农业税后农村基层组织建设研究 [M]. 济南：山东人民出版社，2012.

[57] 贺雪峰. 村治模式——若干案例研究 [M]. 济南：山东人民出版社，2009.

[58] 贺雪峰. 乡村社会关键词——进入 21 世纪的中国乡村素描 [M] 济南：山东人民出版社，2010.

[59] 贺雪峰. 地权的逻辑——中国农村土地制度向何处去 [M]. 北京：中国政法大学出版社，2010.

[60] 谭同学. 桥村有道——转型乡村的道德权力与社会结构 [M]. 生活·读书·新知三联书店，2010.

[61] 蒋旭峰. 抗争与合作：乡村治理中的传播模式 [M]. 杭州：浙江大学出版社，2011.

[62] 黄卫平，陈家喜. 中国乡镇选举改革研究 [M]. 北京：人民出版社，2009.

[63] 秦红增. 乡土变迁与重塑——文化农民与民族地区和谐乡村建设研究[M]. 北京：商务印书馆，2012.

[64] 肖唐镖，李昌金. 中国乡村报告 [M]. 北京：学林出版社，2005.

[65] 赖海榕，孙津. 中国乡村治理研究状况调查报告 [M]. 北京：中国农业大学出版社，2007.

[66] 陈桂棣，春桃. 中国农民调查 [M]. 北京：人民文学出版社，2004.

[67] 袁金辉. 冲突与参与：中国乡村治理改革 30 年 [M]. 郑州：郑州大学出版社，2008.

[68] 陈锡文，赵阳，罗丹. 中国农村改革 30 年回顾与展望 [M]. 北京：人民出版社，2008.

[69] 卓泽渊. 法政治学 [M]. 北京：法律出版社，2005.

[70] 金太军，张劲松. 乡村改革与发展 [M]. 广州：广东人民出版

社，2008.

［71］仝志辉. 村委会选举与乡村政治［M］. 北京：中国农业出版社，2006.

［72］李汉文，陈建林. 新形势下县乡村治理研究——基于对贵州省普安县的实地调研［M］. 北京：科学出版社，2013.

［73］刘华. 少数民族地区乡村治理法则研究——以勐海县一个傣族村寨为例［M］. 北京：民族出版社，2012.

［74］黄涌群. 农村民主自治发展研究［M］. 广州：暨南大学出版社，2008.

［75］吴毅，吴克伟. 转型中的治理——当代中国乡村社会变迁实证研究［M］. 武汉：湖北人民出版社，2009.

［76］万小艳. 乡村治理与新农村建设——湖北秭归杨林桥社区建设与治理的实践探索［M］. 北京：知识产权出版社，2011.

［77］高建华. 民族地区公共政策有效执行研究——以广西龙胜各族自治县政策执行为例［M］. 北京：中国社会科学出版社，2010.

［78］肖立辉. 村民委员会选举研究［M］. 北京：中国社会出版社，2009.

［79］戴玉琴. 改革开放以来农村民主政治发展论纲——基于村民自治制度视角［M］. 北京：社会科学文献出版社，2012.

［80］谢治菊. 西部民族地区乡村治理的逻辑与实践［M］. 北京：社会科学文献出版社，2014.

［81］何晓杰. "后农业税时代"的中国乡村治理——以东北乡村为研究视域［M］. 北京：人民日报出版社，2014.

［82］马宝成. 村级治理：制度与绩效［M］. 北京：中国社会出版社，2010.

［83］于水. 乡村治理与农村公共产品供给——以江苏为例［M］. 北京：社会科学文献出版社，2008.

［84］张和清. 国家、民族与中国农村基层政治——蚌岚河槽60年［M］. 北京：社会科学文献出版社，2010.

［85］丁国民. 中国村民自治权研究［M］. 北京：法律出版社，2013.

［86］袁金辉. 乡村治理与农村现代化［M］. 郑州：郑州大学出版社，2007.

［87］卢福营. 冲突与协调——乡村治理中的博弈［M］. 上海：上海交通大

学出版社，2006.

［88］罗平汉. 村民自治史［M］. 福州：福建人民出版社，2006.

［89］王布衣. 震惊世界的广西农民——广西农民的创举与中国村民自治［M］. 南宁：广西人民出版社，2008.

［90］赵秀玲. 村民自治通论［M］. 北京：中国社会科学出版社，2004.

［91］樊红敏. 县域政治权力实践与日常秩序——河南省南河市的体验观察与阐释［M］. 北京：中国社会科学出版社，2008.

［92］温万名. 新农村建设与村民自治法律研究［M］. 太原：山西人民出版社，2011

［93］尹冬华. 从管理到治理——中国地方治理现状［M］. 北京：中央编译出版社，2006.

［94］王习明. 城乡统筹进程中的乡村治理变革研究［M］. 北京：人民出版社，2012.

［95］王丽华. 少数民族乡村政治体系的变迁与发展［M］. 北京：人民出版社，2012

［96］张健. 中国社会历史变迁中的乡村治理研究［M］. 北京：中国农业出版社，2012.

［97］江燕. 新中国成立以来农村基层政权建设的历史考察［M］. 保定：河北大学出版社，2009.

［98］徐勇，赵永茂. 土地流转与乡村治理——两岸的研究［M］. 北京：社会科学文献出版社，2010.

［99］赵一红. 中国村民自治制度中自制规章与国家法律关系研究［M］. 北京：中国社会科学出版社，2008.

［100］尚海涛. 当代中国乡村社会中的习惯法——基于H村的调研［M］. 厦门：厦门大学出版社，2014.

［101］马银录. 向农民道歉——一个县委组织部长的驻村手记［M］. 西安：西北大学出版社，2002.

［102］方玉媚，王蕾. 对农村基层村级村民自治的研究——基于四川部分农村的调查［M］. 成都：西南交通大学出版社，2014.

［103］李瑞德. 学术与时势——1990年代以来中国乡村政治研究的“再研究”［M］. 北京：社会科学文献出版社，2012.

[104] 陈元中. 公推直选的制度创新与政治效应 [M]. 南宁：广西人民出版社，2014.

[105] 卢福营. 当代浙江乡村治理研究 [M]. 北京：科学出版社，2009.

[106] 陈晓莉. 新时期乡村治理主体及其行为关系研究 [M]. 北京：中国社会科学出版社，2012.

[107] 王允武. 民族自治地方社会和谐法治保障若干问题研究 [M]. 北京：中国社会科学出版社，2012.

[108] 佟丽华. 中国农村法治热点问题研究 [M]. 北京：法律出版社，2010.

[109] 詹成付. 全国村民委员会选举工作进展报告 [M]. 北京：中国社会出版社，2008.

[110] 詹成付. 全国村务公开民主管理工作进展报告 [M]. 北京：中国社会出版社，2009.

[111] 詹成付. 全国村民自治状况抽样调查报告 [M]. 北京：中国社会出版社，2009.

[112] 徐付群. 村民自治现状与案例分析 [M]. 北京：海洋出版社，2011.

[113] 郭红东，韩玲梅. 中国新农村建设——基于村官和村民的访谈与问卷调查 [M]. 杭州：浙江大学出版社，2007.

[114] 施从美. 文件政治与乡村治理 [M]. 广州：广东人民出版社，2014.

[115] 于建嵘. 底层立场 [M]. 上海：上海三联书店，2011.

[116] 陈小力. 村民利益失衡问题及法律保护 [M]. 北京：中国社会出版社，2010.

[117] 陈振明. 政治学——概念理论和方法 [M]. 北京：中国社会科学出版社，2004.

[118] 于建嵘，翁鸣，陆雷. 农民组织与新农村建设——理论和实践 [M]. 中国农业出版社，2007.

[119] 游志能. 民族习惯法的经济分析 [M]. 北京：中央民族大学出版社，2011.

[120] 周世中. 广西瑶族习惯法和瑶族聚居地和谐社会的建设 [M]. 桂林：广西师范大学出版社，2013.

[121] 王云斌. 乡村治理中的法律问题 [M]. 北京：中国社会出版

社，2009.

［122］黄辉. 中国村自治法的制度、实践与理念［M］. 北京：法律出版社，2009.

［123］王禹. 村民选举法律问题研究［M］. 北京：北京大学出版社，2002.

［124］梁成意. 村民自治法律制度的完善与创新［M］. 北京：中国政法大学出版社，2010.

［125］刘友田. 村民自治——中国基层民主建设的实践与探索［M］. 北京：人民出版社，2010.

［126］戴玉琴. 村民自治的政治文化基础——苏北农村个案分析［M］. 北京：社会科学文献出版社，2007.

［127］董红. 当代中国村民自治问题研究［M］. 北京：中国农业出版社，2014.

［128］王亚民. 蓝鼎元乡村治理思想与实践研究——乡村善治的历史解读［M］. 北京：光明日报出版社，2009.

［129］牛铭实. 中国历代乡约［M］. 北京：中国社会出版社，2005.

［130］李广. 中国乡村治理中的政治传播与控制［M］. 济南：山东大学出版社，2011.

［131］金炳镐. 民族纲领政策文献选编［M］. 北京：中央民族大学出版社，2006.

［132］广西百科全书编纂委员会. 广西百科全书［M］. 北京：中国大百科全书出版社，1994.

［133］广西壮族自治区编辑组，《中国少数民族社会历史调查资料丛刊》修订编辑委员会. 中国少数民族社会历史调查资料丛刊（修订本）［M］. 北京：民族出版社，2009.

［134］国家民委. 中国少数民族自治地方概况丛书（修订本）系列丛书［M］. 北京：民族出版社，2009.

［135］詹成付，乡镇论坛杂志社. 村民自治案例集（民主决策、民主管理、民主监督篇）［M］. 北京：中国社会出版社，2005.

［136］白崇禧. 白健生先生论三自政策与广西建设［M］. 中国国家数字图书馆资料

［137］莫济杰，陈福霖. 新桂系史［M］. 南宁：广西人民出版社，1995.

[138] 钟文典. 二十世纪三十年代的广西 [M]. 桂林：广西师范大学出版社，1993.

[139] 钟文典. 广西通史（第三卷）[M]. 南宁：广西人民出版社，1999.

[140] 钟文典. 近代广西社会研究 [M]. 南宁：广西人民出版社，1990.

[141] 陈勤. 地方实力派与中国区域现代化进程 [M]. 南宁：广西人民出版社，2002.

[142] 王恩涌，王正毅，楼耀亮，等. 政治地理学——时空中的政治格局 [M]. 北京：高等教育出版社，1998.

[143] 科恩. 地缘政治学：国际关系的地理学 [M]. 严春松，译. 上海：上海社会科学院出版社，2011.

[144] 让·皮埃尔·戈丹. 何谓治理 [M]. 钟震宇，译. 北京：社会科学文献出版社，2010.

## 二、期刊

[1] 张文显，徐勇，何显明. 推进自治法治德治融合建设，创新基层社会治理 [J]. 治理研究，2018 (6).

[2] 张厚安. 乡政村治——中国特色的农村政治模式 [J]. 政策，1996 (8).

[3] 徐勇，吴毅，董磊明. 村治研究的共识与策略 [J]. 浙江学刊，2002 (1).

[4] 吴毅，贺雪峰. 村治研究论纲——对村治作为一种研究范式的尝试性揭示 [J]. 华中师范大学学报（人文社会科学版），2000 (5).

[5] 陈明. 村治研究的三大范畴及其进展评析 [J]. 内蒙古社会科学（汉文版），2014 (6).

[6] 贺雪峰，董磊明. 中国乡村治理：结构与类型 [J]. 经济社会体制比较，2005 (3).

[7] 马宝成. 乡村治理结构与治理绩效研究 [J]. 马克思主义与现实，2005 (2).

[8] 刘晔. 治理结构现代化：中国乡村发展的政治要求 [J]. 复旦学报（社会科学版），2001 (6).

[9] 吕云涛. 中国乡村治理结构的历史变迁与未来走向 [J]. 山东省农业

管理干部学院学报，2010 (2).

[10] 徐晓全. 当代中国乡村治理结构研究：现状与评析 [J]. 领导科学，2014 (3).

[11] 张西道. 法治视域下的乡村治理之路 [J]. 青岛大学学报（社会科学版），2012 (3).

[12] 蔺雪春. 当代中国村民自治以来的乡村治理模式研究评述 [J]. 中国农村观察，2006 (1).

[13] 甘信奎. 改革开放三十年中国乡村治理模式变迁回顾与展望 [J]，前沿，2008 (10).

[14] 阳信生. 农村社区自治体制的建构——乡村治理模式创新与现实选择 [J]. 湖南工业大学学报（社会科学版），2011 (6).

[15] 江国华，项坤. 从人治到法治——乡村治理模式之变革 [J]. 江汉大学学报，（社会科学版），2007 (4).

[16] 马宝成. 互强型国家与社会关系：村级治理的模式选择 [J]. 天津社会科学，2004 (6).

[17] 于水，杨萍. "有限主导—合作共治"：未来农村社会治理模式的构想 [J]. 江海学刊，2013 (3).

[18] 司武林. 从分化到分治："多层竞争—合作"乡村治理体制的形成——以陕西乡村治理实践为例 [J]. 华南农业大学学报（社会科学版），2012 (1).

[19] 饶义军. 乡村治理模式研究综述——兼论贵州民族地区乡村治理模式转变取向 [J]. 凯里学院学报，2014 (2).

[20] 尤琳，陈世伟. 国家治理能力视角下中国乡村治理结构的历史变迁 [J]. 社会主义研究，2014 (6).

[21] 夏菁，姚望. 后税费时代乡村治理结构新探——以利益表达为分析视角 [J]. 理论学刊，2010 (1).

[22] 赵晓锋，马欣荣，霍学喜. 中国乡村治理结构的转变 [J]. 重庆大学学报（社会科学版），2013 (2).

[23] 王云飞，高源. 乡村治理主体系统化的建构及其策略 [J]. 长白学刊，2015 (1).

[24] 张继兰. 乡村治理：新农村建设的路径选择 [J]. 新农村建设，2009

(4).

[25] 曾芳芳. 农村治理主体多元化的制度构建与实践理路——基于农村治理主体结构困境的分析 [J]. 理论研究, 2008 (5).

[26] 吴光芸. 多中心治理: 新农村的治理模式 [J]. 调研世界, 2007 (10).

[27] 闫建. 多元治理视角下的西部新农村建设——基于西部八省 (市) 的调查研究 [J]. 专题研究, 2009 (5).

[28] 李国棠. 新农村建设背景下的农村治理问题研究——以实现农民的再组织化为主导 [J]. 社会发展, 2009 (8).

[29] 胡火明. 论治理视野下的地方公共产品的供给 [J]. 理论与改革, 2004 (6).

[30] 金太军. 村庄治理中三重权力互动的政治社会学分析 [J]. 战略与管理, 2002 (2).

[31] 仝志辉, 贺雪峰. 村庄权力结构的三层分析——兼论选举后村级权力的合法性 [J]. 中国社会科学, 2002 (1).

[32] 陈潭, 刘祖华. 精英博弈、亚瘫痪状态与村庄公共治理 [J]. 管理世界, 2004 (10).

[33] 顾金喜. 乡村精英治理研究综述 [J]. 中共杭州市委党校学报, 2013 (2).

[34] 赵光勇. 经济嵌入与乡村治理——来自浙江农村的思考 [J]. 浙江学刊, 2014 (3).

[35] 徐健. 西部少数民族地区乡村治理问题研究 [J]. 贵州民族研究, 2015 (3).

[36] 康耀坤. 论我国民族地区的村民自治与基层民主建设 [J]. 西北民族大学学报 (哲学社会科学版), 2008 (3).

[37] 王丽华. 村民自治的视角: 少数民族政治社会化分析 [J]. 贵州民族研究, 2006 (5).

[38] 李若青. 云南民族地区村民自治问题探析 [J]. 中共云南省委党校学报, 2005 (5).

[39] 瞿州莲. 民族地区的村民自治存在的问题及对策——以湖南西部永顺司城村为例 [J]. 贵州民族研究, 2004 (3).

[40] 杨刚. 民族欠发达地区村民自治存在的问题及对策研究——以双江拉祜族佤族布朗族傣族自治县为例 [J]. 临沧师范高等专科学校学报, 2008 (2).

[41] 潘科任. 民族地区村民自治组织运行难题及对策——以钦州市 T 镇 N 村为例 [J]. 边疆经济与文化, 2009 (9).

[42] 郑茂刚. 少数民族地区乡村治理的善治实践——贵州省锦屏县基层群众自治制度的创新与启示 [J]. 黑龙江民族丛刊, 2008 (5).

[43] 黄灵谋, 张融, 黄兴忠. 试论边疆民族地区乡村治理与法治生态——以广西那坡县为例 [J]. 百色学院学报, 2015 (1).

[44] 黄艳萍. 民族村寨村民自治实现善治的进路——以村规民约的完善为视角 [J]. 法学杂志, 2009 (6).

[45] 周晓涛. 西北少数民族地区新农村建设中村民自治的法律保障——以甘肃省天祝藏族自治县为例 [J]. 甘肃政法学院学报, 2009 (9).

[46] 孙秋云, 钟年. 村民自治与乡村社会的基层权力结构——以湖北西南部少数民族地区农村为例 [J]. 云南社会科学, 2003 (1).

[47] 陈洁莲. 壮族传统都老制的村民民主自治特征 [J]. 学术论坛, 2009 (10).

[48] 李琴. 瑶长制与瑶族乡村治理——以平地瑶为例 [J]. 贵州民族研究, 2007 (1).

[49] 陈锋. 京族传统翁村制村民自治的现代考察 [J]. 广西社会科学, 2013 (9).

[50] 彭庆军. 论民族地区传统社会组织的创造性转化——以湖南省通道侗族自治县为例 [J]. 华中科技大学学报 (社会科学版), 2013 (5).

[51] 彭庆军. 乡村治理现代化视域下民族地区少数民族传统社会组织的功能——以黔东南 L 村侗族"寨老"组织为例 [J]. 西南民族大学学报 (人文社会科学版), 2015 (6).

[52] 闫丽娟, 王丽霞. 村域视野中清真寺社会功能及乡村治理——以甘青保安族、撒拉族人口较少民族聚居地区为例 [J]. 科学经济社会, 2011 (1).

[53] 谢治菊. 社会资本视角下西部少数民族农村社区治理模式创新 [J]. 农村经济, 2008 (9).

[54] 李志农, 乔文红. 传统村落公共文化空间与民族地区乡村治理——以云南迪庆藏族自治州德钦县奔子栏村"拉斯节"为例 [J]. 学术探索, 2011

(8).

[55] 袁涓文. 贵州少数民族农村妇女参与村民自治研究——以黔南地区长顺县凯佐乡为例 [J]. 安徽农业科学, 2009 (33).

[56] 赵丽珍. 少数民族女性在村民自治中的参与和角色分析 [J]. 中华女子学院学报, 2006 (5).

[57] 孙秋云. 南方民族地区山村的村民自治与宗族意识——以湖北西部少数民族地区农村为例 [J]. 贵州民族研究, 2001 (4).

[58] 孙秋云. 村民自治制度下少数民族乡村精英的心态与行为分析——以湖北西部土家族地区农村为例 [J]. 中南民族大学学报 (人文社会科学版), 2004 (3).

[59] 朱炳祥. 宗族的民族性特征及其在村民自治中的表达——对捞车土家族村和摩哈苴彝族村的观察 [J]. 民族研究, 2005 (6).

[60] 朱秦, 钱素华. 民族融合背景下的村民自治调查——以民族杂居的云南芒乐村为样本 [J]. 中南民族大学学报 (人文社会科学版), 2006 (1).

[61] 钱素华, 朱秦. 民族杂居地区村民自治过程中的问题研究——贡山独龙族怒族自治县丙中洛乡村民自治调查报告 [J]. 云南行政学院学报, 2006 (1).

[62] 钱素华, 朱秦. 村民自治给民族杂居地区村庄带来的影响——云南省孟连县拉嘎村村民自治实施情况调查报告 [J]. 云南民族大学学报 (哲学社会科学版), 2004 (6).

[63] 张巨成. 西部少数民族地区乡村治理调查报告——以新疆维吾尔自治区昌吉回族自治州奇台县大泉塔塔尔族乡、黑沟村为例 [J]. 经济问题探索, 2008 (11).

[64] 俞可平. 治理和善治引论 [J]. 马克思主义与现实, 1999 (5).

[65] 徐勇. GOVERNANCE: 治理的阐释 [J]. 政治学现实, 1997 (1).

[66] 何增科. 治理、善治与中国政治发展 [J]. 中共福建省委党校学报, 2002 (3).

[67] 张厚安. 乡政村治——中国特色的农村政治模式 [J]. 政策, 1996 (8).

[68] 汤玉权, 徐勇. 构建农村社会的稳定系统: 以"双轨政治"为分析框架. 学习与实践 [J], 2017 (04).

[69] 贺雪峰，肖唐镖. 村治研究的分层与深化——对乡村政治研究的一项初步分析 [J]. 江海学刊，1999 (3).

[70] 郭正林. 乡村治理及其制度绩效评估：学理性案例分析 [J]. 华中师范大学学报 (人文社会科学版)，2004 (4).

[71] 徐勇. 城乡一体化进程中的乡村治理创新 [J]. 中国农村经济，2016 (10).

[72] 武小龙. 从方法论视角解读“乡村治理”研究——兼评《江苏乡村治理发展报告2013》[J]. 淮阴工学院学报，2014 (6).

[73] 沈延生. 村政的兴衰与重建 [J]. 战略与管理，1998 (6).

[74] 陈文胜. 论陕甘宁边区的选举制度 ——兼论其在抗日民主政治建设中的作用 [J]. 中国延安干部学院学报，2009 (4).

[75] 刘庆乐. 当代中国村民自治历史起点问题 [J]. 华中师范大学学报 (人文社会科学版)，2009 (6).

[76] 杨乃良. 20 世纪 30 年代广西村治探析 [J]. 学海，2005 (1).

[77] 杨乃良. 民国时期新桂系村治研究 [J]. 广西社会科学，2003 (6).

[78] 谭肇毅. 20 世纪 30 年代新桂系治理乡村的模式 [J]. 广西社会科学，2006 (10).

[79] 谭肇毅. 评三十年代新桂系的乡村建设 [J]. 学术论坛，1998 (1).

[80] 冀晶娟，尹旭红，邓春凤，孙昌盛，张慎娟. 新时期广西村庄集聚模式及策略 [J]. 生态经济，2014 (11).

[81] 黄国勇. 广西村庄变迁研究 [J]. 农业经济，2015 (10).

[82] 赵一红. 中国村民自治制度实施中的传统农业文化与政治结构分析 [J]. 中国社会科学院研究生学报，2009 (4).

[83] 郑风田，李明. 新农村建设视角下中国基层县乡村治理结构 [J]. 中国人民大学学报，2006 (5).

[84] 郑作广. 农村基层党建工作创新的一大亮点——广西田阳县“农事村办”工作制度的调查 [J]. 桂海论丛，2008 (1).

[85] 杨雅涵，殷焕举. 近年来农村基层党组织功能研究综述 [J]. 科学社会主义，2010 (5).

[86] 吴梅芳，周建庆. 农村基层党组织的主要功能与实现路径 [J]. 求实，2010 (4).

[87] 王志国. 新形势下农村基层党组织的功能定位与实现路径的探析 [J]. 中共福建省委党校学报, 2010 (34).

[88] 贺雪峰, 董磊明. 村民组与农民行动单位——安徽肥西县小井村调查 [J]. 中国农史, 2005 (4).

[89] 唐鸣. 村民会议与直接民主 [J]. 华中师范大学学报 (人文社会科学版), 2009 (6).

[90] 包先康, 朱士群. 村民自治视野下村民代表的权威 [J]. 西北农林科技大学学报 (社会科学版), 2013 (3).

[91] 贺雪峰. 村级治理中的村民代表——关于村民代表会议制度效能的讨论 [J]. 学习与探索, 2002 (3).

[92] 杨郁, 刘彤. 村务监督委员会的虚置化困境及出路 [J]. 农村经济, 2014 (2).

[93] 刘诗林. 我国村务监督委员会的运行困境及对策建议——基于 11 省 700 名乡镇纪委书记问卷调查的实证研究 [J]. 理论探讨, 2015 (1).

[94] 杨杰, 于超, 张红园. 实施村务监督委员会制度的现实困境及其应对策略 [J]. 中共济南市委党校学报, 2012 (1).

[95] 欧阳静. 乡镇干部的真实生态 [J]. 中国党政干部论坛, 2016 (1).

[96] 黄元山. 乡镇干部队伍建设的困境探析 [J]. 湖北民族学院学报 (哲学社会科学版), 2005 (6).

[97] 农国忠. 党委政府由 "管理型" 向 "服务型" 转变的一条有效途径——广西百色市 "农事村办" 调研报告 [J]. 中外企业家, 2011 (1).

[98] 徐勇. 村干部的双重角色: 当家人和代理人 [J]. 二十一世纪 (香港), 1997 (8).

[99] 吴毅. "双重角色"、"经纪模式" 与 "守夜人" 和 "撞钟者" ——来自田野的学术札记 [J]. 开放时代, 2001 (12)

[100] 贺雪峰, 阿古智子. 村干部的动力机制与角色类型———兼谈乡村治理研究中的若干相关话题 [J]. 学习与探索, 2006 (3).

[101] 贺雪峰. 乡村治理区域差异的研究视角与进路 [J]. 社会科学辑刊, 2006 (1).

[102] 肖唐镖. 从正式治理者到非正式治理者——宗族在乡村治理中的角色变迁 [J]. 东岳论丛, 2009 (5).

[103] 吴业苗. 转型期村落权力结构的分化与互动. 云南行政学院学报, 2002 (5).

[104] 张小绿. 论乡村治理中先富群体的参与形式及其特点——以浙江省温州为例 [J]. 兰州学刊, 2006 (2).

[105] 贺雪峰. 农民行动逻辑与乡村治理的区域差异 [J]. 开放时代, 2007 (1).

[106] 贺雪峰. 个案调查与区域比较: 农村政策基础研究的进路 [J]. 华中科技大学学报 (社会科学版), 2007 (1).

[107] 于建嵘. 我国农村基层政权建设亟须解决的几个问题 [J]. 行政管理改革, 2013 (9).

[108] 贺雪峰. 乡村治理现代化: 村庄与体制 [J]. 求索, 2017 (10).

[109] 彭智勇, 王文龙. 新农村建设中的乡村治理机制探析 [J]. 理论探讨, 2006 (4).

[110] 韩鹏云. 村民自治实践样态与转型方向 [J]. 中国特色社会主义研究, 2015 (1).

[111] 贺雪峰, 何包钢. 民主化村级治理的两种类型 [J]. 中国农村观察, 2002 (6).

[112] 贺雪峰. 论中国村庄结构的东部与中西部差异 [J]. 学术月刊, 2017 (6).

[113] 贺雪峰. 论不同地区村干部性质的差异性 [J]. 湖北行政学院学报, 2017 (03).

[114] 中共百色市委组织部. 推行"农事村办"制度——探索农村社会管理和服务新模式 [J]. 中国浦东干部学院学报, 2011 (2).

[115] 王丽华, 赵启燕. 利用少数民族乡村传统社会资本创新社会管理——以云南某佤族乡村为例 [J]. 云南行政学院学报, 2013 (6).

[116] 陈文琼. 传统民族精英与制度精英在村治中的契合性作用——以广西 LH 瑶族乡的白裤瑶村落为例 [J]. 贵州民族研究, 2014 (8).

[117] 陈文琼. 族群认同视角下的乡村民主选举——以广西一个民族杂居村落为例 [J]. 农业经济, 2015 (6).

[118] 陈文琼. 熟人社会背景下"屯事联理"自治制度的建构——广西百色市田阳县调查 [J]. 人民论坛, 2014 (1).

[119] 郎友兴. 村民会议和村民代表会议——村级民主完善之尝试 [J]. 政治学研究，2000 (3).

## 三、网站

中华人民共和国中央人民政府网：http：//www. gov. cn
党风廉政建设网：http：//www. qlgov. org
广西新闻网：http：//news. gxnews. com. cn
广西新华网：http：//www. gx. xinhuanet. com
中国国土资源报数字网：http：//www. gtzyb. com
人民网：http：//gx. people. com. cn
中华人民共和国国家卫生与计划生育委员会网：http：//www. nhfpc. gov. cn
广西农业信息网：http：//www. gxny. gov. cn
百色政协网：http：//www. gxbszx. gov. cn
中华人民共和国农业农村部网：http：//www. moa. gov. cn/ztzl
那坡县政府网：http：//www. napo. gov. cn
广西壮族自治区政府网：http：//www. gxzf. gov. cn
广西政府法制网：http：//www. gx-law. gov. cn
中华人民共和国自然资源部官网：http：//www. mnr. gov. cn
广西壮族自治区民政厅官网：http：//www. gxmzt. gov. cn
中国农村村民自治信息网：http：//cmzz. mca. gov. cn
中国选举与治理网：http：//www. chinaelections. com
中国农村研究网：http：//ccrs. ccnu. edu. cn/
中国地方治理网：http：//www. dfzlw. org
中国政治学网：http：//chinaps. cass. cn